U0360272

高职高专物流管理专业精品系列教材

# 物流设施与设备

温兆麟　李玲俐　高志刚　主　编

周　艳　许四化　薛超颖　副主编

清华大学出版社

北京

## 内 容 简 介

本书围绕培养学生的职业技能这一主线来设计教材的结构、内容和形式。在案例导入与分析的引领下,在保证学生掌握基本知识、基本理论、基本技能的前提下,按照"删繁就简,由浅入深,循序渐进"的原则精选教学内容,同时将适应科技发展的新标准、新技术、新成果、新案例和新理念等充实到教材内容中,内容力求简明、实用,淡化公式推导,突出工程应用,努力提高学生解决实际问题的能力,体现出较强的知识性、技能性和实用性。

全书共 9 个学习情境,包括物流设施与设备概述,物流运输设施与设备,仓储设施与设备,配送中心设备,装卸搬运设备,集装单元专用装卸搬运机械,流通加工设备,信息平台与设备,物流机械设备的配置、选择与管理。本书备有 CAI 课件,便于教师使用多媒体授课和学生学习。

本书可作为高职高专院校物流管理、港口物流设备与自动控制等专业的教学用书,也可供从事物流设施与设备设计、制造、维修和管理等工作的有关工程技术人员参考。

**图书在版编目(CIP)数据**

物流设施与设备/温兆麟,李玲俐,高志刚主编.--北京:清华大学出版社,2013(2023.7重印)
高职高专物流管理专业精品系列教材
ISBN 978-7-302-32680-9

Ⅰ. ①物…  Ⅱ. ①温… ②李… ③高…  Ⅲ. ①物流－设备管理－高等职业教育－教材
Ⅳ. ①F252

中国版本图书馆 CIP 数据核字(2013)第 122431 号

责任编辑:左卫霞
封面设计:常雪影
责任校对:刘  静
责任印制:丛怀宇

出版发行:清华大学出版社
      网      址:http://www.tup.com.cn,http://www.wqbook.com
      地      址:北京清华大学学研大厦 A 座      邮      编:100084
      社 总 机:010-83470000      邮      购:010-62786544
      投稿与读者服务:010-62776969,c-service@tup.tsinghua.edu.cn
      质量反馈:010-62772015,zhiliang@tup.tsinghua.edu.cn
      课件下载:http://www.tup.com.cn,010-62795764
印 装 者:天津鑫丰华印务有限公司
经    销:全国新华书店
开    本:185mm×260mm      印    张:13.75      字    数:311 千字
版    次:2013 年 8 月第 1 版      印    次:2023 年 7 月第 8 次印刷
定    价:39.00 元

产品编号:052579-03

# 前 言

物流设施与设备是进行物流活动的物资基础,贯穿于物流系统的全过程,深入到每个作业环节,用以实现物流各项作业的功能,是生产力发展水平与物流现代化程度的重要标志。快速、高效、自动化的物流机械设备是提高物流能力与效率,降低物流成本,保证物流服务质量的决定性因素。

本教材根据国家对高职高专技能型人才培养的要求,本着"突出技能,重在实用,淡化理论,追求创新"的指导思想,结合当前高职高专教育的实际情况编写而成。

本书的主要特点如下。

(1)围绕培养学生的职业技能这条主线来设计教材的结构、内容和形式。在案例导入与分析的引领下,在保证学生掌握基本知识、基本理论、基本技能的前提下,按照"删繁就简、由浅入深、循序渐进"的原则精选教学内容,内容力求简明、实用、够用,淡化公式推导,突出工程应用,项目学习,努力提高学生解决实际问题的能力,体现出较强的知识性、技能性和实用性。

(2)符合高职高专学生的学习特点和认知规律。对基本理论和方法的论述清晰简洁,多用图表来表达信息。同时,增加相关技术在生产中的应用实例,引导学生主动学习。

(3)本书所有标准、定义均采用国家新标准,如 GB 18354—2006、GB 2934—2007、GB 1413—2008、GB 6974—2008 等,从而让学生准确掌握相关知识,例如 GB 1413—2008对集装箱的定义、型号与以前标准有区别;GB 6974—2008 对起重机起升载荷的定义与GB 6974—1986 有区别等。

(4)本书将适应科技发展的新技术、新成果、新案例和新理念等充实到教材内容中,注重立体化教材建设。通过主教材、网络课程、电子教案、习题及解答等教学资源,提高教学服务水平,为高素质技能型人才的培养创造良好的条件。

本书图文并茂,力求深入浅出,重点对现代物流系统中主要的设施与设备的工作原理、功能、性能参数、结构特点及应用范围等进行了介绍,以期使读者对物流装备的合理选择、正确配置、合理使用及规范化管理有较深入的认识。

本书由温兆麟、李玲俐、高志刚主编,周艳、许四化、薛超颖副主编,由温兆麟最终定稿。其中学习情境1、学习情境2由李玲俐编写,学习情境3由薛超颖编写,学习情境4、学习情境 7 由许四化编写,学习情境 5 由温兆麟编写,学习情境 6、学习情境 9 由高志刚编写,学习情境 8 由周艳编写。韩东霞审阅全部内容,并提出了许多宝贵的建议,在此谨致谢意。

本书个别段落文字引自网络,由于无从考证原文作者的真实姓名,无法一一罗列,在此一并致谢。

由于编者水平有限,书中难免有不妥之处,我们热忱欢迎读者批评指正,并将意见反馈给我们(编者邮箱:wenzhaolin@126.com),以便再版时作进一步修改完善。

编　者

2013 年 6 月

CONTENTS

# 目 录

学习情境 1 物流设施与设备概述 ·············································· 1

1.1 物流设施与设备的分类 ·············································· 2
    1.1.1 物流系统 ·············································· 2
    1.1.2 物流设施与设备的概念 ·············································· 3
    1.1.3 物流设施与设备的基本构成体系 ·············································· 4
    1.1.4 物流设施与设备在物流系统中的地位和作用 ·············································· 5
1.2 物流设施与设备的现状和发展趋势 ·············································· 6
    1.2.1 我国物流设施与设备的现状 ·············································· 6
    1.2.2 物流设施与设备的发展趋势 ·············································· 7
情境小结 ·············································· 9
理实一体化训练 ·············································· 9

学习情境 2 物流运输设施与设备 ·············································· 10

2.1 公路运输设施与设备 ·············································· 11
    2.1.1 公路运输概述 ·············································· 11
    2.1.2 公路线路 ·············································· 12
    2.1.3 公路枢纽与站场 ·············································· 14
    2.1.4 公路运输工具 ·············································· 15
2.2 铁路运输设施与设备 ·············································· 17
    2.2.1 铁路运输概述 ·············································· 17
    2.2.2 铁路线路 ·············································· 18
    2.2.3 铁路枢纽与站场 ·············································· 19
    2.2.4 铁路机车与车辆 ·············································· 20
2.3 水路运输设施与设备 ·············································· 22
    2.3.1 水路运输概述 ·············································· 22
    2.3.2 港口 ·············································· 23
    2.3.3 船舶设备 ·············································· 24
    2.3.4 船舶货运常识 ·············································· 28

2.4 航空运输设施与设备 ……………………………………………………… 31

　　2.4.1 航空运输概述 ……………………………………………………… 31

　　2.4.2 航空器 ……………………………………………………………… 32

　　2.4.3 民用航空 …………………………………………………………… 32

　　2.4.4 航空集装设备 ……………………………………………………… 33

　　2.4.5 航空港 ……………………………………………………………… 34

2.5 管道运输设施与设备 ……………………………………………………… 34

　　2.5.1 管道运输概述 ……………………………………………………… 34

　　2.5.2 管道运输种类 ……………………………………………………… 35

　　2.5.3 管道运输设施与设备 ……………………………………………… 36

情境小结 ………………………………………………………………………… 37

理实一体化训练 ………………………………………………………………… 38

**学习情境 3　仓储设施与设备** ……………………………………………… 39

3.1 仓库 ………………………………………………………………………… 40

　　3.1.1 概述 ………………………………………………………………… 40

　　3.1.2 通用仓库 …………………………………………………………… 40

　　3.1.3 筒仓 ………………………………………………………………… 40

　　3.1.4 储罐 ………………………………………………………………… 41

　　3.1.5 自动化立体仓库 …………………………………………………… 41

3.2 仓库养护设备 ……………………………………………………………… 44

　　3.2.1 通风系统及通风机 ………………………………………………… 44

　　3.2.2 减湿设备 …………………………………………………………… 45

　　3.2.3 空气幕 ……………………………………………………………… 47

3.3 仓储安全设备 ……………………………………………………………… 48

　　3.3.1 防雷设备 …………………………………………………………… 48

　　3.3.2 仓库常用灭火器 …………………………………………………… 48

　　3.3.3 火灾自动报警设备 ………………………………………………… 49

3.4 货架 ………………………………………………………………………… 50

　　3.4.1 货架的作用及功能 ………………………………………………… 50

　　3.4.2 货架的分类 ………………………………………………………… 51

　　3.4.3 货架的选择 ………………………………………………………… 54

3.5 月台 ………………………………………………………………………… 55

　　3.5.1 线路与月台 ………………………………………………………… 55

　　3.5.2 月台的主要形式 …………………………………………………… 56

　　3.5.3 月台设计 …………………………………………………………… 56

3.6 仓储起重装卸机械 ………………………………………………………… 57

　　3.6.1 巷道式堆垛机 ……………………………………………………… 57

　　3.6.2 装卸堆垛机器人 …………………………………………………… 57

3.7 仓储搬运设备:叉车 …………………………………………………… 59
　　3.7.1 叉车的特点、作用与分类 ………………………………………… 59
　　3.7.2 叉车的主要技术参数和主要性能指标 …………………………… 63
　　3.7.3 叉车的结构 ……………………………………………………… 64
3.8 自动搬运车系统 ………………………………………………………… 66
　　3.8.1 自动搬运车 ……………………………………………………… 66
　　3.8.2 自动搬运车系统 ………………………………………………… 67
情境小结 ……………………………………………………………………… 69
理实一体化训练 ……………………………………………………………… 69

**学习情境 4　配送中心设备** ……………………………………………… 70

4.1 配送中心机械设备系统的构成 ………………………………………… 71
4.2 自动分拣机的运用 ……………………………………………………… 74
　　4.2.1 自动分拣系统概述 ……………………………………………… 74
　　4.2.2 自动分拣系统主要组成部分 …………………………………… 76
　　4.2.3 自动分拣系统工作过程 ………………………………………… 78
　　4.2.4 自动分拣机的类型 ……………………………………………… 79
4.3 计量设备 ………………………………………………………………… 81
　　4.3.1 电子秤 …………………………………………………………… 81
　　4.3.2 地重衡和轨道衡 ………………………………………………… 83
　　4.3.3 电子吊秤 ………………………………………………………… 84
　　4.3.4 自动检重秤 ……………………………………………………… 85
　　4.3.5 电子皮带秤 ……………………………………………………… 87
情境小结 ……………………………………………………………………… 87
理实一体化训练 ……………………………………………………………… 88

**学习情境 5　装卸搬运设备** ……………………………………………… 89

5.1 装卸与搬运设备概述 …………………………………………………… 90
5.2 起重设备 ………………………………………………………………… 91
　　5.2.1 起重设备的特点、分类和组成 ………………………………… 91
　　5.2.2 起重机的基本参数 ……………………………………………… 94
　　5.2.3 轻小型起重设备 ………………………………………………… 95
　　5.2.4 桥式类起重机 …………………………………………………… 95
　　5.2.5 臂架类起重机 …………………………………………………… 99
　　5.2.6 起重机的主要零部件 …………………………………………… 104
5.3 连续输送设备 …………………………………………………………… 108
　　5.3.1 连续输送设备的分类 …………………………………………… 108
　　5.3.2 带式输送机 ……………………………………………………… 109
　　5.3.3 辊道式输送机 …………………………………………………… 115

        5.3.4  链条式输送机 ································· 117

        5.3.5  气力输送机 ··································· 117

        5.3.6  螺旋输送机 ··································· 122

        5.3.7  斗式提升机 ··································· 124

        5.3.8  刮板输送机与埋刮板输送机 ················· 127

        5.3.9  悬挂输送机 ··································· 128

  情境小结 ············································· 129

  理实一体化训练 ········································· 129

**学习情境 6　集装单元专用装卸搬运机械** ················· 131

  6.1  集装单元 ·········································· 132

        6.1.1  托盘基本知识 ································· 132

        6.1.2  集装箱基本知识 ······························· 135

        6.1.3  其他集装方式 ································· 139

  6.2  集装箱吊具 ········································ 140

        6.2.1  集装箱吊具的种类 ······························ 140

        6.2.2  集装箱吊具的主要部件 ························· 142

  6.3  岸边集装箱起重机 ·································· 144

        6.3.1  岸边集装箱起重机的分类 ······················ 144

        6.3.2  主要技术参数的确定 ··························· 145

  6.4  集装箱龙门起重机 ·································· 147

        6.4.1  轮胎式集装箱龙门起重机 ······················ 147

        6.4.2  轨道式集装箱龙门起重机 ······················ 149

  6.5  集装箱正面吊运机 ·································· 150

        6.5.1  集装箱正面吊运机的结构特点 ··················· 151

        6.5.2  主要技术参数 ································· 152

  6.6  其他集装箱装卸机械 ································ 152

        6.6.1  集装箱跨运车 ································· 152

        6.6.2  集装箱叉式装卸车 ······························ 153

        6.6.3  集装箱牵引车和挂车 ··························· 154

  情境小结 ············································· 156

  理实一体化训练 ········································· 156

**学习情境 7　流通加工设备** ························· 157

  7.1  流通加工设备概述 ·································· 157

        7.1.1  流通加工设备的作用 ··························· 157

        7.1.2  流通加工设备的分类 ··························· 158

  7.2  包装设备 ·········································· 159

        7.2.1  包装机械设备分类 ······························ 159

　　　　7.2.2　包装自动生产线 ································································· 164

　　7.3　切割机械 ································································································· 166

　　　　7.3.1　剪板机 ····················································································· 166

　　　　7.3.2　切割机 ····················································································· 168

　　　　7.3.3　木工锯机 ················································································· 169

　　　　7.3.4　玻璃加工设备 ········································································· 171

　　情境小结 ········································································································· 172

　　理实一体化训练 ····························································································· 172

**学习情境 8　信息平台与设备** ············································································· 173

　　8.1　物流信息采集技术简介 ·········································································· 174

　　　　8.1.1　自动识别技术 ········································································· 174

　　　　8.1.2　物流电子信息技术 ··································································· 176

　　8.2　物流条码设备 ························································································· 177

　　　　8.2.1　条码基本知识 ········································································· 177

　　　　8.2.2　条码数据采集设备 ··································································· 179

　　　　8.2.3　条码在物流中的应用(POS 及 POS 系统的应用) ············· 183

　　8.3　无线射频识别(RFID)设备 ···································································· 184

　　　　8.3.1　RFID 组件与系统构成 ·························································· 184

　　　　8.3.2　射频系统工作原理 ··································································· 185

　　　　8.3.3　RFID 应用环境体系 ······························································ 186

　　　　8.3.4　RFID 在物流领域的应用 ······················································ 187

　　8.4　GPS 与物流定位技术 ·············································································· 188

　　　　8.4.1　全球卫星定位系统(GPS) ····················································· 189

　　　　8.4.2　激光定位技术 ········································································· 191

　　情境小结 ········································································································· 191

　　理实一体化训练 ····························································································· 191

**学习情境 9　物流机械设备的配置、选择与管理** ············································· 193

　　9.1　物流机械设备的配置、选择 ··································································· 194

　　9.2　现代物流设备管理 ················································································· 196

　　　　9.2.1　现代物流设备管理概述 ··························································· 196

　　　　9.2.2　物流设备使用、保养与维护 ··················································· 198

　　　　9.2.3　物流设备的故障维修管理 ······················································ 200

　　　　9.2.4　物流机械设备的安全、技术、经济与组织管理 ··················· 202

　　　　9.2.5　物流机械设备的更新和技术改造 ··········································· 203

　　情境小结 ········································································································· 206

　　理实一体化训练 ····························································································· 206

**参考文献** ················································································································· 207

# 物流设施与设备概述

**学习目标：**

1. 了解物流设施与设备的概念及基本构成体系；
2. 掌握物流设施与设备在物流系统中的地位和作用；
3. 了解物流设施与设备的现状与发展趋势。

## 导入案例

### 海尔国际物流中心先进设备的配置与运用

海尔国际物流中心于 2001 年投入运营，配备了当时具有国际先进水平的自动化物流系统，整个系统的调度及各项业务流程都在计算机的管理控制下进行，并与海尔的 ERP 系统无缝对接，实现了物料的自动存取、自动输送以及信息的自动处理等功能。

按物料管理方式，自动化物流系统主要由两部分组成：原材料自动化仓库和成品件自动化仓库。前者主要是为了满足海尔工业园内各生产企业和车间的生产原料存储及搬运需要，后者主要为海尔工业园内各生产企业和车间的成品提供存储功能，存储的产品品种包括冰箱、空调、小家电等制成品。相应的，物流中心的主要设备构成为：①原材料自动化仓库。集装单元货物尺寸：1 200×1 000×1 560(mm)；货位数量：12(排)×74(列)×11(层)=9 768 个；巷道堆垛起重机数量：6 台；巷道堆垛起重机载重量：1 000kg。②成品件自动仓库。单元货物尺寸：2 100×1 200×2 000(mm)；货位数量：16(排)×74(列)×8(层)=9 472 个；巷道堆垛起重机数量：4 台；巷道堆垛起重机载重量：1 200kg。③自动化仓库的共用系统。叉车若干台；入出库输送机系统 1 套；AGV(激光导引小车)自动搬运系统 1 套；自动化控制系统 1 套；计算机监控和管理系统 1 套；大屏幕摄像监控系统 1 套；语言对讲调度系统 1 套；无线条码识别系统 1 套。

自动化仓库的使用对海尔物流的改革起到了很大的推动作用。第一，提高了海尔物流的标准化运作水平。物流的标准化主要是指货物单元及托盘的标准化。由于采用了标准器具，所以顺利实现了搬运工具及物流作业流程的标准化。实施了标准化以后，大大地降低了入库、验收、清点、堆垛、抽检、出库等一系列程序作业的工作量，减少了人工成本。第二,增强了海尔物流的服务能力。自动化仓库具有很好的灵活性和扩展性。刚开始设计立体仓库时考虑的只是存放空调事业部的货物,但是通过计算机系统管理后,只占很少的库容,海尔立即把冰箱、洗衣机、电脑全部都存放进去,很快减少了这些厂的外租库。整体效果非常明显。

点评:

物流设施与设备是物流系统中的主要技术支撑要素,是构建物流产业链的物质基础,对提高物流能力与效率、降低物流成本和保证服务质量等方面有非常重要的作用。

# 1.1 物流设施与设备的分类

## 1.1.1 物流系统

### 1. 系统

系统科学形成于 20 世纪,是一门综合的、横断的新兴科学。系统科学以具有系统意义的现象或问题为研究对象,揭示系统的活动规律,探讨有关系统的各种理论和方法。钱学森指出,从系统的角度观察客观世界所建立起来的科学知识体系就是系统科学。系统科学思想为研究复杂的事物提供了新的综合方法,大大拓宽了人类研究问题的深度和广度。

系统是系统科学的一个重要的基本概念。所谓系统,是由两个或两个以上事物按照一定的客观规律相互联系、相互作用、相互促进、相互制约而组成的有机整体。

系统思想具有以下几个特征:

(1) 整体优化的思想。系统思想认为,局部优化不等于整体优化,必须从全局出发,综合协调各个局部的矛盾,统筹安排,才能实现整体最优,取得"1+1>2"的效果。

(2) 相互联系、相互依存的思想。系统是复杂的,系统中一个因素的变化必将会影响许多其他因素的变化。头痛医头、脚痛医脚是无法解决根本问题的。

(3) 动态观念。系统只有适合环境才能生存,而环境总是处于不断变化中,系统必须适时调整系统目标和系统结构才能适应环境。

(4) 开放观念。系统必须是开放的,即能与外部环境不断进行信息、能量、人员的交换,系统才能不断地发展。

### 2. 物流系统

物流系统是指在一定的时间和空间里,由所需输送的物料和包括有关设备、输送工具、仓储设备、人员以及通信联系等若干相互制约的动态要素构成的具有特定功能的有机整体。

物流系统是社会经济大系统的一个子系统或组成部分。物流系统和一般系统一样,具有输入、转换及输出三大功能,通过输入和输出使系统与社会环境进行交换,使系统和环境相依而存,而转换则是这个系统带有特点的系统功能。物流系统的成功要素是使物流系统整体优化以及合理化,并服从或改善社会大系统的环境。

物流系统是一个大跨度系统,这反映在两个方面,一是地域跨度大,二是时间跨度大。物流系统稳定性较差而动态性较强。物流系统属于中间层次系统范围,本身具有可分性,可以分解成若干个子系统。

物流系统的要素主要分为以下几点。

(1) 功能要素

物流系统功能要素是物流系统所具有的基本能力,这些基本能力有效地组合、联结在一起,便成了物流的总功能,便能合理、有效地实现物流系统的总目标。

一般认为,物流系统功能要素有运输、储存保管、包装、装卸搬运、流通加工、配送及物流信息等。从物流活动的实际工作环节来考查,物流也是由上述七项具体内容构成的。物流系统的功能要素反映了物流系统的能力,增强这些要素,使之更加协调、更加可靠,就能够提高物流运行的水平,具体体现在物流系统水平的提高上。上述这些功能要素中,运输和储存分别解决了供给者及需求者之间场所和时间的分离,是物流创造"场所效用"及"时间效用"的主要功能要素,因而在物流系统中处于主要功能要素的地位。

(2) 一般要素

人的要素:人是所有系统的核心要素,也是系统的第一要素。

资金要素:资金是所有企业系统的动力。

物的要素:包括物流系统的劳动对象,即各种实物。

信息要素:包括物流系统所需要处理的信息,即物流信息。

(3) 支持要素

物流系统的建立需要许多支撑手段,尤其是处于复杂的社会经济系统中,要确定物流系统的地位,要协调与其他系统的关系,这些要素必不可少。这些要素主要包括体制制度、法律、规章、行政命令和标准化系统等。

(4) 物质基础要素

物流系统的建立和运行,需要物流设施和大量的技术装备手段,这些手段的有机联系对系统的运行有着决定性的意义。这些要素对实现物流某一方面的功能是必不可少的。物流基础要素主要有:物流设施、物流机械设备、物流工具、信息设施等。

## 1.1.2　物流设施与设备的概念

物流设施与设备就是指进行各项物流活动和物流作业所需要的设备与设施的总称。物流设施与设备既包括各种机械设备、器具等可供长期使用,并在使用中基本保持原有实物形态的物质资料,也包括运输通道、货运站场和仓库等基础设施。

物流设施与设备是贯穿于物流系统全过程各作业环节的技术支撑要素,是组织物流活动和物流作业的物质技术基础,是物流服务水平的重要体现。物流设施与设备的合理配置与使用管理直接决定了物流系统的效率和经济效益。

物流设备是现代化企业的主要作业工具之一,是合理组织批量生产和机械化流水作业的基础。对第三方物流企业来说,物流设备又是组织物流活动的物质技术基础,体现着企业的物流能力。物流设备是物流系统中的物质基础,伴随着物流的发展与进步,物流设备不断得到提升与发展。物流设备领域中许多新的设备不断涌现,如四向叉入型托盘、高架叉车、自动分拣机、自动引导搬运车(AGV)、集装箱等,大大地减轻了人们的劳动强度,提高了物流运作效率和服务质量,降低了物流成本,在物流作业中起着重要作用,极大地促进了物流的快速发展。

## 1.1.3 物流设施与设备的基本构成体系

物流设施与设备由于功能不同,其种类繁多,差异很大。目前,对物流设施与设备的分类方法尚无统一的标准,我们根据实际经验,将物流设施与设备分为物流基础性设施、物流功能性设施和物流设备三大类。

**1. 物流基础性设施**

物流基础性设施一般具有公共设施性质,是宏观物流的基础,由政府投资建设,辐射范围大。物流基础性设施又可分为交通枢纽点、交通运输线和物流基础信息平台三类。

(1)交通枢纽点:包括大型交通枢纽、全国或区域性铁路枢纽、公路枢纽、水路枢纽港、航空枢纽港,也包括国家级战略储备中心、辐射性强的物流基地等。

(2)交通运输线:铁路、公路、航道、输送管道等。

(3)物流基础信息平台:为企业物流信息系统提供基础信息服务,如交通状况信息、交通组织与管理信息、城市商务与经济地理信息等,承担不同企业间的信息交换枢纽支持、提供政府行业管理决策支持等。

**2. 物流功能性设施**

物流功能性设施是提供物流功能性服务的基本手段,是物流社会化服务的组成部分,往往被第三方物流企业所拥有。物流功能性设施包括以下几类。

(1)以储存为主要职能的节点:如储备仓库、中转仓库、货栈等,物资在这种节点上停滞的时间较长。

(2)以组织物资在系统中运动为主要职能的节点:如流通仓库、流通中心、配送中心、流通加工点等。

(3)物流系统中的载体:包括货运车辆、货运船舶、货运飞机、货运管道等。

**3. 物流设备**

物流设备是指进行各项物流活动所需的机械设备,一般都由大量零部件组装而成。物流设备的功能是:完成特定的工作、组合成生产线或物流系统、对商品进行深加工等。物流设备门类全,型号规格多,品种复杂,一般按完成的物流作业不同,把物流设备分为以下几类。

(1)物流仓储设备:是指在仓库中进行生产和辅助生产作业以及保障安全所必需的各种设备的总称。主要有货架、堆垛机、室内搬运车、出入库输送设备、分拣设备、自动导引车、搬运机器人等。这些设备可以组成自动化、半自动化、机械化的商业仓库,来堆放、存取和分拣承运物品。

(2)流通加工和包装设备:流通加工设备,适用于完成流通加工任务的相关机械设备,如金属加工设备、搅拌混合设备、木材加工设备等。流通加工设备主要有切割设备和包装设备两大类。切割设备有金属、木材、玻璃、塑料等原材料的切割设备;包装设备是指完成全部或部分包装过程的机器设备,其目的是保护产品、方便储存和运输、促进销售等。

（3）装卸搬运设备：是指将各种物品提升、下降、移动、放置于需要的位置,进行短距离运输的设备。在物流系统中,搬运装卸作业是一个重要的环节,搬运装卸设备是不可或缺的。从用途和结构特征来看,用于装卸搬运的设备主要有桥式起重机、悬臂式起重机、千斤顶、装卸桥等;用于短距离输送的设备有叉车、连续运输机等。

（4）集装单元化器具：主要有集装箱、托盘、周转箱和其他集装单元器具。货物经过集装器具的集装或组合包装后,具有较高的灵活性,随时都处于准备运行的状态,利于实现储存、装卸搬运、运输和包装的一体化,实现物流作业的机械化和标准化。

（5）运输设备：是指用于较长距离运输货物的设备。运输在物流中的独特地位对运输设备提出了更高的要求,要求运输设备具有高速化、智能化、通用化、大型化和安全可靠的特性,从而提高运输的作业效率,降低运输成本,并使运输设备利用达到最优化。根据运输方式的不同可以分为载货汽车、铁道货车、货船、空运设备和管道设备等。

（6）物流信息技术设备：是应用于物流系统中的信息技术及设备的总称。主要包括基于各种通信方式的移动通信手段及设备、计算机网络技术设备、自动化仓库管理技术设备、智能标签技术设备、条码及射频技术设备、全球卫星定位（GPS）技术设备、地理信息（GIS）技术设备等。

## 1.1.4  物流设施与设备在物流系统中的地位和作用

物流设施与设备是构成物流系统物质基础要素的主要部分。物流设施的布局及水平、物流设备的选择与配置是否合理,直接影响着物流功能的实现,影响着物流系统的效益。

### 1. 物流设施与设备是物流系统的物质技术基础

物流设施与设备是进行物流活动的物质技术基础,物流系统的正常运转离不开物流设施与设备,正确、合理地配置和运用物流设施与设备是提高物流效率的根本途径,是降低物流成本、提高物流系统经济效益的关键。物流设施与设备是实现物流功能的技术保证,是实现物流现代化、科学化、自动化的重要手段。

### 2. 物流设施与设备是物流系统中的重要资产

在物流系统中,物流设施与设备的价值占资产的比例很大,不仅铁路、公路、水路枢纽港和航空枢纽港等基础性设施的建设需要巨额费用,物流基地、物流中心、配送中心等基础性设施投资规模也很大,少则上千万元、多则几十亿甚至几百亿。物流设施与设备投资额大,投资回收期长,一旦投资失误将造成巨大损失。所以,应重视物流设施与设备的规划,以形成配套的综合运输网络、完善的仓储配送设施、先进的新型信息网络平台。

### 3. 物流设施与设备贯穿于物流活动中的每一个环节

在整个物流过程中,物品从供应地向接收地进行转移,要经过包装、运输、储存、装卸、搬运、流通加工、配送等多个物流作业环节。在每一个物流环节中,都要靠物流设备进行相应的物流作业,任何一个环节离开了这些物流设施与设备,或者物流设施与设备的技术水平不高,都会影响到物流作业效率,最终影响整个物流系统的效率。

### 4. 物流设施与设备是物流技术水平高低的标志

一个高效的物流系统离不开先进物流技术的应用,而先进的物流技术是通过物流设施与设备体现的,如在现代化的物流系统中,自动化仓库技术的应用中综合运用了自动控制技术、计算机技术、现代通信技术等高科技技术,使仓储作业实现了半自动化、自动化。所以,物流设施与设备的现代化水平,决定了物流的作业能力和作业规模,是生产力发展水平与现代化程度的重要标志。

# 1.2 物流设施与设备的现状和发展趋势

## 1.2.1 我国物流设施与设备的现状

### 1. 我国物流基础设施发展现状

近年来,我国物流基础设施稳健加强,物流通道的通过能力显著加强。

(1) 公路运输基础设施状况。我国公路网规模不断扩大,路网结构不断优化。据统计,2011年,我国全年完成公路建设投资12 596.36亿元,农村公路建设完成投资2 010.13亿元。截至2011年年底,我国公路总里程达410.64万千米,同比增加9.82万千米;公路网密度继续增加,达到42.77千米/百平方千米,比2010年年末提高1.02千米/百平方千米。截至2011年,我国高速公路达到8.49万千米,高速公路超过3 000千米的省份达到14个。

(2) 铁路运输基础设施状况。2011年我国铁路固定资产投资达到5 863.11亿元,其中基本建设投资完成4 610.84亿元。我国铁路营业里程达到9.3万千米,居世界第二位。路网密度达到97.1千米/万平方千米。

(3) 水路运输基础设施状况。2011年,我国水路运输基础设施规模迅速扩大,全年内河及沿海建设完成投资1 404.88亿元,其中沿海建设完成投资1 006.99亿元,内河建设完成投资397.89亿元。截至2011年年底,我国港口共拥有生产用码头泊位31 968个,全国内河航道总里程达到12.46万千米。

(4) 航空运输基础设施状况。2011年,我国民航完成基本建设投资和技术改造投资687.7亿元,其中机场系统完成固定资产投资495.4亿元。截至2011年年底,全国颁证运输机场达到180个,其中年内定期航班通航机场178个,通航城市175个。

### 2. 物流功能性设施发展现状

近年来,我国全国性和区域性物流节点城市加快了物流园区建设。例如,2011年12月,国家级物流枢纽平台、西部最大的公路物流基地——重庆公路物流基地项目正式获批;2011年,河南省最大的物流园——郑州蒲田现代综合物流园项目正式签约;2011年8月,烟台国际综合物流园区正式奠基等。我国各类地产公司投资新建仓储设施,如广州富力地产在广州机场的物流园区规划建设面积100万平方米等。另外,我国物流企业营运仓库的利用率逐步提高,据调查显示,2011年物流企业营运仓库的利用率为81.0%,其中79.1%企业的营运仓库利用率超过70%。

### 3. 物流设备的发展现状

(1) 物流运输工具。近几年,我国载货汽车总量和运载能力持续增长,截至2011年年底,我国载货汽车总量达到1 179.41万辆,总载重量达到7 261.20万吨位。随着内河航道等级结构的不断优化,2011年年底我国内河运输船舶的平均净载重量、集装箱箱位和船舶功率都显著提高,全国拥有水上运输船舶 17.92 万艘,净载重量 21 264.32 万吨,集装箱箱位 147.52 万标准箱,船舶功率 5 949.66 万千瓦。我国航空运输飞机数量也不断增加,航空货运能力不断提高,2011 年年底,民航全行业运输飞机期末在册 1 764 架。

（2）物流仓储设备。在传统的货架领域,随着烟草行业物流配送工程建设项目的不断出现,中高端货架得到广泛的应用。塑料托盘较木质托盘在耐久性、轻便性、可靠性、专用性、卫生性和环保性等方面都有明显的优势,已广泛应用于食品、医药、机械、汽车、烟草、化工、物流配送、仓储物流领域立体仓储等行业。我国叉车企业不断加大对电动叉车研发与生产的投入力度,这将大大提高我国中高端叉车的供给能力。

（3）物流信息化和标准化。我国物流信息化、自动化技术应用日益广泛。据调查显示,2011 年,工商企业较多采用了条码和全球定位系统（GPS）等物流信息技术,其中条码技术已经在 80% 的工商企业中得到普及。随着物联网技术的发展,RFID 技术在我国物流领域的应用也日益广泛。2011 年 12 月,国家标准委发布实施了《标准化事业发展"十二五"规划》,该规划将物流服务作为生产性服务业标准体系建设的重点之一,"十二五"期间将制订或修订第三方物流、物流供应链、物流公共服务平台、物流设施设备、冷链服务、货运代理、仓储等公共类物流,邮政快递、汽车、医药、农产品、大宗矿产品等专业物流的管理、技术、服务和信息标准。

## 1.2.2　物流设施与设备的发展趋势

随着现代物流的发展,物流设施与设备作为其物质基础,表现出以下几个方面的发展趋势。

### 1. 大型化

大型化指设备的容量、规模、能力越来越大。大型化是实现物流规模效应的基本手段。①管道方面：管道运输的大型化体现在大口径管道的建设,目前最大的口径为 1 220 毫米;②航空方面：正在研制的货机最大可载 300 吨,一次可装载 30 个 40 英尺（12.2 米）标准箱,比现在的货机运输能力（包括载重量和载箱量）高 50%～100%;③公路方面：美国通用汽车公司生产的矿用自卸车,长 20 多米,自重 610 吨,载重 350 吨左右;④铁路方面：铁路货运中出现了装载 716 000 吨矿石的列车;⑤海运方面：全球载箱量最大的集装箱船——可装载 1.6 万标准箱的"达飞·马可波罗"号首航仪式于 2012 年 11 月在宁波港举行,这些集装箱若改用火车运输,车厢的总长度将达到 100 千米。此前,世界最大集装箱货船是建造于 2006 年的"艾玛马士基"号,其装载能力约为 1.56 万个集装箱。不过,"达飞·马可波罗"号保有"世界最大集装箱货船"的称号不会太久,另外两艘可装载 1.8 万个集装箱的货船将于 2013 年交付使用。

### 2. 高速化

高速化是指设备的运转速度、运行速度、识别速度、运算速度大大加快。提高运输速度一直是各种运输方式努力的方向,主要体现在对"常速"极限的突破。①铁路方面：我国高速铁路试验最高时速为 520km/h,目前营运的高速列车最大商业时速已达 350km/h;高速铁路上开行的高速货运列车最高速度已达到 200km/h。随着各项技术的逐步成熟和经济发展,普通铁路最终将会被高速铁路所取代。②公路方面：目前世界各国都在努力建设高速公路网,作为公路运输的骨架。③航空方面:在航空运输中,高速是指超音速,客运的超音速已由法国协和飞机实现。货运方面双音速(亚音速和超音速)民用飞机正在研制中,超音速化将是民用货机的发展方向。④海运方面:在海运中,水翼船的时速已达 70km/h——气垫船时速最高,而飞翼船的时速则可达到 170km/h。⑤管道方面:在管道运输中,高速体现在高压力,美国阿拉斯加原油管道的最大工作压力达到 8.2MPa。

**3. 实用化和轻型化**

以仓储设备为例,由于仓储物流设备是在通用的场合使用,工作并不很繁重,易维护、操作,具有耐久性、无故障性和良好的经济性,以及较高的安全性、可靠性和环保性。这类设备批量较大、用途广,考虑综合效益,可降低外形高度,简化结构,降低造价,同时也可减少设备的运行成本。

**4. 专用化和通用化**

随着物流的多样性,物流设备的品种越来越多且不断更新。物流活动的系统性、一致性、经济性、机动性、快速化,要求一些设备向专门化方向发展,一些设备向通用化、标准化方向发展。

物流设备专门化是提高物流效率的基础,主要体现在两个方面:一是物流设备专门化,是以物流工具为主体的物流对象专门化,如从客货混载到客货分载,出现了专门运输客/货物的飞机、轮船、汽车以及专用车辆等设备和设施。二是运输方式专门化,比较典型的是海运,几乎在世界范围内放弃了客运,主要从事货运。管道运输就是为输送特殊货物而发展起来的一种专用运输方式。

通用化主要以集装箱运输的发展为代表。国外研制的公路、铁路两用车辆与机车,可直接实现公路铁路运输方式的转换,公路运输用大型集装箱拖车可运载海运、空运、铁运的所有尺寸的集装箱,还有客货两用飞机、水空两用飞机及正在研究的载客管道运输等。通用化的运输工具为物流系统供应链保持高效率提供了基本保证。通用化设备还可以实现物流作业的快速转换,可极大提高物流作业效率。

**5. 自动化和智能化**

将机械技术和电子技术相结合,将先进的微电子技术、电力电子技术、光缆技术、液压技术、模糊控制技术隐蔽应用到机械的驱动和控制系统,实现物流设备的自动化和智能化将是今后的发展方向。例如,大型高效起重机的新一代电气控制装置将发展为全自动数字化控制系统,可使起重机具有更高的柔性,以提高单机综合自动化水平,自动化仓库中的送取货小车、智能式搬运车 AHV、公路运输智能交通系统(ITS)的开发和应用已引起各国的广泛重视。此外,卫星通信技术及计算机、网络等多项高新技术结合起来的物流车辆管理技术正在逐渐被应用。

**6. 成套化和系统化**

只有当组成物流系统的设备成套、匹配时,物流系统才是最有效、最经济的。在物流设备单机自动化的基础上,通过计算机把各种物流设备组成一个集成系统,通过中央控制室与物流系统协调配合,形成不同机种的最佳匹配和组合,将会取长补短,发挥最佳效用。为此,成套化和系统化物流设备具有广阔发展前景,以后将重点发展的有工厂生产搬运自动化系统、货物配送集散系统、集装箱装卸搬运系统、货物自动分拣与搬运系统等。

### 7. 绿色化

"绿色"就是要达到环保要求，涉及两个方面：一是与牵引动力的发展以及制造、辅助材料等有关，既要提高牵引动力，又要有效利用能源，减少污染排放，使用清洁能源及新型动力；二是与使用有关，包括对各种物流设施与设备的维护、合理调度、恰当使用等。

 **情境小结**

物流设施与设备是物流系统中的主要技术支撑要素，是构建物流产业链的物质基础。近几年来，我国在交通运输、仓储设施、物流园区等物流基础设施和设备的建设方面取得了很大进步，为物流业发展奠定了重要的物质基础。

# 理实一体化训练

**一、填空题**

1. 系统思想具有的特征有：整体优化的思想、_____、_____、_____。

2. 物流系统的要素主要分为：_____、_____、_____、物质基础要素。

**二、简答题**

1. 简述物流设施与设备在物流系统中的地位和作用。

2. 简述我国物流设施与设备的现状。

3. 简述我国物流设施与设备的应对措施。

**三、实务操作题**

请结合本学习情境中所介绍的物流设施与设备的基本构成体系，列举常见的物流设施与设备，并分析它们属于什么类型。

# 物流运输设施与设备

**学习目标:**

1. 掌握公路运输、铁路运输、水路运输、航空运输及管道运输的特点和功能;
2. 了解公路运输、铁路运输、水路运输、航空运输及管道运输中常见的设施与设备;
3. 能够根据货物的特点选择合适的运输方式。

导入案例

## 保定运输集团如何向现代物流企业转型

### 1. 保定运输集团的业务流程重组和应掌握的主要原则

针对目前的货运业务组织状况,建议增加货运交易信息中心。实现信息沟通和中介服务功能及时向社会通达自己对车辆、货物的需求,加快货物运输的效率。

针对目前计算机应用水平低,各部门互动性差的特点,建议加快实现计算机联网,成立交易信息中心,使客户不仅可以充分获取信息,直接进行组货或配载,同时还可以获得运管部门签发的路单、代办结算保险、处理运输纠纷等服务。

针对过去业务组织方面的缺陷,建议对其进行业务流程重组,主要包括以下三点:①成立信息核算中心,将涉及各种信息核算业务的机构和岗位统一纳入到该系统中,统揽企业内所涉及的各种信息;②成立运输经营中心,负责指挥公司的运输生产;③成立质量监督中心,负责货物运输业务过程中出现的各种货物损失所产生的事务。

整车货运的业务流程重组后,承运业务和调车同时发生,验货业务和派车同时发生,验货同时所需车辆可以到位,这样原来的直链式业务就变成了两条并行的业务形式,可以使货物在货场停留时间减少到两天。而信息处理中心成为货运各部门的联络中心,它使以前相对独立的各部门计算机形成一个网络,加快了各部门的信息交流,使信息中心及时掌握公司的运行现状,从而保证货物按时装载和发送。货车运行时间表,可以采用GPS智能定位系统,能够及时监控,使得公路运输的准确到达率和返回时间得以控制。

### 2. 从企业经营形式和经营规模方面进行调整

针对集团的状况,应该从企业经营形式和经营规模方面进行调整,在经营形式上,要根据公路运输业的特点进行调整。

（1）突出特色服务，重点发展专业化运输、零担运输、快件运输、冷藏运输、大件运输、危险品运输和液体运输等业务，成为用户供应链中具有独特核心能力的专业运输企业。

（2）向客户提供以运输为主的多元服务，从运输本业出发，争取能够提供部分或全部的物流服务。要与用户建立起长期合作关系，参与供应链管理。要建立实时信息系统、GPS 系统、存货管理、电子数据交换等，为用户提供物流信息反馈。

（3）实施技术创新，利用高新技术提高企业竞争力，调整发展战略。从保运集团目前的情况看，无论是物流服务的硬件还是软件，与提供高效率低成本的物流服务要求还有较大的差距，信息的收集、加工、处理、运用能力，物流业的专门知识、物流的统筹策划和精细化组织、管理等能力都显不足。

**点评：**

我国传统公路运输业要在发展现代物流业中扮演重要角色，成为物流业中的主力，就必须使公路运输业满足现代物流的要求。首先，传统公路运输业要打破运输环节独立于生产环节之外的界限，通过对供应链的管理建立起对公路运输业供、产、销全过程的计划和控制；其次，传统公路运输业要突破运输服务中心是运力的观点，强调运输服务的宗旨是客户第一；最后，公路运输业应着眼于运输流程的管理和高科技与信息化。运输是物流的重要环节，公路运输更是因其机动灵活，可以实现"门到门"运输，在现代物流中起着重要作用。而要使我国公路运输业从目前的困境中走出来，必须融入现代物流，成为真正意义上的"第三方物流"。

# 2.1　公路运输设施与设备

## 2.1.1　公路运输概述

公路运输是指使用汽车或者其他的车辆（如人力、畜力车）在公路上进行客、货运输的一种方式。公路运输设施与设备主要包括公路线路、货运站场及货运车辆等。

随着我国交通设施的改善和高速公路的发展，公路运输已经成为我国物流活动的主要渠道之一，是实现"门到门"运输中不可替代的现代化运输方式，在国民经济和综合运输体系中占有重要的地位。

公路运输的特点如下。

### 1. 机动灵活，适应性强

公路运输在时间方面机动性较大，可以根据客户需求随时提供运输服务，而且汽车的载重量可大可小，非常灵活。因公路运输网密度大、分布面广，公路运输"无处不到"，可以将货物从发货方仓库门口直接运送到收货方仓库门口，实现"门到门"运输。公路运输既可以成为其他运输方式的衔接手段，又可以自成体系，适应性非常强。

### 2. 原始投资少，资金周转快

公路运输与铁路运输、水路运输、航空运输方式相比，其所需固定设施简单，车辆购置费用一般也比较低,因此,投资兴办容易,投资回收期短。有关资料表明,在正常经营情况下,公路运输的投资每年可周转1~3次,铁路运输则需要3~4年周转一次,而航空运输、水路运输投资的周转速度更慢。

**3. 运输能力小**

每辆普通载货汽车每次至多仅能运送50t左右的货物,约为货物列车运载量的1/100。

**4. 运输成本高**

由于公路运输的单次运输量较小,与铁路运输、水路运输相比,每吨千米的运输成本较高。据统计,公路运输的成本是铁路运输成本的11.1~17.5倍,是水路运输成本的27.7~43.6倍。

**5. 车辆驾驶人员培训容易**

与其他运输工具相比,公路车辆驾驶技术简单,容易掌握;培训时间短,一般需要3~6个月;培训费用较低;对驾驶员的各方面素质要求较低。

**6. 安全性较低,环境污染严重**

20世纪90年代以来,死于汽车交通事故的人数急剧增加,平均每年达50多万,超过了艾滋病和结核病人每年的死亡人数;汽车排出的尾气和发出的噪音也严重威胁着人类的健康,据美国环保机构对各种运输方式造成污染的研究,公路运输的汽车是造成环境污染的罪魁祸首。

## 2.1.2 公路线路

公路是指市区以外可供车辆通行的,按照国家及交通行业有关公路工程技术标准修建的并经公路主管部门验收认定的公共道路。

**1. 公路的分类**

我国公路根据交通量、使用任务和性质分为两类:汽车专用公路和一般公路。根据公路技术标准规定,可将公路划分为五个等级:高速公路、一级公路、二级公路、三级公路、四级公路。

(1) 汽车专用公路

① 高速公路

高速公路的有效行车道至少在四条以上,专供汽车分道高速行驶的全封闭、全立交的公路。一般能适应按各种汽车折合成小客车的年平均昼夜汽车交通量为25 000辆以上。

② 一级汽车专用公路

一级汽车专用公路要求有四条有效行车道,连接高速公路与大城市的结合部、开发区及专区的干线公路,要求与高速公路基本相同,部分控制出入口。一般能适应各种汽车的年平均昼夜汽车交通量为10 000~25 000辆。

③ 二级汽车专用公路

二级汽车专用公路要求有两个以上行车道,为连接政治、经济中心或大型专区的公路。一般能适应各种汽车的年平均昼夜汽车交通量为4 500~7 000辆。

（2）一般公路

① 二级公路

二级公路为连接政治、经济中心或大工矿区、港口、机场等地的公路。一般能适应各种折合成中型载重汽车的年平均昼夜汽车交通量为 2 000～5 000 辆。

② 三级公路

三级公路为沟通县及县以上城市的一般干线公路。一般能适应各种折合成载重汽车的年平均昼夜汽车交通量为 2 000 辆以下。

③ 四级公路

四级公路是沟通县、乡、村等的支线公路。一般能适应各种折合成载重汽车的年平均昼夜汽车交通量为 200 辆以下。

**2. 高速公路**

（1）高速公路概述

2004 年 12 月 17 日，《国家高速公路网规划》经国务院审议通过，标志着中国高速公路建设发展进入了一个新的历史时期。

国家高速公路网规划采用放射线与纵横网格相结合的布局方案，形成由中心城市向外放射以及横连东西、纵贯南北的大通道，由 7 条首都放射线、9 条南北纵向线和 18 条东西横向线组成，简称为"7918 网"。具体如下：

首都放射线（7 条）：北京—上海、北京—台北、北京—港澳、北京—昆明、北京—拉萨、北京—乌鲁木齐、北京—哈尔滨。

南北纵向线（9 条）：鹤岗—大连、沈阳—海口、长春—深圳、济南—广州、大庆—广州、二连浩特—广州、包头—茂名、兰州—海口、重庆—昆明。

东西横向线（18 条）：绥芬河—满洲里、珲春—乌兰浩特、丹东—锡林浩特、荣成—乌海、青岛—银川、青岛—兰州、连云港—霍尔果斯、南京—洛阳、上海—西安、上海—成都、上海—重庆、杭州—瑞丽、上海—昆明、福州—银川、泉州—南宁、厦门—成都、汕头—昆明、广州—昆明。

此外，规划方案还有：辽中环线、成渝环线、海南环线、珠三角环线、杭州湾环线共 5 条地区性环线、2 段并行线和 30 余段联络线。

届时，建成的国家高速公路网将连接全国所有的城镇人口超过 20 万的城市；将连接全国所有重要的交通枢纽城市，包括铁路枢纽 50 个、航空枢纽 67 个、公路枢纽 140 多个和水路枢纽 50 个，形成综合运输大通道和较为完善的集疏运系统，实现东部地区平均 30 分钟上高速，中部地区平均 1 小时上高速，西部地区平均 2 小时上高速的快速出行。

（2）高速公路的特点

① 行车速度快。高速公路只供汽车专用，不允许行人、牲畜、非机动车和其他慢速车辆通行。高速公路实行的是一种封闭型管理，汽车只能在具有互通式立交的匝道进出。因此，一般高速公路行车速度快，运输效率高。

② 通行能力大。高速公路针对普通公路中间无分隔带，对向车辆在行驶中超车、占道的客观现象，不仅在对向车道中间设有较宽的中央分隔带，还对同向车道也严格划分，真正做到实行上下车道分离，隔绝了对向车辆的干扰，分道行驶，渠化通行，提供一个宽敞

的行驶环境。高速公路一般有 4 个以上车道,并通过路面交通标线分割不同车速的车辆,较好地保证了高速公路的连续畅通。路宽、车道多、车流量和运输量大,一条车道每小时可通过 1 000 辆中型车,比一般公路高出 3～4 倍。

③ 行车安全、舒适,交通事故率低。据国外资料统计,与普通公路相比,美国交通事故率下降 56%,英国下降 62%,日本下降 89%;高速公路的线形标准高、路面坚实平整、行车平稳,乘客不会感到颠簸。此外,有完善的交通设施与服务设施。高速公路能满足司乘人员在路上的多种需求,除设有各种安全、通信、监控设施和标志外,还建有能够提供休息、餐饮、住宿、娱乐、救助、加油、修理等综合服务的服务区。

④ 物资周转快、经济效益高。一般运距在 300km 以内,使用大吨位车辆运输,无论从时间角度,还是经济角度考虑,均优于铁路和普通公路运输。如 1989 年建成通车的广佛高速公路——我国最早的高速公路之一,其投资费用回收期不到 6 年。

### 2.1.3　公路枢纽与站场

#### 1. 公路枢纽

公路枢纽,是指在一定区域范围内(主要为该区域运输市场服务)两条或两条以上公路线路交会、衔接处形成的,具有运输组织与管理、中转换乘与换装、装卸存储、多式联运、信息流通和其他辅助功能的综合性设施。公路枢纽作为交通运输的生产组织基地和公路运输网络中客货集散、转运及过境的场所,有若干专用汽车客、货车站和连接这些车站的公路及技术设备等所构成的集合体。

#### 2. 公路站场

公路站场是公路运输办理客、货运输业务及仓储保管、车辆保养修理及为用户提供相关服务的场所,是汽车运输产业的生产与技术基地。根据公路站场的经营主体和经营方式的不同,可分为公用型站场和运输企业自用型站场。

(1) 公路客运站

公路客运站是客运车辆和旅客集散的场所,主要功能是发售客票、候车服务、调度车辆、组织乘客上下车、行包受理与交付及其他服务性工作等。我国公路客运站的分类方法有两种。

第一种是按人、财、物三权隶属关系分,公路客运站可以分为:公用型车站和自用型车站。公用型车站又称开放型车站,这类车站一般由国家投资或所在交通管理部门筹措资金建设而成,本身无从事营运的自备车辆,专门为各种经济成分的营运者提供站务服务;自用型车站,它又可以分为自办站和代办站。

第二种是按业务经营范围分,公路客运站可以分为:客运站、客货兼营站和停靠站。客运站是专门经营旅客运输业务的车站,主要设置在客流密集的大、中城市;客货兼营站是指既办理旅客运输业务,又办理公路零担货运业务的车站,主要设置在县城或乡镇;停靠站(招呼站)是供客运班车往来停靠、上下旅客的站点,一般没有站房,只设有站牌标志,主要设置在路口附近。

(2) 公路货运站

公路货运站是指货物集结、待装运、转运的场所,主要功能包括货物的组织与承运、中转货物的保管、货物的交付、货物的装卸以及运输车辆的停放、维修等内容。

公路货运站按其功能可以分为：零担货运站、零担中转站和集装箱货运站。零担货运站是经营零担货物运输的服务单位和零担货物的集散场所，应主要配备零担站房、仓库、货棚、装卸车场、集装箱堆场、停车场及维修间、洗车台、材料库等生产辅助设施。集装箱货运站，是拼箱货物拆箱、装箱、办理交接业务的场所，应配备拆装库、高站台、拆装箱作业区、业务用房、装卸机械与车辆等。

（3）公路停车场（库）

公路停车场（库）的主要功能是停放与保管运输车辆。现代化的大型停车场还有车辆维修、加油等功能。按建筑性质分类，可以分为暖式车库、冷式车库、车棚和露天停车场等。

## 2.1.4　公路运输工具

公路运输工具是指具有独立原动机与载运装置，能自行驱动行驶，专门用于运送旅客和货物的非轨道式车辆。

汽车是公路运输的主要运输工具，汽车的种类繁多，按用途不同，可以分为载客汽车、载货汽车、特种车、牵引车和挂车等。

### 1. 载客汽车

载客车是专门用作人员乘坐的汽车，按座位多少可以分为轿车、客车和旅游车等。

（1）轿车

轿车是指用于载送人员及其随身物品，且座位布置在两轴之间的汽车。包括驾驶者在内，座位数最多不超过 9 个。一般轿车强调的是舒适性，以乘客为中心。

（2）客车

客车包括驾驶者在内，乘坐 10 人以上的载客车为客车。按使用目的不同，客车分为公交客车、旅游客车、公路客车、团体客车、专用校车、房车客车等。

### 2. 载货汽车

载货汽车是指专门用于运送货物的汽车，又称载重汽车。载货汽车种类繁多，按照不同的标准分类不同。

（1）按载重量进行分类，载货汽车可以分为微型、轻型、中型、重型四种。

微型载货汽车，总质量低于 1.8t，外形尺寸小，车长不超过 3.5m，载重量不超过 750kg，机动灵活，主要用于轻便货物的托运。

轻型载货汽车，总质量为 1.8t～6.0t 的货车，车长一般不超过 6m，载重量不超过 4.5t，主要用于短途轻便货物的托运。

中型载货汽车，总质量为 6.0t～14.0t 的货车，车长一般不超过 6m，载重量在 2.5t～8.0t，主要用于短距离中小批货物的托运。

重型载货汽车，总质量为 14t 以上，造型笨重，车型尺寸大，车长 6m 以上，载重量 8t 以上，主要用于中长距离笨重货物的托运。

（2）按车轮进行分类，载货汽车可以分为三轮货车、四轮货车、前四后四货车和前四后八货车等。其中，比较常见的有：①三轮货车（图 2-1），小型运输工具，车辆灵活性强；②后四轮（车辆后轮有 4 个车轮）厢式（厢式车厢）货车（图 2-2），货物的保护好，适合运载散件、鲜活货物、贵重货物；③后八轮货车(图2-3)，能承受更重的重量，多为大型货车或特殊货物(如沙土)装载车。

图2-1　三轮货车

图2-2　后四轮厢式货车

图2-3　后八轮货车

（3）按发动机和驾驶室的相对位置进行分类，载货汽车可以分为长头式、短头式、平头式和侧置式。

（4）按车厢门的开门方式进行分类，载货汽车可以分为单侧开门货车、双侧开门货车、三开门货车、上开门货车、后开门货车和侧向内置推拉门货车。

**3. 特种车**

特种车是普通车的变形，通常是在普通车底盘上安装专用的设备或车身，专供特殊用途而制造的汽车。如冷藏车(图2-4)、罐式车(图2-5)、消防车、救护车、车辆运输车(图2-6)、水泥搅拌车(图2-7)等。

图2-4　冷藏车

图2-5　罐式车

图2-6　车辆运输车

图2-7　水泥搅拌车

**4. 牵引车和挂车**

牵引车也称拖车，是前面有驱动能力的车头部分，一般不设载客或载货车厢；后面没有牵引驱动能力的车叫挂车，挂车是通过杆式或架式拖挂装置，由牵引车或其他车辆牵引。

牵引车可以分为全挂式和半挂式，挂车有全挂车和半挂车(图2-8)。全挂式牵引车与全挂车一起使用，其车架较短，全挂车的前端连接在全挂式牵引车的后端，牵引车只提供向前的拉力,不承受全挂车的重量。半挂式牵引车(图 2-9)与半挂车一起使用,半挂车的前面一半搭在牵引车后段上面的牵引鞍座上,牵引车后面的底盘承载半挂车的一部分重量。

图 2-8　半挂车

图 2-9　半挂式牵引车

# 2.2　铁路运输设施与设备

## 2.2.1　铁路运输概述

铁路运输是一种大运量、现代化的陆上运输方式,它利用铁路设施与设备运送旅客和货物。铁路运输适宜于担负远距离的大宗旅客、货物运输,在我国这样一个幅员辽阔、内陆深广、人口众多、资源丰富的大国,铁路运输在目前甚至在可以预见的未来,都是综合运输网中的骨干和中坚。

铁路运输的特点如下。

### 1. 优点

(1) 铁路运输的准确性和连续性强。铁路运输一般不受气候和自然条件的影响,一年四季可以不分昼夜地进行定期的、有规律的、准确的运转。

(2) 运输能力大。一般每列客车可载 1 800 人左右,铁路一列货物列车一般能运送 3 000～5 000t 货物,适合于大批量低值产品的长距离运输。

(3) 单车装载量大。加上有多种类型的车辆,几乎能承运任何商品,几乎不受重量和容积的限制。

(4) 运行速度比较快。铁路货运速度每昼夜可达几百千米,一般货车可达 100km/h 左右,平均速度在五种基本运输方式中仅次于航空运输。

(5) 铁路运输成本较低,能耗低。铁路运输费用仅为汽车运输费用的几分之一到十几分之一,运输耗油约是汽车运输的二十分之一。

### 2. 缺点

(1) 铁路运输需要铺设轨道、建造桥梁和隧道,建路工程艰巨复杂,需要消耗大量钢材、木材,原始投资大、建设周期长,占用固定资产多。

(2) 铁路运输按列车组织运行,运输过程中需要有列车的编组、解体和中转改编等作业环节,占用时间较长,增加了货物在途中的时间。

(3) 铁路运输中的货损率较高,而且由于装卸次数多,货物损毁或丢失事故通常比其他运输方式多。

（4）不能实现"门对门"的运输，通常要依靠其他运输方式配合，才能完成运输任务，除非托运人和收货人均有铁路支线。

## 2.2.2　铁路线路

铁路线路是为了进行铁路运输而修建的固定路线，是铁路固定基础设施的主体。铁路线路由路基、桥隧建筑物（图 2-10）及轨道三部分组成。路基是轨道的基础，它承受轨道的重量和列车的作用力，并将这些力传递到地基上；桥隧建筑物是铁路线为跨越沟河及穿越山岭而修建的，用于减少工程量或避免修建过长的迂回线；轨道则用以引导列车沿着指定的方向运行，直接承受车轮的动载荷，并将其传递到路基面上。

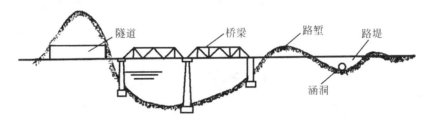

图 2-10　路基和桥隧建筑物

### 1. 铁路等级

铁路等级是铁路的基本标准，设计铁路时，首要任务就是确定铁路等级。我国《铁路线路设计规范》中规定，新建铁路和改建铁路（或区段）的等级，应根据它们在铁路网中的作用、性质和远期的客货运量确定。我国铁路建设标准共划分为三个等级，即Ⅰ级、Ⅱ级、Ⅲ级。具体划分条件如表 2-1 所示。

表 2-1　铁路等级

| 铁路等级 | 铁路在路网中的作用 | 远期年客货运量 |
|---|---|---|
| Ⅰ | 铁路网中起骨干作用的铁路 | ≥20Mt |
| Ⅱ | 铁路网中起骨干作用的铁路 | <20Mt |
|  | 铁路网中起联络、辅助作用的铁路 | ≥10Mt |
| Ⅲ | 为某一区域服务，具有地区运输性质的铁路 | <10Mt |

注：① 远期，是指具体线路在交付运营后第 10 年。
　　② 年客货运量，是其重车方向的货运量和客车对数折算的货运量之和。每天 1 对旅客列车按 1.0Mt 年货运量折算。

### 2. 铁路线路分类

为了完成铁路运输的客货运任务和进行行车作业，并保证各项作业安全，应修建和设置不同的线路。铁路线路分为正线、站线、段管线、岔线及特别用途线。

（1）正线

连接车站并贯穿或直接伸入车站的线路为正线。正线可分为区间正线及站内正线，连接车站的部分为区间正线，贯穿或直接伸入车站的部分为站内正线。

（2）站线

站线是指站内除正线以外的到发线、调车线、牵出线、货物线及站内指定用途的其他线路。到发线用于接发客车和货车。调车线用于车列解体和编组并存放车辆。牵出线用于调车作业时将车辆牵引出去。货物线用于货物装卸作业的货车停留。站内指定用途的其他线路包括机车走行线、车辆站修线等。

（3）段管线

段管线是指机务、车辆、工务、电务等段专用并由其管理的线路。

（4）岔线

岔线是指在区间或站内铁路接轨,通向厂矿企业、砂石场、港口、码头、货物仓库等的专用线路。

（5）特别用途线

① 安全线

为防止列车或机车、车辆进入另一列车运行线,防止进站停车的列车驶过警冲标进入区间,在支线与正线或到发线衔接处铺设的有效长度不小于 50m 的尽头线叫安全线。

② 避难线

为防止在陡长的坡道上失去控制的列车发生冲突或颠覆,根据线路情况,计算确定在区间或站内设置避难线,避难线一般设计为有较大的上升坡度,以减缓失控列车的速度。

## 2.2.3　铁路枢纽与站场

### 1. 铁路枢纽

在铁路干、支线的交会点或终端地区,由各种铁路线路、专业车站以及其他为运输服务的有关设备组成的总体称为铁路枢纽。

铁路枢纽的功能是使各向铁路线相互沟通,与其他运输方式顺畅衔接。其主要作业内容是组织各向列车的到发和通过、客货的集散和中转、车辆改编以及货物承运与换装等。铁路枢纽通常设有编组站、客运和货运站,有时也可由一个站办理各种作业。在各站之间以联络线联结,在枢纽范围内引入车站的进出站线路。

铁路枢纽按其在铁路网上的地位和作用可分为以下几类。

（1）路网性铁路枢纽

凡其承担的客运量、货运量和车流任务涉及整个铁路网的枢纽都属于路网性铁路枢纽。这种枢纽一般位于几条铁路干线交叉或衔接的大城市,办理大量跨局通过车流和地方车流,设有较多的专业车站,其设备的规模和能力都很大,如沈阳、北京、郑州、徐州、武汉、上海等枢纽。

（2）区域性铁路枢纽

凡其承担的客运量、货运量和车流组织主要为一定的区域范围服务的枢纽都属于区域性铁路枢纽。这种枢纽一般都位于干部线和支线的交叉或衔接的大、中型城市,主要办理管内的通过车流和地方车流,设备规模不大,如太原、蚌埠、柳州等枢纽。

（3）地方性铁路枢纽

凡承担的货运量和车流组织主要为某一工业区或港口等地方作业服务的枢纽都属于地方性铁路枢纽。这种枢纽一般都位于大工业企业和水陆联运地区,办理大量的货物装卸和小运转作业,如大同、秦皇岛等枢纽。

**2. 铁路站场**

铁路站场是铁路运输的基本生产单位,它集中了与运输有关的各项技术设备,并参与整个运输过程的各个环节。铁路站场包括各种铁路车站和作业场。按车站的等级可以分为特等站和一至五等站;按照技术作业性质可以分为中间站、区段站和编组站;按照运输对象可以分为客运站、货运站和客货运站。

## 2.2.4 铁路机车与车辆

### 1. 铁路机车

机车是铁路运输的基本动力。铁路车辆本身没有动力装置,无论是客车还是货车,都必须把许多车辆连接在一起编成一列,由机车牵引才能运行。

机车种类很多,按照机车原动力,可分为蒸汽机车、内燃机车和电力机车三种。

(1) 蒸汽机车

蒸汽机车是利用蒸汽机把煤的热能变成机械能而运行的一种机车。在现代铁路运输中,蒸汽机车已逐渐被予其他新型机车所取代。

(2) 内燃机车

内燃机车(图 2-11)是以内燃机为动力,通过传动装置驱动车轮的机车。内燃机车一般是由柴油机、传动装置、走形部、车体车架、车钩缓冲装置、制动系统和辅助装置组成。

(3) 电力机车

电力机车(图 2-12)所需电能由电气化铁路供电系统的接触网或第三轨供给,是一种非自带能源的机车。接触网供给电力机车的电流有直流和交流两种。由于电流制不同,电力机车也不一样,基本上可以分为直—直流电力机车、交—直流电力机车、交—直—交流电力机车三类。

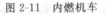

图 2-11　内燃机车

图 2-12　电力机车

电力机车具有功率大、过载能力强、牵引力大、速度快、整备作业时间短、维修量少、运营费用低、便于实现多机牵引、能采用再生制动以及节约能量等优点。使用电力机车牵引列车,可以提高列车运行速度和承载重量,从而大幅度地提高铁路的运输能力和通过能力。

### 2. 铁路车辆

铁路车辆可分为客车和货车两大类。常见的客车有硬座车、软座车、硬卧车、软卧车、餐车、行李车、邮政车等。铁路货车的种类很多,现从不同的角度对其进行介绍。

（1）按照用途或车型划分

铁路货车按照用途或车型可分为通用货车和专用货车两大类;通用货车又可分为棚车、敞车和平车三类。专用货车是专供装运某些指定种类货物的车辆,它包括:保温车、罐车、家畜车、煤车、矿石车、矿砂车等。

① 棚车。棚车(图 2-13)是有侧墙、端墙、地板和车顶,在侧墙上开有滑门和通风窗的铁路货车。用以装运贵重和怕日晒雨淋的货物。有的在车内安装火炉、烟囱、床板等,必要时可以运送人员和牲畜。

② 敞车。敞车(图 2-14)是指具有端壁、侧壁、地板而无车顶,向上敞开的货车,主要供运送煤炭、矿石、矿建物资、木材、钢材等大宗货物用,也可用来运送重量不大的机械设备。若在所装运的货物上蒙盖防水帆布或其他遮篷物后,可代替棚车承运怕雨淋的货物。因此,敞车具有很大的通用性,在货车组成中数量最多,约占货车总数的 50% 以上。

图 2-13　棚车

图 2-14　敞车

③ 平车。平车(图 2-15)的底架承载面为一平面,通常两侧设有柱插,主要用于运送钢材、木材、汽车、机械设备等体积或重量较大的货物,也可借助集装箱运送其他货物。平车还能适应国防需要,装载各种军用装备。有的平车还设有可向下翻倒的活动矮侧墙和端墙,用来装运矿石、沙土、石渣等散粒货物。

④ 保温车。保温车(图 2-16)车体设有隔热材料,车内设有降温和加温设备。用于装运易腐货物,如鱼、肉、水果等;也可装运对温度有特殊要求的货物。根据保温设备的不同,保温车可分为加冰冷藏、机械冷藏车和冷藏加温车等。

图 2-15　平车

图 2-16　保温车

⑤ 罐车。罐车(图 2-17)是车体呈罐形的运输车辆,用来装运各种液体、液化气体和粉末状货物等,这些货物包括汽油、原油、各种粘油、植物油、液氨、酒精、水、各种酸碱类液体、水泥氧化铅粉等,罐车在运输中占有很重要的地位,约占货车总数的 18%。

图 2-17　罐车

(2) 按载重量分

我国的铁路货车按照载重量可分为 20t 以下、25～40t、50t、60t、65t、75t、90t 等各种不同的车辆。我国目前以制造 60t 车为主。

(3) 按车辆轴数分

铁路货车按照车辆轴数可分为四轴车、六轴车和多轴车等,轴数越多,车轮也越多,载重量就越大。我国铁路以四轴车为主。

# 2.3　水路运输设施与设备

## 2.3.1　水路运输概述

水路运输是以船舶为运输工具、以港口或港站为运输基地、以水域(海洋、河、湖)为运输活动范围的客货运输方式。

水路运输是目前各种主要运输方式中兴起最早、历史最长的运输方式,在多种交通运输方式联合运营中扮演着重要角色。水路运输依靠天然的河流、海洋等航道,可以获得廉价的运费。

水路运输按其航行的区域,大体上可划分为远洋运输、沿海运输和内河运输三种形式。远洋运输通常是指国际上各港口之间的长途运输形式,主要依靠运量大的大型船舶。沿海运输是指国内沿海区域各港口之间的运输,一般使用中、小型船舶。内河运输是指利用船舶、排筏或其他浮运工具,在江、河、湖泊、水库及人工水道上从事的运输,主要使用中、小型船舶。

**1. 水路运输的特点**

(1) 优点

① 运输能力大

随着造船技术的日益发展,船舶都朝着大型化发展,巨型客轮已超过 8 万 t,超巨型油船的载重 55 万 t,一般的杂货轮也多在 5 万 t 以上,可以实现大吨位、长距离的运输。

② 通过能力强,续航能力大

海上运输利用天然航道,一般来说,水运系统综合运输能力主要是由船队运输能力和港口通过能力所决定。无论海上航道还是内河航道,四通八达,通过能力几乎不受限制。

③ 投资省,运费低廉

一方面,海上运输所通过的航道均为天然形成,不像公路或铁路运输大量投资用于修筑公路或铁路,所以投资较少;另一方面,船舶运载量大,运输里程远,与其他运输方式相比,海运的单位运输成本较低,约为铁路运费的 1/5,公路运费的 1/10,航空运费的 1/30。

④ 劳动生产率高

一艘 20 万 t 的油船只需配备 40 名船员,平均人均运送货物达 5 000t。我国内河运输和海洋运输的劳动生产率,分别为公路汽车运输的 13 倍和 20 倍。

(2) 缺点

① 船舶平均航速较低

船舶体积大,水流阻力高,风力影响大,因此平均航速较低。低速航行所需克服阻力小,能够节约燃料;反之,如果航速提高,所需克服的阻力则直线上升。例如,船舶行驶速度从每小时 5km 上升到每小时 30km 时,所受阻力将会增加到 35 倍。因此,一般船只的行驶速度只能达到 40km/h,比铁路和公路运输慢得多。

② 适应性差

内河运输受自然条件的限制很大,在无水或资源不好的地方无法进行,有些河道质量不好,季节性缺水或冬季常因冰冻而停航,无法保证全年通航。海洋运输也受到港湾的水深、风浪等气候和水文条件的限制,呈现较大的波动性和不平衡性。

③ 投资回收期较长

海运公司订购船只需要巨额资金,投资回收期较长。

**2. 水路运输的功能**

根据水路运输的优缺点,在综合运输体系中,水路运输的功能主要有:

(1) 承担大批量货物运输,特别是集装箱运输。

(2) 承担原料、半成品等散货运输,如建材、石油、煤炭、矿石、粮食等。

(3) 承担国际贸易运输,是国际商品贸易的主要运输工具之一。海上货物运输是国际运输的主要方式,国际贸易中约有 90% 的货物是以海上运输方式承运的。

## 2.3.2 港口

**1. 港口的定义**

港口是综合运输系统中水陆联运的重要枢纽,货物和旅客集散并变换运输方式的场地,它有一定面积的水域和陆域供船舶出入和停泊,可以为船舶提供安全停靠、作业的设施以及提供补给、修理等技术服务和生活服务。

**2. 港口的组成**

港口是水运系统的重要组成部分,由水域和陆域两大部分组成。

(1) 水域

水域,是供船舶进出港,以及在港内运转、锚泊和装卸作业使用的。要求有足够的水源和面积,水面稳静,水路平缓,以便船舶的安全操作。天然掩护条件较差的海港须建造防波堤。水域包括进港航道、港池和锚泊地。

① 进港航道要保证船舶安全方便地进出港口,必须有足够的深度和宽度、适当的位置、方向和弯道曲率半径,避免强烈的横风、横流和严重淤积,尽量降低航道的开辟和维护费用。

② 港池指直接和港口陆域毗连,供船舶靠离码头、临时停泊和掉头的水域。

③ 锚泊地指有天然掩护或人工掩护条件能抵御强风浪的水域,船舶可在此锚泊、等待靠泊码头或离开港口。

(2) 陆域

陆域是供旅客集散、货物装卸、货物堆存和转载使用的区域。要求有适当的高程、岸线长度和纵深,以便在这里安装装卸设备、仓库和堆场、铁路、公路,以及各种必需的生产生活设施等。陆域上有进港陆上通道、码头前方装卸作业区和港口后方区。前方装卸作业区是供分配货物,布置码头前沿铁路、道路、装卸机械设备和快速周转货物的仓库或堆场及候船大厅等使用;港口后方区是供布置港内铁路、道路、较长时间堆存货物的仓库或堆场、港口附属设施(车库、停车场、机具修理车间、工具房、变电站、消防站等)以及行政、服务房屋等使用。

### 2.3.3 船舶设备

船舶,各种船只的总称,是指能航行或停泊于水域进行运输或作业的运输工具。船舶分类方法很多,按用途可以分为:客船、货船、货客船、救助作业船、工程船、指航船、渔船、快艇、军用舰艇。船舶按不同的使用要求而具有不同的特性,下面主要介绍客船和货船的种类和特性。

#### 1. 客船

客船(图 2-18)是用来载运旅客和少量行李、邮件及货物的运输船舶。只载客不装货物的船很少,以载客为主兼运一部分货物的船舶叫作客货船。客船多为定期定线航行,又称为班轮或邮轮。客船的基本特点是:上层建筑发达,用于布置各种类别的客舱及一些服务舱室;要求具有较好的抗沉性,防火、救生等方面的要求也较严格,减摇、避震、隔声等方面的舒适性要求较高;航速较高,功率储备较大。客船绝大多数是定期定线航行的,这种客船又称班轮。随着远程航空运输的发展,客船逐渐转向为短程运输和旅游服务。

图 2-18　客船

**2. 货船**

货船是专门载运各种货物的船只,载客 12 人以下,大部分舱位是用于堆贮货物的货舱。货船的船型很多,大小悬殊,排水量可从数百吨至数十万吨。根据所运货物的不同可以分为以下几类。

(1) 干散货船

干散货船(图 2-19)又称散装货船,是散装运输谷物、煤、矿砂、盐、水泥等大宗干散货物的船舶。因为干散货船的货种单一,不需要包装成捆、成包、成箱的装载运输,不怕挤压,便于装卸,所以都是单甲板船。总载重量在 5 万 t 以上的,一般不装起货设备。由于谷物、煤和矿砂等的积载因数(每吨货物所占的体积)相差很大,所要求的货舱容积的大小、船体的结构、布置和设备等许多方面都有所不同。因此,一般习惯上仅把装载粮食、煤等货物积载因数相近的船舶,称为散装货船,而装载积载因数较小的矿砂等货物的船舶,称为矿砂船。

用于粮食、煤、矿砂等大宗散货的船通常分为如下几个级别:好望角型船,是指能抵抗好望角恶劣风浪的超大型散装船,一般这种类型船长在 200～300m,宽度 25～40m,总载重量为 10 万 t 级以上。巴拿马型船,指船宽小于 32.2m,能安全通过巴拿马运河的各类船舶,船长定义在 180m～280m,总载重量为 6 万 t 级。轻便型散货船,吃水较浅,世界上各港口基本都可以停靠,总载重量为 3.5 万～4 万 t 级。小型散货船,可驶入美国五大湖泊的最大船型。最大船长不超过 222.5m,最大船宽小于 23.1m,最大吃水要小于 7.925m,总载重量为 2 万～2.7 万 t 级。

(2) 杂货船

杂货,是指机器设备、建材、日用百货等各种物品。杂货船(图 2-20)又称统货船、普通货船、通用干货船,主要用于装载一般包装、袋装、箱装和桶装的件杂货物。

图 2-19　干散货船　　　　　　　　　　图 2-20　杂货船

杂货船应用广泛,在世界商船队中吨位总数居首位。在远洋运输中的杂货船可达 2 万 t 以上。要求杂货船有良好的经济性和安全性,而不必追求高速。一般都装设有起货设备,多数以吊杆为主,也有的装有液压旋转吊。

(3) 木材船

木材船(图 2-21)是专门用以装载木材或原木的船舶。这种船舱口大,舱内无梁柱及其他妨碍装卸的设备。船舱及甲板上均可装载木材。为防甲板上的木材被海浪冲出舷外,在船舷两侧一般设置不低于1m的舷墙。

图 2-21　木材船

（4）冷藏船

冷藏船（图 2-22）是专门运输肉类、水果等冷冻易腐货物的船舶。其特点是具有良好的隔热设施与制冷设备,使货舱类似一个大冷库,能调节多种温度以适应各舱货物对不同温度的需要。货舱口较小,货舱甲板层数较多,船速较快而吨位较小。

（5）油船

油船（图 2-23）指专门用来运输原油、原油的提炼成品（如动力油、燃料油等）、石油化工产品等类液体货物的船舶。油轮的载重量越大,运输成本越低。由于石油货源充足,装卸速度快,所以油船可以建造得很大。目前油船的载重量一般在 5 万 t 以上,大型油船在 20～30 万 t 左右,超大型油船超过 50 万 t。油轮很容易与其他轮船区别开来,油轮的甲板非常平,除驾驶舱外几乎没有其他耸立在甲板上的装置。

图 2-22　冷藏船　　　　　　　　　　　图 2-23　油船

（6）液化气船

液化气船是专门用来运输液化天然气和液化石油气的船舶。专门装运液化天然气的船称为液化天然气船（Liquefied Natural Gas,LNG,如图 2-24 所示）；专门装运液化石油气的船称为液化石油气船（Liquefied Petroleum Gas,LPG,如图 2-25 所示）。液化气船的吨位一般为 6 万～13 万 m³。液化气沸点低,是易燃、易爆的危险品,所以,液化气船货舱结构复杂,造价高。

（7）滚装船

滚装船（图 2-26）主要用来运送汽车和集装箱。这种船本身不需要装卸设备,一般在

图 2-24　液化天然气船

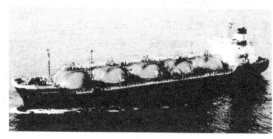

图 2-25　液化石油气船

船侧或船的首、尾有开口斜坡连接码头,装卸货物时,或者是汽车,或者是集装箱(装在拖车上的)直接开进或开出船舱。滚装船的优点是不依赖码头上的装卸设备,装卸速度快,可加速船舶周转。

图 2-26　滚装船

(8) 集装箱船

集装箱船(图 2-27)又称为箱装船、货柜船、货箱船,是专门运输集装箱货物的船舶。集装箱船可分为部分集装箱船、全集装箱船和可变换集装箱船三种。

① 部分集装箱船,仅以船的中央部位作为集装箱的专用舱位,其他舱位仍装普通杂货。

② 全集装箱船,指专门用以装运集装箱的船舶。它与一般杂货船不同,其货舱内有格栅式货架,装有垂直导轨,便于集装箱沿导轨放下,四角有格栅制约,可防倾倒。集装箱船的舱内可堆放 3~9 层集装箱,甲板上还可堆放 3~4 层。

图 2-27 "中远广州"号集装箱船

注：船长 350.56m、船宽 42.8m，9 469 标准箱。

③ 可变换集装箱船，其货舱内装载集装箱的结构为可拆装式的。因此，它既可装运集装箱，必要时也可装运普通杂货。集装箱船航速较快，大多数船舶本身没有起吊设备，需要依靠码头上的起吊设备进行装卸，这种集装箱船也称为吊上吊下船。

### 2.3.4 船舶货运常识

**1. 船舶尺度**

船舶尺度根据用途的不同，可分为最大尺度、船型尺度和登记尺度三种。

（1）最大尺度

最大尺度又称全部尺度或周界尺度，是船舶靠离码头、系高浮筒、进出港、过桥梁或架空电缆、进出船闸或船坞以及狭水道航行时安全操纵或避让的依据。最大尺度包括：

① 最大长度，又称全长或总长，是指从船首最前端至船尾最后端（包括外板和两端永久性固定突出物）之间的水平距离。

② 最大宽度，又叫全宽，是指包括船舶外板和永久性固定突出物在内并垂直于纵中线面的最大横向水平距离。

③ 最大高度，是指自平板龙骨下缘至船舶最高桅顶间的垂直距离。最大高度减去吃水即得到船舶在水面以上的高度，称净空高度。

（2）船型尺度

船型尺度又称型尺度或主尺度，在一些主要的船舶图纸上均使用和标注这种尺度，且用来计算船舶稳性、吃水差、干舷高度、水对船舶的阻力和船体系数等，故又称为计算尺度、理论尺度。

（3）登记尺度

登记尺度是主管机关登记船舶、丈量和计算船舶总吨位及净吨位时所用的尺度，它载明于吨位证书中。

**2. 船舶吨位**

船舶吨位是船舶大小的计量单位，可分为重量吨位和容积吨位两种。

（1）船舶的重量吨位

① 排水量吨位。排水量吨位是船舶在水中所排开水的吨数，也是船舶自身重量的吨

数,又可分为轻排水量、重排水量和实际排水量三种。轻排水量,又称空船排水量,是船舶本身加上船员和必要的给养物品三者重量的总和,是船舶最小限度的重量。重排水量,又称满载排水量,是船舶载客、载货后吃水达到最高载重线时的重量,即船舶最大限度的重量。实际排水量,是船舶每个航次载货后实际的排水量。

② 载重吨位。载重吨位表示船舶在营运中能够使用的载重能力。载重吨位可分为总载重吨和净载重吨。

总载重吨,是指船舶根据载重线标记规定所能装载的最大限度的重量,它包括船舶所载运的货物、船上所需的燃料、淡水和其他储备物料重量的总和。总载重吨等于满载排水量减去空船排水量。

净载重吨,是指船舶所能装运货物的最大限度重量,又称载货重吨,即从船舶的总载重量中减去船舶航行期间需要储备的燃料、淡水及其他储备物品的重量所得的差数。

船舶载重吨位可用于对货物的统计,表示船舶的载运能力,也可用作新船造价及旧船售价的计算单位。

(2) 船舶的容积吨位

船舶的容积吨位是表示船舶容积的单位,又称注册吨,是各海运国家为船舶注册而规定的一种以吨为计算和丈量的单位,以 100ft³ 或 2.83m³ 为 1 注册吨。容积吨又可分为容积总吨和容积净吨两种。

① 容积总吨。容积总吨又称注册总吨,是指船舱内及甲板上所有关闭场所的内部空间(或体积)的总和,是以 100ft³ 或 2.83m³ 为 1 注册吨折合所得的商数。容积总吨的用途很广,它可以用于国家对商船队的统计,表明船舶的大小,用于船舶登记,用于政府确定对航运业的补贴或造舰津贴,用于计算保险费用、造船费用及船舶的赔偿等。

② 容积净吨。容积净吨又称注册净吨,是指从容积总吨中扣除不供营业用的空间所剩余的吨位,也就是船舶可以用来装载货物的容积折合成的吨数。容积净吨主要用于船舶的报关、结关,作为船舶向港口交纳的各种税收和费用的依据,作为船舶通过运河时交纳运河费的依据等。

### 3. 船籍和船旗

船籍指船舶的国籍。商船的所有人向本国或外国有关管理船舶的行政部门办理所有权登记,取得本国或登记国国籍后才能取得船舶的国籍。

船旗是指商船在航行中悬挂其所属国的国旗。船旗是船舶国籍的标志。按国际法规定,商船是船旗国浮动的领土,无论在公海或在他国海域航行,均需悬挂船籍国国旗。船舶有义务遵守船籍国法律的规定并享受船籍国法律的保护。

方便旗船就是在船舶登记开放,或者宽松的国家进行登记,从而取得该国国籍,并悬挂该国国旗的船舶。挂方便旗的船舶主要属于一些海运较发达的国家或地区,如美国、希腊、日本、中国香港地区和韩国的船东。他们将船舶转移到外国去进行登记,以图逃避国家重税和军事征用,自由制定运价不受政府管制,自由处理船舶与运用外汇,自由雇用外国船员以支付较低工资,降低船舶标准以节省修理费用,降低营运成本以增强竞争力等。而公开允许外国船舶在本国登记的国家,主要有巴拿马、利比里亚、塞浦路斯、新加坡及百慕大等国。甚至有国家其国土都不临海洋,却也开辟方便旗船登记业务以换取外汇收入,比如蒙古国。

### 4. 船级

船级是表示船舶技术状态的一种指标。在国际航运界,凡注册总吨在100t以上的海运船舶,必须在某船级社或船舶检验机构监督之下进行监造。在船舶开始建造之前,船舶各部分的规格须经船级社或船舶检验机构批准。每艘船建造完毕,由船级社或船舶检验局对船体、船上机器设备、吃水标志等项目和性能进行鉴定,发给船级证书。证书有效期一般为4年,期满后需重新予以鉴定。

船舶入级可保证船舶航行安全,有利于国家对船舶进行技术监督,便于租船人和托运人选择适当的船只,以满足进出口货物运输的需要,便于保险公司决定船、货的保险费用。

世界上比较著名的船级社有:英国劳埃德船级社(LR)、德国劳埃德船级社(GL)、挪威船级社(DNV)、法国船级局(BV)、中国船级社(CCS)等。

### 5. 船舶载重线

船舶载重线(图2-28)指船舶满载时的最大吃水线。它是绘制在船舷左右两侧船舶中央的标志,指明船舶入水部分的限度。船舶干舷是指船中处由甲板线上边缘向下量到满载载重线上表面的垂直距离。因此,载重线关系到船舶干舷大小,船舶干舷大,可使船舶航行安全,但所载货物减少对经营不利;船舶干舷小,会给船舶、货物以及船员旅客生命带来威胁,涉及保险公司承担风险大小。因此,必须加以统一规定。船舶载重线标志(Load Line Marks)是指为标明船舶载重线位置,用以检查装载状态使之不小于已核定的最小干舷,以限制船舶的装载量,保证船舶具有足够的储备浮力和航行安全。

载重线标志包括:甲板线、载重线圆盘和与圆盘有关的各条载重线,如图2-29所示。为保证船舶航行安全在船舷处勘划的船舶在不同海区和季节须相应使用的负载量标志。载重线标志包括外径为300mm,线宽为25mm的一圆环,和与圆环相交长为450mm,宽为25mm的一条水平线,该水平线上边缘通过圆环中心。圆环中心位于船中,至甲板线上边缘的垂直距离等于核定的夏季干舷。各载重线与一根位于圆环中心前方540mm,宽为25mm的垂直线相垂直,分别以长为230mm,宽为25mm的水平线所表示的通常有夏季、冬季、冬季北大西洋、热带、夏季淡水、热带淡水各载重线。载重线的上缘就是船舶在该水域和该季节中所允许的最大装载吃水的限定线。

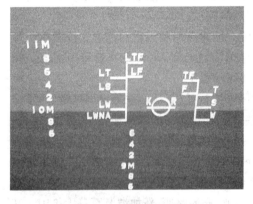

图2-28 船舶载重线

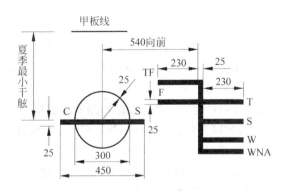

图2-29 船舶载重线标志

在图 2-29 中的 CS 是中国船级社核定符号,各条载重线含义如下。

(1) TF(Tropical Fresh Water Load Line):热带淡水载重线,即船舶航行于热带地区淡水中总载重量不得超过此线。

(2) F(Fresh Water Load Line):淡水载重线,即船舶在淡水中行驶时,总载重量不得超过此线。

(3) T(Tropical Load Line):热带海水载重线,即船舶在热带地区航行时,总载重量不得超过此线。

(4) S(Summer Load Line):夏季海水载重线,即船舶在夏季航行时,总载重量不得超过此线。

(5) W(Winter Load Line):冬季海水载重线,即船舶在冬季航行时,总载重量不得超过此线。

(6) WNA(Winter North Atlantic Load Line):北大西洋冬季载重线,指船长为100m以下的船舶,在冬季航行经过北大西洋(北纬 36°以北)时,总载重量不得超过此线。

标有 L 的为木材载重线。

我国船舶检验局对上述各条载重线,分别以汉语拼音首字母为符号。即以"RQ"、"Q"、"R"、"X"、"D"和"BDD"分别代替"TF"、"F"、"T"、"S"、"W"和"WNA"。

在租船业务中,期租船的租金习惯上按船舶的夏季载重线时的载重吨来计算。

# 2.4　航空运输设施与设备

## 2.4.1　航空运输概述

航空运输是使用飞机、直升机及其他航空器运送人员、货物、邮件的一种运输方式。具有快速、机动的特点,是现代旅客运输,尤其是远程旅客运输的重要方式。航空运输是国际贸易中的贵重物品、鲜活货物和精密仪器运输所不可缺的。

航空运输的特点如下。

**1. 航空运输的优点**

(1)速度快。速度快是航空运输的最大特点和优势。现代喷气式客机速度为 800～900km/h,比汽车、火车快 5～10 倍,比轮船快 20～30 倍。距离越长,航空运输所能节约的时间越多,快速的特点也越显著。

(2)机动性大。飞机在空中飞行,受航线条件限制的程度比汽车、火车、轮船小得多。它可以将地面上任何距离的两个地方连接起来,可以定期或不定期飞行。尤其对灾区的救援、供应、边远地区的急救等紧急任务,航空运输已成为必不可少的手段。

(3)舒适、安全。喷气式客机的巡航高度一般在 10km 左右,飞行不受低气流的影响,平稳舒适。现代民航客机的客舱宽畅,噪音小,机内有供膳、视听等设施,旅客乘坐的舒适程度较高。

(4)基本建设周期短、投资小。要发展航空运输,从设备条件上讲,只需要添置飞机和修建机场。这与修建铁路和公路相比,一般说来建设周期短、占地少、投资省、收效快。

**2. 航空运输的缺点**

航空运输的主要缺点是：飞机机舱容积和载重量都比较小，运载成本和运价比地面运输高。由于飞行受一定气候条件的限制，影响其正常、准点性。

此外，航空运输速度快的优点在短途运输中难以充分发挥。因此，航空运输比较适宜于500km以上的长途客运，以及时间性强的鲜活易腐和价值高的货物的中长途运输。

## 2.4.2 航空器

**1. 航空器定义**

航空器是指在大气层中飞行的飞行器，包括飞机、飞艇、气球及其他任何借空气之反作用力，得以飞行于大气中的器物。任何航空器都必须产生一个大于自身重力的向上的力，才能升入空中。

**2. 航空器分类**

根据产生向上力的基本原理不同，航空器可划分为两大类（图2-30）：轻于空气的航空器和重于空气的航空器。轻于空气的航空器靠空气静浮力升空，又称浮空器；重于空气的航空器靠空气动力克服自身重力升空。

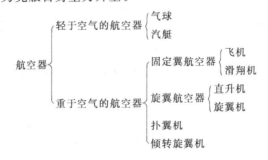

图2-30　航空器分类

## 2.4.3 民用航空

**1. 民用航空的定义**

民用航空，是指使用各类航空器从事除了军事性质以外的所有的航空活动。这个定义明确了民用航空是航空的一部分，同时以"使用"航空器界定了它和航空制造业的界限，用"非军事性质"表明了它和军事航空的不同。

**2. 民用航空的分类**

民用航空可分为两部分：商业航空和通用航空。

（1）商业航空

商业航空也称为航空运输，是指以航空器进行经营性的客货运输的航空活动。航空运输的经营性质表明这是一种商业活动，以赢利为目的。航空运输又是运输活动，这种航空活动是交通运输的一个组成部门，与铁路、公路、水路和管道运输共同组成了国家的交通运输系统。尽管航空运输在运输量方面与其他运输方式比是较少的，但由于其快速、远距离运输的能力及高效益，航空运输在总产值上的排名不断提升，而且在经济全球化的浪潮中和国际交往上发挥着越来越大的作用。

（2）通用航空

通用航空范围十分广泛，可以大致分为以下几类。

① 工业航空，包括使用航空器进行工矿业有关的各种活动，具体的应用有航空摄影、航空遥感、航空物探、航空吊装、石油航空、航空环境监测等。在这些领域中利用了航空的优势，可以完成许多以前无法进行的工程，如海上采油、航空探矿、航空摄影。

② 农业航空，包括为农、林、牧、渔各行业的航空服务活动。其中森林防火、灭火、洒播农药，都是其他方式无法比拟的。

③ 航空科研和探险活动，包括新技术的验证、新飞机的试飞，以及利用航空器进行的气象天文观测和探险活动。

④ 飞行训练，除培养空军驾驶员外培养各类飞行人员的学校和俱乐部的飞行活动。

⑤ 航空体育运动，用各类航空器开展的体育活动，如跳伞、滑翔机、热气球以及航空模型运动。

⑥ 公务航空，大企业和政府高级行政人员用单位自备的航空器进行公务活动。跨国公司的出现和企业规模的扩大，使企业自备的公务飞机越来越多，公务航空就成为通用航空中一个独立的部门。

⑦ 私人航空，私人拥有航空器进行航空活动。

通用航空在我国主要指前面五类，后两类在我国才开始发展，但在一些航空强国，公务航空和私人航空所使用的航空器占通用航空的绝大部分。

## 2.4.4　航空集装设备

航空运输中的集装设备主要是指为提高运输效率而采用的托盘和集装箱等成组装载设备。为使用这些设施，飞机的甲板和货舱都设置了与之配套的固定系统。由于航空运输的特殊性，这些集装设备无论从外形构造还是技术性能指标都具有自身的特点。以集装箱为例，就有主甲板集装箱和底甲板集装箱之分。我们在海运中常见的 40ft 和 20ft 的标准箱只能装载在宽体飞机的主甲板上。航空集装箱（图 2-31）在当今世界航空运输领域的应用已十分广泛，国际航空协会将航空运输用的集装箱称为"成组器"（Unit Load Device）。

航空集装箱化运输的特点如下。

（1）货物运输快速便捷

专用飞机的出现，最大限度地缩短了运输的时间和距离，它不受江河山川等地形条件的影响，能跨越国界地界飞行，这对需要急运货物的货主来说，航空货运是最快捷便利的运输方式。

（2）安全性能高

随着高科技在航空运输中应用和不断对飞机进行技术革新，要求地面服务、航行管

图 2-31　航空集装箱

制、设施保证、仪表系统、状态监控等技术都要得到提高，从而保证了飞机飞行的安全性，而且采用的是集装箱装载，因此，航空集装箱运输的安全性是比较高的。

（3）货物运输的价值性与经济性

一般来说，价值越高的货物越是采用安全性能高、运输时间短的运输方式，航空集装箱化运输的出现，正是适应了这种高价值的物品诸如金银财宝、贵重物品、快递急件等的运输要求，同时，它的节省费用与时间，创造出了更高的经济价值。

### 2.4.5　航空港

#### 1. 航空港的定义

航空港是指位于航线上、为保证航空运输和专业飞行作业用的机场及其有关建筑物和设施的总称，是空中交通网的基地。

航空港的主要任务是完成客货运输服务，保养与维修飞机，保证旅客、货物和邮件正常运送以及飞机安全起降。

#### 2. 航空港的组成

航空港分为飞行区、客货运输服务区和机务维修区三部分。

（1）飞行区

飞行区是为保证飞机安全起降的区域，内有跑道、滑行道、停机坪和无线电通信导航系统、目视助航设施及其他保障飞行安全的设施，在航空港内占地面积最大。

（2）客货运输服务区

客货运输服务区是为旅客、货主提供地面服务的区域。主体是候机楼，此外还有客机坪、停车场、进出港道路系统等。货运量较大的航空港还专门设有货运站。客机坪附近配有管线加油系统。

（3）机务维修区

机务维修区是飞机维护修理和航空港正常工作所必需的各种机务设施的区域。区内建有维修厂、维修机库、维修机坪和供水、供电、供热、供冷、下水等设施，以及消防站、急救站、储油库、铁路专用线等。

# 2.5　管道运输设施与设备

## 2.5.1　管道运输概述

#### 1. 管道运输的定义及特征

管道运输是用管道作为运输工具的一种长距离输送液体和气体物资的输方式，是一种专门由生产地向市场输送石油、煤和化学产品的运输方式，是统一运输网中干线运输的特殊组成部分。

管道运输是国民经济综合运输的重要组成部分之一，也是衡量一个国家的能源与运输业是否发达的特征之一。目前，长距离、大管径的输油气管道均由独立的运营管理企业来负责经营和管理。管道运输多用来输送流体（货物），如原油、成品油、天然气及固体煤浆等。它与其他运输方式（铁路、公路、海运、河运）相比，主要区别在于驱动流体的输送工具是静止不动的泵机组、压缩机组和管道。泵机组和压缩机组给流体以压力能,使其沿管道连续不断地向前流动,直至输到指定地点。

**2. 管道运输的特点**

(1) 优点

① 运量大。一条输油管线可以源源不断地完成输送任务。根据其管径的大小不同,其每年的运输量可达数百万吨到几千万吨,甚至超过亿吨。

② 占地少。运输管道通常埋于地下,其占用的土地很少;运输系统的建设实践证明,运输管道埋藏于地下的部分占管道总长度的 95% 以上,因而对于土地的永久性占用很少,分别仅为公路的 3%,铁路的 10% 左右。在交通运输规划系统中,优先考虑管道运输方案,对于节约土地资源,意义重大。

③ 管道运输建设周期短、费用低。管道运输系统的建设周期与相同运量的铁路建设周期相比,一般要短 1/3 以上。历史上,我国建设大庆至秦皇岛全长 1 152km 的输油管道,仅用了 23 个月的时间,而若要建设一条同样运输量的铁路,至少需要 3 年时间;新疆至上海市的全长 4 200km 天然气运输管道,建设周期为 26 个月,但是如果新建同样运输量的铁路专线,建设周期在 36 个月以上,特别是地质地貌条件和气候条件相对较差,大规模修建铁路难度将更大,周期将更长,统计资料表明,管道建设费用比铁路低 60% 左右。

④ 管道运输安全可靠、连续性强。由于石油天然气易燃、易爆、易挥发、易泄漏,采用管道运输方式,既安全,又可以大大减少挥发损耗,同时由于泄漏导致的对空气、水和土壤污染也可大大减少,也就是说,管道运输能较好地满足运输工程的绿色化要求。此外,由于管道基本埋藏于地下,其运输过程恶劣多变的气候条件影响小,可以确保运输系统长期稳定地运行。

⑤ 管道运输耗能少、成本低、效益好。发达国家采用管道运输石油,每吨千米的能耗不及铁路的 1/7,在大量运输时的运输成本与水运接近,因此在无水条件下,采用管道运输是一种最为节能的运输方式。管道运输是一种连续工程,运输系统不存在空载行程,因而系统的运输效率高,理论分析和实践经验已证明,管道口径越大,运输距离越远,运输量越大,运输成本就越低。以运输石油为例,管道运输、水路运输、铁路运输的运输成本之比为 1∶1∶1.7。

(2) 缺点

灵活性差。管道运输不如其他运输方式灵活,除承运的货物比较单一外,也不容随便扩展管线。对一般用户来说,管道运输常常要与铁路运输或汽车运输、水路运输配合才能完成全程输送。另外,运输量明显不足时,运输成本会显著地增大,成本升高。

## 2.5.2  管道运输种类

运输管道常按所输送物品的不同分为:原油管道、成品油管道、天然气管道和固体料浆管道。

**1. 原油管道**

原油一般具有密度大、黏稠和易于凝固等特性。被开采出来的原油经油气分离、脱水、脱沉淀物和经过稳定后进入管道,用管道运输时,要针对所输原油的特性,采用不同的输送工艺。原油管道输送工艺可分加热输送和不加热输送两种。稀质的原油(如中东原油)采用不加热输送,而我国的原油属于易凝固高黏稠原油,则需采用加热输送。

原油运输是自油田输给炼油厂,输给转运原油的港口或铁路车站。因此其运输特点是:数量大、运距长、收油点和交油点少,故特别适宜管道输送。世界上原油有 85% 以上是管道输送的。

**2. 成品油管道**

成品油管道是输送经炼油厂加工原油提炼出来,可供直接使用的燃料油,如汽油、煤油、航空煤油、柴油,以及液化石油气等成品油。由炼制加工生产最轻质到重质的燃料油等,都是成品油管道输送的介质。

成品油管道的任务是将炼油厂生产的大宗成品油输送到各个城镇附近的成品油库,然后用油罐汽车转运给城镇的加油站或用户。有的燃料油则直接用管道输送给大型电厂,或用铁路油槽车外运。成品管道运输的特点是批量多、交油点多,因此,管道的起点段管径大,输油量大,经多处交油分输以后,输油量减少,管径亦随之变小,从而形成成品油管道多级变径的特点。

成品油管道是等温输送,没有沿途加热的问题。成品油管道的特点在于有众多的不同的油品,如煤油、汽油、柴油、航空煤油以及各种不同标号的同类油品,顺序输送,并要求严格区分,保证油品质量。由于成品油管道是多来源、多品种顺序输送,其管理的复杂程度则远超过原油管道。

**3. 天然气管道**

天然气管道是指将天然气(包括油田生产的伴生气)从开采地或处理厂输送到城市配气中心或工业企业用户的管道,又称输气管道。利用天然气管道输送天然气,是陆地上大量输送天然气的唯一方式。在世界管道总长中,天然气管道约占一半。

**4. 固体料浆管道**

固体料浆管道主要用于输送煤、铁矿石、磷矿石、铜矿石、铝矾石和石灰石等矿物,配置浆液主要用水,还有少数采用燃料油或甲醇等液体作载体。目前,物料的管道运输有两种方案:第一种方案是把散状或粉尘状物料与液体或气体混合后沿管道运输,这种与液体混合的方式叫浆液运输,它适用于煤、天然沥青、砂、木屑、浆料等货种。由于这种方案受物料性质、颗粒大小与重量等因素的限制,运输距离不能太长,同时能耗较多,对管道的磨损也较大。第二种方案是用密封容器装散状物料,放在管道的液流中或用专用载货容器车装散状物料置于管道气流中靠压力差的作用运送物料,这种用容器车进行管道运输的方法能运送大量不同的货物。

## 2.5.3　管道运输设施与设备

大型长距离输油管道是由输油管线和输油站两大部分组成的。

**1. 输油管线**

输油管线包括管道、沿线阀室、穿越江河、山谷等的设施和管道阴极防腐保护设施等。为保证长距离输油管道的正常运营,还设有供电和通信设施。

（1）内部输油管式辅助油管

内部输油管式辅助油管是指炼油厂、石油基地中的各种线路系统，是输送加工原油和灌注油罐车，内河及港内驳船、远洋油轮及油桶用的输油管线。

（2）局部性输油管

局部性输油管是指把石油从矿场输往石油基地与大型输油管首站的短距矿场管路。

（3）大型输油管或干线输油管

大型输油管或干线输油管是输油管线中的主体。这种输油管自成系统，形成独立的企业单位，其线路可长达数百千米乃至数千千米，除必要的检修工作外，能全年经常不断地输送油品。

**2. 输油站**

输油站是管道运输的重要组成设备和环节。在管道运输过程中，通过输油站对被输送物资进行加压，克服运行过程中的摩擦阻力，使原油或其制品能通过管道由始发地运到目的地。输油站按其所在位置可以分为以下几个。

（1）首输油站

输油管起点的输油站，称首输油站，其主要组成部分是油罐区、输油泵房和油品计量装置。首输油站多靠近矿场或工厂，任务是收集沿输油管输送的原油及其制品，进行石油产品的接站、分类、计量和向下一站的输油。如果是热油输送还要配有加热设备。

（2）中间输油站

油品沿管道向前流动，压力不断下降，需要在沿途设置中间输油站，负责把前一站输来的油转往下一站。如果是热油输送，则通过中间输油站加热，使油温大于环境温度，带有加热功能的叫热泵站。

（3）终点基地

输油管的终点基地又称末站，它可能属于长距离输油管的转运油库，也可能是其他企业的附属油库。末站的任务是接受、计量、储藏由输油管输来的油和向用油单位供油，或转交其他运输工具，所以有较多的油罐与准确的计量系统。

（4）输油站有关的其他主要设施

输油站设有一系列复杂的构筑物，它包括泵房、油池、阀房等。泵房的作用在于造成一定的压力，以便克服管道输送时产生的阻力，把油输往下一站。根据压力大小，在每一间隔距离的线路上设置一个泵站。在矿场、炼油厂和各输油站设有收油和发油的专用油池，利用管道从发油企业收油或从油池往外发油。阀房设有闸阀，用以控制输油过程。

 **情境小结**

运输是物流的重要环节，根据货物的特点、运输的要求，选择合适的运输工具，对物流成本的控制有十分重要的作用。

# 理实一体化训练

**一、填空题**

1. 现代化交通运输业包括_____、铁路、水运、航空和_____五种基本的运输方式,其中,可以实现"门到门"运输的运输方式为_____。

2. 运输管道常按所输送物品的不同分为:_____、_____、_____、和_____。

**二、简答题**

1. 简述我国货车的发展趋势。

2. 常用的货船有哪些? 它们适合装载货物的特点是什么?

3. 简述水路运输的特点。

4. 简述管道运输的特点。

**三、实务操作题**

请结合本学习情境中所介绍的各种运输设施与设备的情况,分组讨论并比较五种运输方式的特点及优缺点,并调查当地货运市场主要有哪些运输设备在承担物流运输功能。

# 仓储设施与设备

**学习目标：**

1. 熟悉各类仓储的特点；
2. 掌握自动化立体仓库的类型；
3. 熟悉仓库养护中需要用到的各类设备；
4. 熟悉常见货架的类型和使用；
5. 掌握月台的主要形式；
6. 熟悉叉车的结构与主要性能指标；
7. 了解自动搬运车及其导引方式。

## 导入案例

### 上海海烟物流中心仓储设施与设备

上海海烟物流发展有限公司成立于 2002 年，通过多年的努力，形成以现代物流和卷烟、糖酒商品营销为核心的三大主营业务。2005 年投入运行的海烟物流中心占地 100 亩，建筑面积 37 000m²，库区共有托盘位 3.3 万个，其中自动立体库托盘位约 2.6 万个。主要配送卷烟和食品百货，卷烟配送范围包括崇明在内的上海所有区县约 3.8 万家客户。

海烟物流中心通过运用国际先进水平的物流系统，实现信息处理及时、配送流程优化、存取选拣自动化、物流管理智能化，从而在物流流程的各时间节点上达到无缝衔接，使整体系统先进高效。物流中心采用无人自动高架库、自动存取机（双深位技术），有效提高商品的存取速度和仓库的空间利用率。通过采用 SAP-ERP 系统，负责企业的资源和财务管理；通过 SWISSLOG-WMS 仓库管理系统负责进、出、存操作管理。两个系统通过无缝对接，缩短了供应链长度，能快速响应客户需求，提高物流效率和准确率。运输上配备了配送车辆 170 余辆，使用 GIS 电子地图系统、GPS 卫星定位系统对日常运输管理提供车辆实时监控、运营调度、信息服务，进行有效的监管。

客户的满意是海烟物流一切工作的出发点和归宿点，公司从客户的需要和满意度出发，更好地践行"两个至上"的行业价值观和"服务创造价值"的企业理念，逐步形成了物流服务"两个一"的服务承诺，即向全市卷烟零售户发出了送货时间承诺书，送货时间误差约定在一小时内；向上游工业单位提出了卷烟进货车辆等待不超过一辆车的承诺。通过"两个一的承诺"，不断鞭策着企业提升管理水平。

近年来,海烟物流以"和搏一流"的企业精神,以"国内一流,国际先进"为目标,将"服务创造价值"作为企业理念,从服务于整个供应链的角度,注重服务,强化管理,持续提升现代物流运营水平,提升现代物流的软实力,实现了物流分拣、运输、人力和时间资源的科学配置,建设和完善物流企业的各类绩效管理指标体系,持续提升了企业的服务能力。

点评:

上海海烟物流发展有限公司,不管是技术引进还是设备配置都领先于国内甚至国外水平。为中国仓储物流的现代化发展树立了良好的榜样,具有典范作用。另外,仓储物流设备的建设是一个系统工程,从仓储功能的分解到最终设备的配置都必须建立在科学合理的基础上。

# 3.1 仓 库

## 3.1.1 概述

仓库由储存物品的库房、运输传送设施(如吊车、电梯、滑梯等)、出入库房的输送管道和设备以及消防设施、管理用房等组成。仓库按所储存物品的形态可分为储存固体物品、液体物品、气体物品和粉状物品的仓库;按储存物品的性质可分为储存原材料、半成品和成品的仓库;按建筑形式可分为单层仓库、多层仓库、圆筒形仓库。

## 3.1.2 通用仓库

通用仓库(图 3-1)是指用来储存保管没有特殊要求的物资的仓库。这类仓库是分布最广、使用最为普遍的常规性仓库。

## 3.1.3 筒仓

筒仓(图 3-2)是用钢筋混凝土或钢材制成的垂直圆筒形结构的大型储煤、储存散装物料的仓库,可分农业筒仓和工业筒仓两大类。农业筒仓用来储存粮食、饲料等粒状和粉状物料;工业筒仓用以储存焦炭、水泥、食盐、食糖等散装物料。机械化筒仓的造价一般比机械化房式仓的造价高 1/3 左右,但能缩短物料的装卸流程,降低运行和维修费用,消除繁重的袋装作业,有利于机械化、自动化作业,因此已成为最主要的粮仓形式之一。

图 3-1 通用仓库

图 3-2 筒仓

### 3.1.4　储罐

储罐(图 3-3)用以存放酸、醇、气体等提炼的化学物质。其种类很多,大体上有:滚塑储罐,玻璃钢储罐,陶瓷储罐、橡胶储罐、焊接塑料储罐等。就储罐的性价比来讲,以滚塑储罐最为优越,滚塑储罐又可以分钢衬塑储罐和全塑储罐两大系列。

### 3.1.5　自动化立体仓库

如图 3-4 所示,自动化立体仓库一般是指采用几层、十几层乃至几十层高的货架储存单元货物,用相应的物料搬运设备进行货物入库和出库作业的仓库。由于这类仓库能充分利用空间储存货物,故常形象地将其称为"立体仓库"。

图 3-3　储罐　　　　　　　　　图 3-4　自动化立体仓库

立体仓库具有存取自动化,操作简便化的特点。自动化立体仓库,是当前技术水平较高的形式。自动化立体仓库的主体由货架、巷道式堆垛起重机、入(出)库工作台和自动运进(出)及操作控制系统组成。货架是钢结构或钢筋混凝土结构的建筑物或结构体,货架内是标准尺寸的货位空间,巷道堆垛起重机穿行于货架之间的巷道中,完成存、取货的工作。管理上采用计算机及条码技术。

**1. 立体仓库的特点**

(1) 立体仓库一般都较高。其高度一般在 5m 以上,最高达到 40m,常见的立体仓库高是 7~25m。

(2) 立体仓库必然是机械化仓库。由于货架在 5m 以上,人工已难以对货架进行进出货操作,因而必须依靠机械进行作业。而立体仓库中的自动化立体仓库,则是当前技术水平较高的形式。

(3) 立体仓库中配置有多层货架。由于货架较高,所以又称为高层货架仓库。

**2. 立体仓库的分类**

(1) 按货架高度分类

根据货架高度不同,细分为高层立体仓库(15m 以上)、中层立体仓库(5~15m)及低层立体仓库(5m 以下)等。

由于高层立体仓库造价过高,对机械装备要求特殊且安装难度较大,因而相对建造较少。低层立体仓库主要用于老库改造,是提高老库技术水平和库容的可行之路。目前,较多的是中层立体仓库。

（2）按照货架构造形式分类

立体仓库可分为单元货格式、贯通式、水平旋转式和垂直旋转式。

① 单元货格式（图3-5）：类似单元货架式，巷道占去了1/3左右的面积。

② 贯通式（图3-6）：为提高仓库利用率，可以取消位于各排货架之间的巷道，将个体货架合并在一起，使每一层、同一列的货物互相贯通，形成能一次存放多货物单元的通道。根据货物单元在通道内的移动方式，贯通式仓库又可分为重力式货架仓库和穿梭小车式货架仓库。重力式货架仓库每个存货通道只能存放同一种货物，所以它适用于货物品种不太多而数量又相对较大的仓库。梭式小车可以由起重机从一个存货通道搬运到另一通道。

图3-5　单元货格式货架

图3-6　贯通式货架

③ 水平旋转式（图3-7）：这类仓库本身可以在水平面内沿环形路线来回运行。每组货架由若干独立的货柜组成，用一台链式传送机将这些货柜串联起来。每个货柜下方有支撑滚轮，上部有导向滚轮。传送机运转时，货柜便相应运动。需要提取某种货物时，只需在操作台上给出库指令。当装有所需货物的货柜转到出货口时，货架停止运转。这种货架对于小件物品的拣选作业十分合适。它简便实用，充分利用空间，适用于作业频率要求不太高的场合。

④ 垂直旋转式（图3-8）：与水平旋转货架式仓库相似，只是把水平面内的旋转改为垂直面内的旋转。这种货架特别适用于存放长卷状货物，如地毯、地板革、胶片卷、电缆卷等。

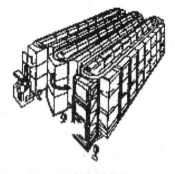

图3-7　水平旋转式货架

图3-8　垂直旋转式货架

（3）按建筑物构造分类

立体仓库可分为一体型立体仓库和分离型立体仓库。

一体型立体仓库是指高层货架与建筑物是一体,高层货架不能单独拆装。这种仓库,高层货架兼仓库的支撑结构,仓库不再单设柱、梁。货架顶部铺设屋面,货架也起屋架作用,是一种永久性设施,这种仓库造价可获一定程度的节约。

分离型立体仓库是指建筑物与高层货架不是联结为一体,而是分别建造。一般是在建筑物完成之后,按设计及规划在建筑物内部安装高层货架及相关的机械装备。

分离型立体仓库可以不形成永久性设施,可按需要进行重新安装和技术改造,因此比较机动。一般说来,由于是分别建造,造价较高。分离型立库仓库也适合旧库改造时采用。

一体型立体仓库一般层数较高,采用钢结构或钢筋混凝土结构,而分离型立体仓库一般层数较低,主要是钢结构,可装配,也可拆移,有一定机动性。

现代物流系统中,储存型的物流中心,吞吐量及储存量较大的仓库,配送中心的存货库等多采用一体型立体仓库,而车间仓库、配送中心的配货部、转运中心等多采用分离型立体仓库。

（4）按立体仓库装取货物机械种类分类

① 货架叉车立体库（图 3-9）

立体仓库中所用的叉车有三种,一种是高起升高度（高扬程）叉车,一种是前移式叉车,一种是侧式叉车。后两种叉车也需要有一定的起升高度。叉车由地面承重,不是固定设施,因而较机动。但叉车运行所占通道宽度较宽,且最大起升高度一般不超过 6m,因此,只适用于中、低层立体仓库使用。

② 巷道堆垛机立体库（图 3-10）

立体库的货架间通道采用巷道堆垛机,所用的巷道堆垛机主要是上部承重的下垂式和上部导轨限定的下部承重两种方式。主要用于中、高层立体仓库。

图 3-9　货架叉车立体库

图 3-10　巷道堆垛机立体库

（5）按操作方式分类

① 人工寻址、人工装取方式。由人工操作机械运行并在高层货架上认址,然后由人工将货物由货架取出或将搬运车上的货物装入货架。

② 自动寻址,人工装取方式。按输入的指令,机械自动运行寻址认址,运行到预定货位后,自动停住,然后由人工装货或从货架中取货。

③ 自动寻址、自动装取方式,是无人操作方式。按控制者的指令或按计算机出库、入库的指令进行自动操作。

以上三种方式,人工寻址、人工装取主要适用于中层、低层立体仓车,另两种适用于中层、高层立体仓库。

(6) 按功能分类

① 储存式立体仓库,以大量存放货物为主要功能,货物种类不多,但数量大,存期较长。各种密集型货架的立体仓库都适于做储存式仓库。

② 拣选式立体仓库,以大量进货,多用户、多种类、小批量发出为主要功能的立体仓库。这类仓库要创造方便拣选和快速拣选的条件,因此,往往采取自动寻址认址的方式。由于用户需求差异较大,难以整进整出,因此,不适合用自动化无人作业方式,而使用人工拣选。拣选式立体仓库较多用于配送中心。

# 3.2　仓库养护设备

## 3.2.1　通风系统及通风机

通风是借助换气稀释或通风排除等手段,控制空气污染物的传播与危害,实现室内外空气环境质量保障的一种建筑环境控制技术。通风系统就是实现通风这一功能,包括进风口、排风口、送风管道、风机、降温及采暖、过滤器、控制系统以及其他附属设备在内的一整套装置。

**1. 通风系统分类**

(1) 按通风动力分类

① 自然通风为依靠室内外空气温差所造成的热压,或利用室外风力作用在建筑物上所形成的压差,使室内外的空气进行交换,从而改善室内的空气环境。自然通风不需要动力,是一种经济的通风方式,但是由于进风不能进行预处理,对于洁净度要求高的作业环境,人风通常满足不了洁净要求;排风也不能进行净化,污染周围环境,对于产生毒性较大的有毒气体的作业场所,对周围大气的影响更为严重。此外,自然通风依靠自然风压和热压来通风,这些风压是不稳定的,因此,自然通风通风效果也是不稳定的。自然通风降温效果与建筑平面布置及形式有密切关系。为了更好地提高自然通风降温效果,一般应尽量将房屋布置成南北向,以避免大面积的墙和窗受西晒,在我国南方炎热地区尤应如此。通风门、通风窗的布置与结构对自然通风效果也有重大影响,普通高温车间采用天窗结构,可大大改善自然通风效果。

② 机械通风为依靠风机动力使空气流动进行通风换气的方法。机械通风方法对进风和排风都可进行处理,而且通风参数(如通风量)可根据要求调节,能保证通风效果,广泛应用于各类厂房车间的通风。但通风系统复杂,投资费和运行管理费用大。

③ 混合通风为机械通风与自然通风共同作用,通常是自然进风,机械排风。混合通风的情况下,室内进风和排风既有由通风系统产生的有组织的进风或排风,也有从缝隙、

窗户、门等形成的无组织进风或排风。这时,应校验房间内的空气热平衡,以保持房间空气温度恒定。还应校验空气质量的平衡,以保持房间处于正压状态或是负压状态。当车间为产生有毒气体时,应使房间处于负压状态,以防无组织排风污染周围车间或居民。

（2）按照通风服务范围分类

① 全面通风是整个房间进行通风换气,使室内有害物浓度降低到最高容许值以下,同时把污浊空气不断排至室外,所以全面通风也称稀释通风。

② 局部通风为利用局部通风机或主要通风机产生的风压对局部地点进行通风的方法。

**2. 通风系统功能**

通风系统具有以下功能:

（1）用室外的新鲜空气更新室内由于居住及生活过程而污染了的空气,以保持室内空气的洁净度达到某一最低标准的水平。

（2）增加体内散热及防止由皮肤潮湿引起的不舒适,此类通风可称为热舒适通风。

（3）当室内气温高于室外的气温时,使建筑构件降温,此类通风名为建筑的降温通风。

**3. 通风机**

通风机是依靠输入的机械能,提高气体压力并排送气体的机械。通风机广泛用于工厂、矿井、隧道、冷却塔、车辆、船舶和建筑物的通风、排尘和冷却,锅炉和工业炉窑的通风和引风,空气调节设备和家用电器设备中的冷却和通风,谷物的烘干和选送,风洞风源和气垫船的充气和推进等。

通风机与风机的关系:风机是我国对气体压缩和气体输送机械的习惯简称,通常所说的风机包括通风机、鼓风机、压缩机以及罗茨鼓风机,但是不包括活塞压缩机等容积式鼓风机和压缩机。通风机是风机的一种产品类型,但人们通常把通风机简叫为风机,既通风机是风机的另外一种叫法。

## 3.2.2　减湿设备

在一定温度下,为湿分所饱和的气体与低温液体或其他冷却面相接触,使气体温度降至露点以下,其中所含的蒸汽部分冷凝,使气体的湿度降低的过程,称为减湿过程。减湿与增湿的配合,常用于空气调节。

空气的减湿处理,对于某些相对湿度有一定要求的货物储存,有着非常重要的意义。另外,对一些地下建筑,如地下仓库或半地下仓库,空气的减湿往往也是通风工程的主要任务。

空气的减湿方法很多,但概括起来,目前在仓库中常用的减湿方法有三种,即吸湿剂减湿、通风减湿和冷却减湿。

**1. 吸湿剂减湿**

常用的吸湿剂有:带孔隙的硅胶（即成胶状的二氧化硅 $SiO_2$）、活性氧化铝 $Al_2O_3$、氯化钙 $CaCl_2$ 等。

硅胶是一种无毒、无臭、无腐蚀性的半透明结晶体,不溶于水。硅胶能吸收相当于它本身重量25％～50％的水分。如果将这种吸满了水分的硅胶加热到150℃时,其中水分就会迅速排除,但硅胶的性质不变,因而可以继续使用,这种去水过程,称为"再生"。再生后的硅胶吸水能力有所下降,而且在再生过程中,总要有些损耗,所以应及时补充和更换新硅胶。

活性氧化铝也是一种带孔隙的固体物质,它能吸收相当于本身重量18％～24％的水分。

氯化钙是白色的多孔结晶体,略有苦咸味,吸湿能力较强,但吸湿后就潮解,最后变成氯化钙溶液。氯化钙对金属有强烈的腐蚀作用,使用起来不如硅胶方便,但因其价格低廉,加热后也能再生和重复使用,所以应用比较广泛。

常用的氯化钙有两种,一种是工业纯氯化钙,纯度为70％,吸湿量可达本身重量的100％;另一种是无水氯化钙,纯度为95％,吸湿量可达自身重量的150％。由于工业纯氯化钙的价格比无水氯化钙低得多,因此,使用工业纯氯化钙较为经济。

**2. 通风减湿**

如果将比室内空气含湿量低的室外空气送到室内,而将湿度较高的空气排出,则可以达到通风减湿的目的。我国大部分地区,每年都有几个月室外空气中的含湿量较低,在其他月份,一天之内有时也会出现室外空气含湿量较低的情况。所以,如能加强管理,掌握好有利时机,进行有组织的自然通风或机械通风,也可以达到减湿的目的。

通风减湿是一种较经济的方法,除机械通风外,如能大量利用自然通风的话,则更有利。不过单纯通风无法调节室内温度,因此,在一些余热量很小的室内,虽然它能使空气的含湿量降低,但空气的相对湿度仍可能较高。

**3. 冷却减湿**

(1)冷却减湿原理

用干式冷却或湿式冷却的方法,使空气的温度降低到这样一种程度,即空气中所含水蒸气超过它的饱和量而从空气中凝结出来。显然,这一温度必须低于空气的露点温度。当空气被冷却到低于它的露点温度时,空气中多余的水分就会凝结出来。如果空气中有一部分水蒸气凝结成水而被排除出去,空气的含湿量就会减少,这样也就达到了对空气去湿的目的。

使低温水或冷盐水通过空气冷却器来冷却空气,这种方法,空气和水不直接接触,所以称为空气的干式冷却法。当低温水的温度和被冷却空气的温度相差15℃～17℃时,空气经过干式冷却后,温度可以降低3℃～5℃。如果要使送进空气的温度降低5℃以上,就需要用制冷机进行冷却。

用低温水或循环水喷雾冷却空气的方法,虽然不能把空气的温度任意降低,但是它能把空气的温度降低到某一限度以内,这种空气和水直接接触的降温方法,称为空气的湿式冷却法。在进行湿式冷却时,作为喷雾用的低温水,必须低于空气的露点温度,否则,反而会使空气的含湿量增加。

在低温水的温度还不符合要求的情况下,可以采用机械制冷来冷却空气。

(2)制冷的简单原理

液体汽化过程要吸收潜热,而且液体压力不同,其饱和温度(沸点)也不同,压力越低,饱和温度越低。因此,只要创造一定低压力条件,就可以利用液体的汽化获得所要求的低温。

液体汽化制冷的工艺流程,包括制冷和液化两部分,制冷是制冷剂从储液器经膨胀阀,降低了压力和温度。低压低温的氨液流入蒸发器,吸收周围空气或物体的热量而汽化,从而使室温或物体的温度降低,以达到制冷的目的。液化的作用一方面使蒸发器内保持一定的低压力;另一方面使在蒸发器中气化了的制冷剂液化,重新流回储液器,再去制冷。液化的方法是使来自蒸发器的低压制冷剂增压,提高它的饱和温度,再利用自然界中大量存在的常温空气或水(统称冷却剂),使之在冷凝器内冷凝液化。制冷系统,采用压缩机使气态制冷剂增压,故称为蒸汽压缩式制冷。

从以上分析可以看出,蒸汽压缩式制冷的工作原理是使制冷剂在压缩机、冷凝器、膨胀阀和蒸发器等热力设备中进行压缩、放热、节流和吸热四个主要热力过程,以完成制冷循环。

（3）减湿机

如前所述,可以使用制冷系统制备冷冻水供应喷水室和表面冷却器来冷却、干燥空气。此外,也可以用专门的冷却减湿设备——冷冻减湿机。

冷冻减湿机(又称除湿机或降湿机)是由制冷系统和风机等组成。在这里制冷剂的循环和一般制冷机一样。需要减湿的空气先经过蒸发器。由于制冷剂吸热蒸发,使蒸发器的表面温度降到空气露点温度以下,因而空气被降温,离开蒸发器的空气又进入冷凝器。由于冷凝器里是来自压缩机的高温气态制冷剂,它被低温空气冷却成了液态,而空气本身则升温。虽然这样得到的空气温度较高,但含湿量很低,这就达到了减湿的目的。由此可见,如果将减湿机用到既需减湿,又待加热的地方就比较合适,否则就满足不了室内温湿度的要求,许多仓库和地下建筑是符合这样条件的,所以经常使用减湿机。显然,在室内余湿量大、余热量也大的地方,使用这样的减湿机是不利的。在这种情况下,也可与水冷式冷凝器并联工作,以调节出风温度来满足要求。

冷冻减湿机的优点是效果可靠、使用方便,缺点是投资和运行费较高。

### 3.2.3　空气幕

空气幕是通过贯流风轮产生的强大气流,形成一面无形的门帘。空气幕由空气处理设备、通风机、风管系统及空气分布器组成。启动该机,能把室内外的空气隔开,起到出入方便,防止室内外冷热空气交换的作用,同时,又具有防尘、防污、防蚊蝇之功效。广泛用于电子、仪表、制药、食品、精密加工、化工、制鞋、服务、商业等行业。

空气幕的送风形式,一般常用的有上送式、侧送式和下送式三种。

上送式空气幕:空气幕安装在门洞上部。上送式空气幕安装简便,不占建筑面积,不影响建筑美观,送风气流的卫生条件较好,适用于一般的公共建筑。尽管上送式空气幕阻挡室外冷风的效率不如下送式空气幕,但它仍然是最有发展前途的一种形式。一般的大门空气幕的目的只是阻挡室外冷(热)空气,通常只设吹风口,不设回风口,让射流和地面接触后自由向室内扩散。对于要求高的建筑,为了较好的组织气流,在大门上方设吹风口,在地面设回风口,空气经过滤、加热等处理后循环使用。

侧送式空气幕:空气幕安装在门洞侧部,分为单侧和双侧两种。工业建筑,当外门宽度小于 3m 时,宜采用单侧送风,否则,宜采用单侧或双侧送风,或由上向下送风。为了不阻挡气流,装有侧送式空气幕的大门严禁向内开启。

下送式空气幕：空气幕安装在地面之下。由于下送式空气幕的射流最强区在门洞下部，因此抵挡冬季冷风从门洞下部侵入时的挡风效率最好，而且不受大门开启方向的影响。但是下送式空气幕的送风口在地面下，容易被脏物堵塞，而且下送风的气流容易将衣裙扬起而不受人们欢迎。下送式空气幕已很少使用。

# 3.3　仓储安全设备

## 3.3.1　防雷设备

防雷设备就是通过现代电学以及其他技术来防止被雷击中的设备。

防雷设备从类型上看大体可以分为：电源防雷器、电源保护插座、天馈线保护器、信号防雷器、防雷测试工具、测量和控制系统防雷器、地极保护器。

为对仓库建筑物进行有效保护，防雷设备要做到如下几点：

（1）宜采用装设在建筑物上的避雷网（带）或避雷针或由其混合组成的接闪器。避雷网（带）应沿屋角、屋脊、屋檐和檐角等易受雷击的部位敷设，并应在整个屋面组成不大于 10m×10m 或 12m×8m（网格密度按建筑物类别确定）的网格。所有避雷针应采用避雷带相互连接。

（2）引下线不少于两根，并应沿建筑物四周均匀或对称布置，其间距不应大于 18m。当仅利用建筑物四周的钢柱或柱子钢筋作为引下线时，可按跨度设引下线，但引下线的平均间距不应大于 18m。

（3）每根引下线的冲击接地电阻不应大于 10Ω。防直击雷接地宜和防雷电感应、电气设备、信息系统等接地共用同一接地装置，并宜与埋地金属管道相连；当不共用、不相连时，两者间在地中的距离应符合建筑物防雷设计规范要求，且不小于 3m。在共用接地装置与埋地金属管道相连的情况下，接地装置宜围绕建筑物敷设成环形接地体。

## 3.3.2　仓库常用灭火器

灭火器是一些轻便的容器，内装灭火剂。发生火灾时，使用灭火器内的灭火剂扑灭火源。灭火器布置在仓库的各个出入口附近位置，是应急灭火的最重要的灭火器材。灭火器根据容器内盛装的灭火剂命名。分为清水灭火器、泡沫灭火器、二氧化碳灭火器、干粉灭火器、1211 灭火器等。不同的灭火器有针对性地使用，才能起到安全灭火的目的。

**1. 灭火剂**

（1）水

水是最常用的灭火剂，能起到降温冷却、隔绝空气、冲击火焰的灭火作用。除了电气火灾、油和轻于水且不溶于水的液体、碱金属外，其他火灾都可以用水扑灭。

（2）泡沫

泡沫又分为化学泡沫和空气泡沫。由于泡沫较轻，可覆盖在可燃物表面，起着阻隔空气的作用，从而使燃烧终止。泡沫主要用于油类火灾，也可以用于普通火灾的灭火。

（3）二氧化碳

二氧化碳又称为干冰灭火器。利用液态的二氧化碳在汽化时大量吸热，造成降温冷却，以及二氧化碳本身的窒息作用灭火。二氧化碳最适用于电气设备、气体，以及办公地点、封闭舱室的灭火。二氧化碳及时汽化,不留痕迹,不会损坏未燃烧的物品。但二氧化碳对人体同样具有窒息作用,在使用时要注意防冻和防窒息。

（4）干粉

如碳酸氢钠粉等干燥、易流动、不燃、不结块的粉末。主要起着覆盖窒息的作用,还能减少燃烧液体的流动。干粉在使用后也容易清洁,不污染燃烧物。

（5）卤代烷 1211

"1211"即二氟一氯一溴甲烷,一种无色透明的不燃绝缘液体,通过氮气高压存储在高压钢瓶内。灭火时对着着火物释放,通过降温、隔绝空气、形成不燃覆盖层灭火。其灭火效率极高,比二氧化碳高约 3～4 倍,适合于油类火灾、电气火灾的扑灭。由于 1211 在高温中会产生有毒气体,已被逐步限制使用,在小型灭火器中还有一定的使用,将逐步被新的化合物替代,如 1301 等。

（6）沙土

对于小面积火灾,使用沙土覆盖灭火是一种有效的手段。由于沙土本身惰性、不燃、较为沉重,具有较好的覆盖镇压能力,适合于氧化剂、酸碱性物质、遇水燃烧物质的灭火,同时沙土能吸附液体,阻止液体流动,也是扑灭液体火灾的重要材料。

**2. 常见灭火器的使用**

（1）干粉灭火器

在距离燃烧处上风向 3m 处,放下灭火器,一手紧握喷枪,另一手拨开气瓶把手上的保险销,提起提环或者压下把手或者拧开手轮(气瓶结构不同),随即提起灭火器。当干粉喷出后,对准火焰的根部扫射,逐步前移。扫射移动速度不应太快,不能对着火焰中心喷射,以免火焰扩散。

（2）泡沫灭火器

现在主要使用的是机械泡沫灭火器,采取储压喷射的方式。在距离燃烧物 3m 外,拔除手把上的保险销,一手持泡沫喷嘴,另一手握紧开启把手,打开密封或刺穿储气瓶密封片,空气泡沫即可从喷嘴喷出。传统使用的酸碱泡沫灭火器,则是在到达灭火位置时,双手将灭火器颠倒摇动,使泡沫从喷口喷出。喷射的泡沫是不能直接喷射在燃烧的液体表面,应经一定缓冲后(容器内壁等),流动堆积在燃烧液体表面。

（3）二氧化碳灭火器

二氧化碳灭火器的操作方法与干粉灭火器相同(均为储压式气瓶)。灭火时的喷口(喇叭口)应顺风在火焰侧面从上朝下喷射,保持一定的角度。使用干冰(液化二氧化碳)灭火器时,手只能持喇叭筒上的把手,不能直接持软管和喇叭筒,以免冻伤。

## 3.3.3　火灾自动报警设备

国家消防法已颁布和实施了相关的法律、法规,工程建设中对火灾的防范被提高到法律的高度。对消防系统要求贯彻的"预防为主,防消结合"的原则又标志着火灾自动报警系统将扮演更加重要的角色。火灾自动报警系统是为了让人们早期发现火灾,并及时采取有效措施,控制和扑灭火灾,而设置在建筑物中或其他场所的一种自动消防设施,是人们同火灾作斗争的有力工具。

**1. 火灾自动报警系统**

火灾自动报警系统能够在火灾初期,将燃烧产生的烟雾、热量和光辐射等物理量,通过感温、感烟和感光等火灾探测器变成电信号,传输到火灾报警控制器,并同时显示出火灾发生的部位,记录火灾发生的时间。

火灾自动报警系统由触发器件、火灾报警装置、火灾警报装置以及具有其他辅助功能的装置组成。在火灾自动报警系统中,自动或手动产生火灾报警信号的器件称为触发件,主要包括火灾探测器和手动火灾报警按钮。

各种类型的火灾探测器是自动触发装置。火灾探测器是火灾自动报警系统的传感部分,是组成各种火灾自动报警系统的重要组件,是火灾自动报警系统的"感觉器官"。它能对火灾参数(如烟、温度、火焰辐射、气体浓度等)响应,并自动产生火灾报警信号,或向控制和指示设备发出现场火灾状态信号的装置。火灾探测器是系统中的关键组件,其稳定性、可靠性和灵敏度等技术指标会受到诸多因素的影响,因此火灾探测器的选择和布置应该严格按照规范进行。

在防火分区疏散通道、楼梯口等处设置的手动火灾报警按钮是手动触发装置,它应具有应急情况下,人工手动通报火警的功能。

**2. 火灾报警控制器**

火灾报警控制器是火灾自动报警系统心脏,具有下述功能:

(1)用来接受火灾信号并启动火灾警报装置。该设备也可用来指示着火部位和记录有关信息。

(2)能通过火警发送装置启动火灾报警信号或通过自动消防灭火控制装置启动自动灭火设备和消防联动控制器。

(3)自动地监视系统的正确运行和对特定故障给出声、光报警。

# 3.4 货　　架

货架泛指存放货物的架子。在仓库设备中,货架是指专门用于存放成件物品的保管设备。货架在物流及仓库中占有非常重要的地位,随着现代工业的迅猛发展,物流量的大幅度增加,为实现仓库的现代化管理,改善仓库的功能,不仅要求货架数量多,而且要求具有多功能,并能实现机械化、自动化要求。

## 3.4.1　货架的作用及功能

货架在现代物流活动中,起着相当重要的作用,仓库管理实现现代化,与货架的种类、功能有直接的关系。

货架的作用及功能有以下几个方面。

(1)货架是一种架式结构物,可充分利用仓库空间,提高库容利用率,扩大仓库储存能力。

(2)存入货架中的货物,互不挤压,物资损耗小,可完整保证物资本身的功能,减少货物的损失。

（3）货架中的货物，存取方便，便于清点及计量，可做到先进先出。

（4）保证存储货物的质量，可以采取防潮、防尘、防盗、防破坏等措施，以提高物资存储质量。

（5）很多新型货架的结构及功能有利于实现仓库的机械化及自动化管理。

### 3.4.2　货架的分类

随着仓库机械化和自动化程度的不断提高，货架技术也在不断完善，具体的货架种类如下。

**1. 层架**

层架（图 3-11）的结构简单，一般由立柱、横梁和层板构成，层间用于存放货物。适用范围非常广泛，还可以根据需要制作成层格架、抽屉式或橱柜式等形式，以便于存放规格复杂多样的小件货物或较贵重、怕尘土、怕潮湿的小件物品。

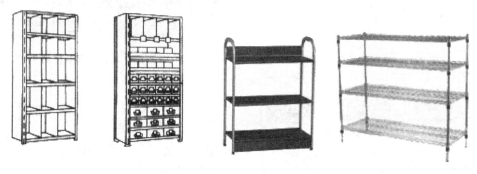

图 3-11　层架

层架如果按存放货物的重量级分类，通常分为轻型、中型和重型。轻型层架主要适用于人工存取作业，其规格尺寸及承载能力都与人工搬运能力相适应，高度在 2.4m 以下，厚度在 0.5m 以下；中型和重型货架层架的尺寸较大，重型层架的高度可达 4.5m，厚度达 1.2m，宽 3m。重型货架的每一货格可承载 5t。

**2. 悬臂式货架**

悬臂式货架（图 3-12、图 3-13）是由在立柱上装设悬臂来构成的，悬臂可以是固定的，也可以是移动的。悬臂式货架适用于存放长物料、环形物料、板材、管材及不规则货物。悬臂可以是单面或双面，悬臂式货架具有结构稳定、载重能力好、空间利用率高等特点。悬臂式货架立柱多采用 H 型钢或冷轧型钢，悬臂采用方管、冷轧型钢或 H 型钢，悬臂与立柱间采用插接式或螺栓连接式，底座与立柱间采用螺栓连接式，底座采用冷轧型钢或 H 型钢。

悬臂式货架高度通常在 2.5m 以内（如由叉车存取货则可高达 6m），悬臂长度在 1.5m 以内，每臂载重通常在 1 000kg 以内。

**3. 托盘货架**

托盘货架（图 3-14）专门用于存放堆码在托盘上的货物，其基本形式与层架相似。托盘货架是使用最普遍的一种货架，有很好的拣取效率。但这种货架的储存密度较低，需要较多的通道。依其存取通道的宽度，可分为传统式通道、窄道式通道及超窄道式通道。

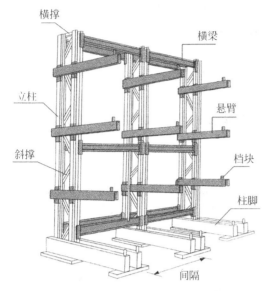

图 3-12　悬臂式货架的结构

图 3-13　悬臂式货架使用图

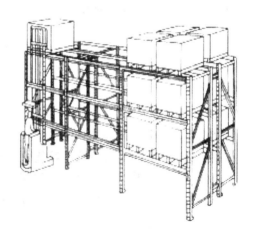

图 3-14　托盘货架

#### 4. 移动式货架

移动式货架(图 3-15)的货架底部装有滚轮,开启控制装置,滑轮可以沿轨道滑动。移动式货架平时可以密集相连排列,存取货物时通过手动或电动控制装置驱动货架沿轨道滑动,形成通道,从而大幅度减少通道面积。作业完毕,再将货架移回原来位置。这样,就克服了普通货架每列都必须留出通道的弊病,减少了仓库作业的通道数。

用这种货架,在同等仓库条件下,可使仓库空间利用率成倍提高,而且货物存取方便,易于控制,安全性能好,主要适用于小件、轻体货物的存取。但由于成本较高,所以,主要在档案管理等重要或贵重商品的保管中使用。

图 3-15　移动式货架

**5. 重力式货架**

重力式货架(图 3-16)主要用于储存整批纸箱包装商品和托盘货物。储存纸箱包装货物的重力式货架比较简单,基本结构与普通层架类似,不同之处在于层板变为重力滚轮

图 3-16　重力式货架

或滚筒输送装置,并与水平面成一定角度,高端作为入库端,低端作为出库端,货物上架和取出多采用人力。储存托盘货物的重力式货架一般为 2~4 层,每个货架内设置重力滚道两条,滚道由左右两组滚轮、导轨和缓冲装置组成。

重力式货架具有如下的优点:保证货物先进先出;货物密集配置,有效节约仓库空间;货物进出库作业时,叉车或堆垛机的行程最短;货架的货位空缺得到有效控制;货架密集排列,有利于仓库的现场管理,有效防止货物丢失;减少装卸搬运设备的投入。其缺点为:货架的投资成本高,约是普通托盘货架成本的 5~7 倍;货架对托盘及货架的加工技术要求高,否则容易造成滑道阻塞;货架的日常维护保养要求也高。

**6. 驶入式货架**

驶入式货架(图 3-17)的特点是作为托盘单元货物的储存货位与叉车的作业通道是共同的,大大提高了仓库的面积利用率。

驶入式货架采用钢结构,立柱上有水平突出的构件,叉车将托盘货物送入,由货架两边的构件托住托盘。驶入式货架只有一端可供叉车进出,非常便于叉车作业。这种类型的货架通常都是密集布置,高度最大可达 10m,库容利用率可达 90%。适用于在大批量少品种的配送中心使用。

**7. 旋转式货架**

旋转式货架(图 3-7、图 3-8)是由开关或者计算机操纵,沿着由两个直线段和两个曲线段组成的环形轨道运行。存取货物时,把货物所在货格编号由控制盘或按钮输入,该货格则以最近的距离自动旋转至拣货点停止。

旋转式货架操作人员位置固定,货架之间没有通道。这样不仅使储存密度增大,节约仓库空间,节约投资,而且便于管理,还可以采用局部通风和照明来改善工作条件。

**8. 阁楼式货架**

阁楼式货架(图 3-18)是一种充分利用空间的简易货架。在货架或工作场地上建造一个中间阁楼以增加储存面积。

阁楼楼板上一般可放重量较轻及中小件货物或储存期长的货物,可用叉车、提升机、输送带或升降台提升货物至阁楼,阁楼上一般采用轻型小车或托盘牵引小车作业。

图 3-17　驶入式货架

图 3-18　阁楼式货架

**9. 橱柜式货架**

橱柜式货架是指在层格架或层架的前面装有橱门,而上下左右及后面均封闭起来的货架。橱柜式货架也属于封闭式货架的一种,用途与抽屉式货架相似,适用于存放文件、贵重物品、文物及精密配件等物品。

## 3.4.3　货架的选择

在现代仓库管理中,为改善仓库的功能,不仅要求货架数量多、功能全,而且要便于仓库作业的机械化和自动化。因此,仓库在选择和配置货架时,必须综合分析库存货物的性质、单元装载和库存量,以及库房结构、配套的装卸搬运设备等因素,如图 3-19 所示。

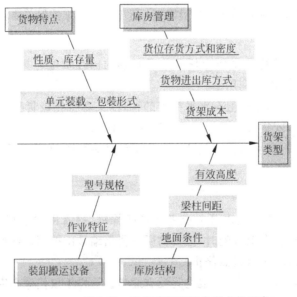

图 3-19　选择货架应综合考虑的因素

选择货架最主要的就是依据储存区的功能做出适当的选择。例如,保管储存区的主要功能在供应补货,则可选用一些高容量的货架;而动态储存区的主要功能在提供拣货,则可选用一些方便拣货的流动架等,以达到作业的方便。

# 3.5 月 台

## 3.5.1 线路与月台

### 1. 线路

概念:与仓库相连或进入仓库内部的线路。

基本要求:能满足进出货运量的要求,不造成拥挤阻塞。

### 2. 月台

在古代建筑中(图 3-20),正房、正殿突出连着前阶的平台叫"月台",月台是该建筑物的基础,也是它的组成部分。由于此类平台宽敞而通透,一般前无遮拦,故是看月亮的好地方,也就成了赏月之台。

现代的月台(也可称站台,图 3-21)是线路与仓路的连接点,是仓库进发货的必经之路,其基本作用是:车辆停靠、装卸货物、暂存货物。利用月台最大的好处就是方便地将货物装进车辆中或从车辆中取出,提高装卸搬运的效率。尽管月台不需要太大的投资,但是月台货位数量及月台高度是仓库需要首先考虑的两个问题,这两个问题直接影响着仓库收发货的作业效率。月台货位数量是由卡车数量、卡位停靠时间决定的。月台高度的设计可以根据库区内停靠车辆的种类而认真选择,可以考虑车种的

图 3-20 恭王府多福轩前的月台

平均高度,不管采取什么高度,目的只有一个,即提高装卸搬运的工作效率。

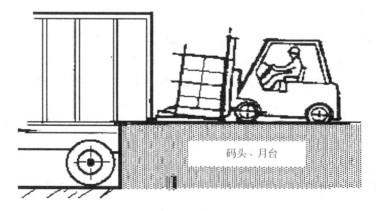

码头、月台

图 3-21 月台(站台)

通常月台上会安装月台调节板,作为月台与运输车辆之间连接浮桥作用的高度调节板,以避免月台高度与来往运输车厢高度的高度落差或间隙,造成搬运叉车不能进出运输车辆直接装卸货物。月台高度调节板(图 3-22)是现代化仓库必备的装卸设备,月台高度调节板可灵活地将月台与不同高度的货车车厢连接在一起,使装卸搬运车辆或工具能畅通无阻地进出货车起卸货物,大大提高装卸货物效率及作业人员的安全。

图 3-22　月台高度调节板

### 3.5.2　月台的主要形式

月台的主要形式有:平行式月台(图 3-23)、倾斜式月台(图 3-24)、垂直式月台(图 3-25)。

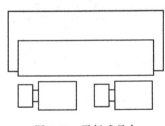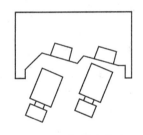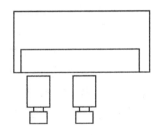

图 3-23　平行式月台　　　　图 3-24　倾斜式月台　　　　图 3-25　垂直式月台

### 3.5.3　月台设计

码头是货车装卸货物的场所,码头设施的设计规划,必须考虑到货物搬运的每一过程。从货车进入码头开始至货物搬运至码头上,一直到货车离开码头,设计者必须使车辆及货物有效率且安全地移动。为使搬运作业达到安全高效的目的,须遵循以下设计原则:

(1)码头设施位置能使车辆快速安全地进出配送中心,不产生交叉会车;

(2)码头尺寸须尽可能兼顾主要车辆规格;

(3)选用码头设备使作业员能安全地装卸货物;

(4)规划码头内部暂存区使货物能有效地在码头与存储区之间移动。

# 3.6　仓储起重装卸机械

仓储起重装卸机械包含起重机械和装卸机械。

## 3.6.1　巷道式堆垛机

巷道式起重堆垛机是立体仓库的主要存取作业机械,它是随着立体仓库的出现而发展起来的专用起重机械。

用途:在立体仓库高层货架的巷道内来回运行,将位于巷道口的货物存入货架的货格,或者取出货格内的货物运送到巷道口。

根据是否带有轨道,巷道式堆垛机分为有轨巷道堆垛机(图 3-26)和无轨巷道堆垛机(图 3-27)两种。

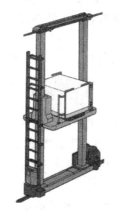

图 3-26　有轨巷道堆垛机

图 3-27　无轨巷道堆垛机

**1. 有轨巷道堆垛机的特点**

(1)整机结构高而窄。

(2)堆垛机金属结构的设计除需满足强度要求外,还应具有足够的刚度和精度要求。

(3)堆垛机配备有特殊的取物装置。常用的有伸缩货叉式或伸缩平板,能向两侧货格伸出存取货物。

(4)其运行应同时满足快速、平稳和准确三方面要求。

(5)必须配备齐全的安全装置,并在电气控制上采取一系列联锁和保护措施。

**2. 无轨巷道堆垛机的特点**

(1)高架叉车的机动性比有轨堆垛机高,它可以在巷道外作业,一台设备可服务于多个巷道,也可在仓库外作为一般叉车使用。

(2)高架叉车的控制方式分为有人操作和无人操作两种,有人操作又分为手动控制和半自动控制;无人操作分为自动控制和远距离集中控制。

## 3.6.2　装卸堆垛机器人

随着物流系统新技术的开发,装卸搬运机器人得到了应用。其作业速度高、作业准确,尤其适合有污染、高温、低温等特殊环境和反复单调作业场合。机器人在仓库中的主要作业是码盘、搬运、堆垛和拣选,同时在堆码过程中完成决策,起到专家系统的作用。它在自动化仓库入库端的作业过程为:被运送到仓库中的货物通过人工或机械化手段放到载货台上,由机器人将其分类,并根据货箱的位置和尺寸进行识别,将其放到指定的输送系统上。

**1. 机器人的分类**

根据码垛机构的不同分为多关节型和直角坐标型。根据抓具型式的不同分为侧夹型、底拖型、真空吸盘型。

**2. 机器人的主要参数**

(1) 抓取重量

抓取重量也称为负荷能力,是指堆垛机器人在正常运行速度时所能抓取的重量。当堆垛机器人运行速度可调时,随着运行速度的增大,其所能抓取的工件的最大重量减小。

(2) 运动速度

它与堆垛机器人的抓取重量和定位精度等参数有密切关系,同时也直接影响堆垛机器人的运动周期。堆垛机器人的运行速度可达 1 500mm/s,回转速度可达 120mm/s。

(3) 自由度

自由度是指堆垛机器人的各个运动部件在三维空间坐标上所具有的独立运动的可能状态,每个可能状态为一个自由度。堆垛机器人的自由度越多,其动作越灵活、适应性越强、结构越复杂。一般情况下,堆垛机器人具有 3～5 个自由度即可满足使用上的要求。

(4) 重复定位精度

重复定位精度是衡量堆垛机器人工作质量的一个重要指标,是指堆垛机器人的手部进行重复工作时能够放在同一位置的准确程度。它与堆垛机器人的位置控制方式、运动部件的制造精度、抓取重量和运动速度有密切的关系。

(5) 程序编制和储存容量

程序编制与储存容量是指堆垛机器人的控制能力,用储存程序的字节数或程序指令数表示。如储存容量大,则堆垛机器人的适应性强、通用性好,从事复杂作业的能力就强。

**3. 机器人的主要结构**

机器人是机电一体化的系统,主要由以下几个部分组成。

(1) 执行机构

执行机构可以抓起工件,并按规定的运动速度、运动轨迹、把工件送到指定位置处,放下工件。通常执行机构有以下几个部分:

① 手部。手部是工业机器人用来握持工件或工具(如电焊枪、油漆喷枪、容器等)的部位,直接与工件或工具接触。有些工业机器人直接将工具固定在手部。

② 腕部。腕部是将手部和臂部连接在一起的部件。它的作用是调整手部的方位和姿态,并可扩大臂部的活动范围。

③ 臂部。臂部支承着腕部和手部,使手部活动的范围扩大。无论是手部、腕部还是臂部都有许多轴孔,孔内有轴,轴和孔之间形成一个关节,机器人有一个关节就有了一个

自由度。

（2）驱动系统

驱动系统装在机械本体内，其作用是向执行元件提供动力。根据不同的动力源，驱动系统的传动方式也分为液压式、气动式、电动式和机械式四种。

（3）控制系统

控制系统是机器人的指挥中心，控制机器人按规定的程序动作。控制系统还可存储各种指令（如动作顺序、运动轨迹、运动速度以及动作的时间节奏等），同时还向各个执行元件发出指令。必要时，控制系统会对自己的行为加以监视，一旦有越轨的行为，能自己排查出故障发生的原因并及时发出报警信号。

（4）检测传感系统

检测系统主要用来检测自己的执行系统所处的位置、姿势，并将这些情况及时反馈给控制系统，控制系统根据这个反馈信息在发出调整动作的信号，使执行机构进一步动作，从而使执行系统以一定的精度到达规定的位置和姿势。

（5）人工智能系统

人工智能系统赋予机器人五种感觉功能，以实现机器人对工件的自动识别和适应性操作。具有自适应性的智能化的机械系统也是当前机电一体化技术的发展方向，模糊计算机的应用虽然处于这一步的初级阶段，但真正具有自适应性的智能化系统必将在这里突破。

# 3.7　仓储搬运设备：叉车

叉车是工业搬运车辆，是指对成件托盘货物进行装卸、堆垛和短距离运输作业的各种轮式搬运车辆。国际标准化组织 ISO/TC110 称为工业车辆。常用于仓储大型物件的运输，通常使用燃油机或者电池驱动。

叉车具有各种叉具，能够对货物进行升降和移动，以及装卸搬运的车辆。广泛应用于车站、港口、机场、工厂、仓库等各国民经济部门。

## 3.7.1　叉车的特点、作用与分类

### 1. 叉车的特点与作用

（1）机械化程度高。

使用各种自动的取物装置或在货叉与货板配合使用的情况下，可以实现装卸工作的完全机械化，不需要工人的辅助体力劳动。

（2）机动灵活性好。

叉车外形尺寸小，重量轻，能在作业区域内任意调动，适应货物数量及货流方向的改变，可机动地与其他起重运输机械配合工作，提高机械化的使用率。

（3）可以"一机多用"。

在配合和使用各种取货装置，如货叉、铲斗、臂架、吊杆、货夹和抓取器等的条件下，可以适应各种品种、形状和大小货物的装卸作业。

（4）有利于开展托盘成组运输和集装箱运输。

（5）成本低、投资少，能获得较好的经济效果。

**2. 叉车的类型**

（1）按动力装置分类

按动力装置分类，叉车分为内燃叉车与电动叉车两类。

内燃叉车以内燃机为动力，根据所用燃料的不同可分为：汽车机、柴油机和液化石油气叉车，其特点为：动力性和机动性好，适用范围非常广泛。

内燃叉车又分为普通内燃叉车、重型叉车、集装箱叉车和侧面叉车。

① 普通内燃叉车（图 3-28）

一般采用柴油、汽油、液化石油气或天然气发动机作为动力，载荷能力 1.2～8.0t，作业通道宽度一般为 3.5～5.0m，考虑到尾气排放和噪音问题，通常用在室外、车间或其他对尾气排放和噪音没有特殊要求的场所。由于燃料补充方便，因此可实现长时间的连续作业，而且能胜任在恶劣的环境下（如雨天）工作。

② 重型叉车（图 3-29）

采用柴油发动机作为动力，承载能力 10.0～52.0t，一般用于货物较重的码头、钢铁等行业的户外作业。

图 3-28　普通内燃叉车

图 3-29　重型叉车

③ 集装箱叉车

采用柴油发动机作为动力，承载能力 8.0～45.0t，一般分为空箱堆高机、重箱堆高机和集装箱正面吊（详细内容请见学习情境 6 中相关内容）。应用于集装箱搬运，如集装箱堆场或港口码头作业。

④ 侧面叉车（图 3-30）

采用柴油发动机作为动力，承载能力 3.0～6.0t。在不转弯的情况下，具有直接从侧面叉取货物的能力，因此主要用来叉取长条型的货物，如木条、钢筋等。

电动叉车以蓄电池为动力，用直流电机驱动。承载能力 1.0～8.0t，作业通道宽度一般为 3.5～5.0m。由于没有污染、噪音小，因此广泛应用于室内操作和其他对环境要求较高的工况，

图 3-30　侧面叉车

如医药、食品等行业。随着人们对环境保护的重视,电动叉车正在逐步取代内燃叉车。由于每组电池一般在工作约 8 小时后需要充电,因此对于多班制的工况需要配备备用电池。

（2）按用途分类

按用途分类,叉车可分为通用叉车和专用叉车两类。

通用叉车为在大多数场合下都能使用的叉车,适用范围广泛。

专用叉车为具有专门用途的叉车,如仓储叉车、集装箱叉车、箱内作业叉车等。下面主要讲述仓储叉车的内容。

仓储叉车主要是为仓库内货物搬运而设计的叉车。除了少数仓储叉车(如手动托盘叉车,图 3-31)是采用人力驱动的,其他都是以电动机驱动的,因其车体紧凑、移动灵活、自重轻和环保性能好而在仓储业得到普遍应用。

① 电动托盘搬运叉车(图 3-32)

承载能力 1.6～3.0t,作业通道宽度一般为 2.3～2.8m,货叉提升高度一般在 210mm 左右,主要用于仓库内的水平搬运及货物装卸。一般有步行式和站驾式两种操作方式,可根据效率要求选择。

图 3-31　手动托盘叉车

图 3-32　电动托盘搬运叉车

② 电动托盘堆垛叉车(图 3-33)

承载能力为 1.0～1.6t,作业通道宽度一般为 2.3～2.8m,在结构上比电动托盘搬运叉车多了门架,货叉提升高度一般在 4.8m 内,主要用于仓库内的货物堆垛及装卸。

③ 前移式叉车(图 3-34)

承载能力为 1.0～2.5t,门架可以整体前移或缩回,缩回时作业通道宽度一般为 2.7～3.2m,提升高度最高可达 11m 左右,常用于仓库内中等高度的堆垛、取货作业。

图 3-33　电动托盘堆垛叉车

图 3-34　前移式叉车

④ 电动拣选叉车(图 3-35)

在某些工况下(如超市的配送中心),不需要整托盘出货,而是按照订单拣选多种品种的货物组成一个托盘,此环节称为拣选。按照拣选货物的高度,电动拣选叉车可分为低位拣选叉车(2.5m 内)和中高位拣选叉车(最高可达 10m)。承载能力为 2.0～2.5t(低位)、1.0～1.2t(中高位,带驾驶室提升)。

⑤ 低位驾驶三向堆垛叉车(图 3-36)

通常配备一个三向堆垛头,叉车不需要转向,只需货叉旋转就可以实现两侧的货物堆垛和取货,通道宽度 1.5～2.0m,提升高度可达 12m。叉车的驾驶室始终在地面不能提升,考虑到操作视野的限制,主要用于提升高度低于 6m 的工况。

图 3-35 电动拣选叉车

图 3-36 低位驾驶三向堆垛叉车

⑥ 高位驾驶三向堆垛叉车(图 3-37)

与低位驾驶三向堆垛叉车类似,高位驾驶三向堆垛叉车也配有一个三向堆垛头,通道宽度 1.5～2.0m,提升高度可达 14.5m。其驾驶室可以提升,驾驶员可以清楚地观察到任何高度的货物,也可以进行拣选作业。高位驾驶三向堆垛叉车在效率和各种性能都优于低位驾驶三向堆垛叉车,因此该车型已经逐步替代低位驾驶三向堆垛叉车。

⑦ 电动牵引车(图 3-38)

牵引车采用电动机驱动,利用其牵引能力(3～25t),后面拉动几个装载货物的小车。经常用于车间内或车间之间大批货物的运输,如汽车制造业仓库向装配线的运输、机场的行李运输。

图 3-37 高位驾驶三向堆垛叉车

图 3-38 电动牵引车

## 3.7.2　叉车的主要技术参数和主要性能指标

### 1. 叉车的主要技术参数

（1）额定起升质量

额定起升质量指用货叉起升货物时，货物重心至货叉垂直段前壁的距离不大于载荷中心距时，允许起升货物的最大质量。

额定起升质量系列：0.5t，0.75t，1.0t，1.5t，2.0t，3.0t，4.0t，5.0t，8.0t，10t，12t，15t，16t，20t，25t，32t，40t。

（2）载荷中心距

载荷中心距指在货叉上放置标准质量的货物、确保叉车纵向稳定时，其中心至货叉垂直段前壁间的水平距离。对于 1t 叉车规定载荷中心距为 500mm。

（3）最大起升高度

最大起升高度指叉车在平坦坚实的地面上，满载、轮胎气压正常、门架直立，货物升至最高时，货叉水平段的上表面至地面的垂直距离。

（4）门架倾角

门架倾角指无载叉车在平坦、坚实的地面上，门架相对其垂直位置向前和向后倾斜的最大角度。前倾角的作用是为了便于叉取和卸放货物，一般为 3°～6°；后倾角的作用是当叉车带货运行时，预防货物从货叉上滑落，后倾角为 10°～12°。

（5）最大起升速度

叉车最大起升速度通常是指叉车满载时，货物起升的最大速度。提高最大起升速度，可以提高作业效率，但起升速度过快，容易发生货损和机损事故。目前国内叉车的最大起升速度已提高到 20m/min。

（6）最大运行速度

一般指叉车满载时，在干燥、平坦、坚实的地面上行驶时所能达到的最大速度。提高运行速度对提高叉车的作业效率有很大影响。对与起重量为 1t 的内燃叉车，其满载时最高运行速度不少于 17m/min。

（7）最小转弯半径

当叉车在无载低速行驶、打满方向盘转弯时，车体最外侧和最内侧至转弯中心的最小距离，分别称为最小外侧转弯半径和最小内侧转弯半径。最小外侧转弯半径愈小，则叉车转弯时需要的地面面积愈小，机动性愈好。

（8）最小离地间隙

最小离地间隙是指车轮以外，车体上固定的最低点至地面的距离，它表示叉车无碰撞地越过地面凸起障碍物的能力。最小离地间隙愈大，则叉车的通过性愈高。

（9）直角通道最小宽度

可供叉车往返行驶的、成直角相交的通道的最小理论宽度。一般直角通道最小宽度愈小，性能愈好。

（10）堆垛通道最小宽度

叉车在正常作业时，通道的最小理论宽度。

（11）最大高度和宽度

决定叉车能否进入仓库、集装箱、船车内进行作业的参数。

**2. 主要性能指标**

（1）装卸性

装卸性指叉车起重能力和装卸快慢的性能。装卸性能的好坏对叉车的工作性能和生产率有着直接的影响。一般来说，叉车的起重量大、载荷中心距大、工作速度高则装卸性能好。

（2）牵引性

它表示叉车行驶和加速快慢、牵引力和爬坡能力大小等方面的性能。行驶和加速快、牵引力和爬坡度大则牵引性好。

（3）稳定性

叉车的稳定性就是指叉车抵抗倾覆的能力。

（4）制动性

它表示叉车在行驶中根据要求降低车速及停车的能力。通常以在一定行驶速度下制动时制动距离大小来加以衡量。制动距离小则制动性能好。

（5）机动性

它表示叉车机动灵活的性能。最小转弯半径小、直角交叉通道宽度和直角堆垛通道宽度小则机动性能好。

（6）通过性

叉车的通过性是指叉车克服道路障碍而通过各种不良路面的能力。叉车的外形尺寸小，轮压小、离地间隙大、驱动轮牵引力大，则叉车的通过性能好。

（7）经济性

叉车的经济性主要指它的造价和劳动费用，包括动力消耗、生产率、使用和耐用的程度等。

## 3.7.3　叉车的结构

不同的叉车虽然在结构上有一定的差异，但其基本结构大致相同，一般都由动力装置、起重工作装置、叉车底盘（包括传动系统、转向系统、制动系统、行驶系统）和电气设备组成。

**1. 动力装置**

动力装置的作用是为叉车的各工作机构提供动力源，保证叉车工作装置装卸货物和叉车正常运行所需要的动力。

**2. 起重工作装置**

起重工作装置由直接进行装卸作业的工作装置及液压控制系统组成。

（1）工作装置

叉车工作装置的作用是完成货物的叉取、卸放、升降、堆码作业，主要由外门架、内门架、叉架、货叉、链条和导向滑轮等组成。

（2）液压控制系统

其作用是把发动机（或电动机）的能量传递给叉车的工作装置，以便实现货物的起升和门架的前、后倾斜。主要由油泵、安全阀、分配阀、油缸、节流阀、油箱、滤清器和油管等组成。其中，油泵是将机械能转换成液体压力能的机构；油缸是将液体压力能转换成机械能的机构；安全阀、分配阀、节流阀是控制液体的压力、流量和流动方向的机构；油箱、滤清器和油管是保证液压系统可靠、稳定、持久工作的机构。通过这些机构实现液压油路不同的工作循环，从而满足叉车各项工作性能的要求。

**3. 叉车底盘**

（1）传动系统

其主要作用是将动力装置发出的动力高效、经济和可靠地传给驱动车轮。

（2）转向系统

其作用是改变叉车的行驶方向或保持叉车直线行驶。叉车转向的形式有机械式转向、液压助力转向和全液压转向三种。

机械式转向机构一般由转向器和转向传动机构组成。转向器的作用是增大方向盘传递到转向臂的力，并改变力的传递方向。转向传动机构的作用是把转向器所传出的力传递给转向车轮，使其偏转而实现叉车的转向。

液压助力转向机构与机械式转向机构的主要区别是增加了一个液压转向助力器，因而，司机只需很小的力就可进行操纵，实现转向。

全液压转向与机械式转向、液压助力转向的不同之处，在于从转向器开始到转向梯形机构之间完全用液压元件代替了机械连接，因而，具有操纵轻便、安装容易、重量轻、体积小、便于总体布局等优点。

（3）制动系统

叉车制动系统的作用是使叉车能够迅速地减速或停车，并使叉车能够稳定地停放在适当的地方，防止溜车。

叉车的制动系统一般包括两套独立的制动装置，即行车制动装置和驻车制动装置。行车制动装置保证叉车在行驶过程中适当减速或停车，它的每个车轮都装有车轮制动器，其操纵装置可分为机械式、液压式和气压式。驻车制动装置保证叉车原地停驻，并有助于在坡道上起步。驻车制动系统还可在紧急制动时与行车制动系统同时使用，或当行车制动系统失灵时紧急使用。

（4）行驶系统

行驶系统承受并传递作用在叉车车轮和路面间的力和力矩；缓和路面对叉车的冲击；减轻叉车行驶时的震动。一般叉车的行驶系统由车桥、车架、车轮和悬架等部分组成。

**4. 电气设备**

叉车电气设备由电源部分（包括蓄电池、发电机和发电机调节器）、用电部分（包括起动机、汽油机的点火系统、照明装置和信号装置）等组成。

# 3.8　自动搬运车系统

## 3.8.1　自动搬运车

### 1. 自动搬运车概述

在我国国家标准 GB 18354—2006《物流术语》中,对自动搬运车(AGV,Automated Guided Vehicle,图 3-39)的定义为:具有自动导引装置,能够沿设定的路径行驶,在车体上具有编程和停车选择装置、安全保护装置以及各种物品移载功能的搬运车辆。

### 2. AGV 的分类

按照导引原理的不同,分为外导式和自导式两大类型。

(1)外导式

外导式(固定路径导引)是在运行路线上设置导引用的信息媒介物,如导线、色带等,AGV 通过检测出它的信息(如频率、磁场强度、光强度等)而得到导引的一种方式,如电磁导引、光学导引等。

电磁导引的基本原理:它是在 AGV 的运行路线下面埋设导向电线,通以 3~10kHZ 的低压、低频电流,该交流电信号沿电线周围产生磁场,AGV 上装设的信号检测

图 3-39　AGV

器可以检测到磁场的强弱并通过检测回路以电压的形式表示出来。当导向轮偏离导向电线后,则信号检测器测出电压差信号,此信号通过放大器放大后控制导向电机工作,然后导向电机再通过减速器控制导向轮回位,这样,就会使 AGV 的导向轮始终跟踪预定的导引路径。

光学导引的基本原理:利用地面颜色与色带颜色的反差,在明亮的地面上用黑色色带,在黑暗的地面上用白色色带。导引车的下面装有光源,用以照射色带。由色带反射回来的光线由光学检测器(传感器)接受,经过检测和运算回路进行计算,将计算结果传至驱动回路,由驱动回路控制驱动系统工作。当 AGV 偏离导引路径时,传感器检测到的亮度不同,经过运算回路计算出相应的偏差值,然后由控制回路对 AGV 的运行状态进行及时修正,使其回到导引路径上来。因此,AGV 能够始终沿着色带的导引轨迹运行。

(2)自导式

自导式(自由路径导引)是采用坐标定位原理,即在车上预先设定运行作业路线的坐标信息,并在车辆运行时,实时地检测出实际的车辆位置坐标,再将两者比较、判断后控制车辆导向运行。

自由路径导引的基本原理:在导引车顶部装置一个沿 360°方向按一定频率发射激光的装置。同时在 AGV 四周的一些固定位置上放置反射镜片。当 AGV 运行时,不断接受到从三个已知位置反射来的激光束,经过简单的几何运算,就可以确定 AGV 的准确位置,控制系统根据 AGV 的准确位置对其进行导向控制。

### 3. AGV 的基本结构

（1）车体

车体由车架和相应的机械装置所组成，是 AGV 的基础部分，是其他总成部件的安装基础。

（2）蓄电和充电装置

AGV 常采用 24V 或 48V 直流蓄电池为动力。蓄电池供电一般应保证连续工作 8 小时以上的需要。

（3）驱动装置

AGV 的驱动装置由车轮、减速器、制动器、驱动电机及速度控制器等部分组成，是控制 AGV 正常运行的装置。其运行指令由计算机或人工控制器发出，将电源接通驱动电机速度控制器。其运行速度、方向、制动的调节分别由计算机控制。为了安全，在断电时制动装置能靠机械实现制动。

（4）转向装置

接受导引系统的方向信息通过转向装置来实现转向动作。

（5）车上控制器

车上控制器接受控制中心的指令并执行相应的指令，同时将本身的状态（如位置、速度等）及时反馈给控制中心。

（6）通信装置

通信装置实现 AGV 与地面控制站及地面监控设备之间的信息交换。

（7）安全保护装置

安全系统包括对 AGV 本身的保护、对人或其他设备的保护等方面。安全保护又可分为主动安全保护装置与被动安全保护装置。

（8）移载装置

移载装置是与所搬运货物直接接触，实现货物转载的装置。

（9）信息传输与处理装置

其主要功能是对 AGV 进行监控，监控 AGV 所处的地面状态，并与地面控制站实时进行信息传递。

## 3.8.2　自动搬运车系统

### 1. 概述

自动搬运车系统 AGVS(Automated Guided Vehicle System)是一种使车辆按照给定的路线自动运行到指定场所，完成物料搬运作业的系统。AGVS 特点：服务面广、运输线路长、运输线路灵活多变，运行费用少、系统安全可靠及无人操作。AGVS 常常是自动化仓储系统的重要组成部分。

### 2. AGVS 的控制方式

（1）中央控制计算机

中央控制计算机是整个系统的控制指挥中心，它与各区域内的地面控制器进行通信，地面控制器接受中央控制计算机的管理。

（2）地面控制器即 AGV 上位控制系统

它是 AGV 系统的核心。其主要功能是对 AGVS 中的多台 AGV 单机进行任务分配、车辆管理、交通管理、通信管理等。它负责对区域内的业务情况进行监控管理，如监视现场设备的状况、统计 AGV 利用率、小车交通管制、跟踪装载、制定目标地址、实时存储小车的地址并将 AGV 的位置与装载物的类型、数量传输给区域主计算机。

① 任务管理：任务管理类似计算机操作系统的进程管理，它提供对 AGV 地面控制程序的解释执行环境；提供根据任务优先级和启动时间的调度运行；提供对任务的各种操作如启动、停止、取消等。

② 车辆管理：车辆管理是 AGV 管理的核心模块，它根据物料搬运任务的请求，分配调度 AGV 执行任务，根据 AGV 行走时间最短原则，计算 AGV 的最短行走路径，并控制指挥 AGV 的行走过程，及时下达装卸货和充电命令。

③ 交通管理：根据 AGV 的物理尺寸大小、运行状态和路径状况，提供 AGV 互相自动避让的措施，同时避免车辆互相等待的死锁方法和出现死锁的解除方法。AGV 的交通管理主要有行走段分配和死锁报告功能。

④ 通信管理：通信管理提供 AGV 地面控制系统与 AGV 单机、地面监控系统、地面 IO 设备、车辆仿真系统及上位计算机的通信功能。和 AGV 间的通信使用无线电通信方式，需要建立一个无线网络，AGV 只和地面系统进行双向通信，AGV 间不进行通信，地面控制系统采用轮询方式和多台 AGV 通信；与地面监控系统、车辆仿真系统、上位计算机的通信使用 TCP/IP 通信。

⑤ 车辆驱动：小车驱动负责 AGV 状态的采集，并向交通管理发出行走段的允许请求，同时把确认段下发 AGV。

（3）车上控制器即 AGV 单机控制系统

解释并执行从地面控制器（站）传送来的指令，实时记录 AGV 的位置，并监控车上的安全装置。在收到上位系统的指令后，负责 AGV 单机的导航、导引、路径选择、车辆驱动、装卸操作等功能。

① 导航：AGV 单机通过自身装备的导航器件测量并计算出所在全局坐标中的位置和航向。

② 导引：AGV 单机根据目前的位置、航向及预先设定的理论轨迹来计算下个周期的速度值和转向角度值，即 AGV 运动的命令值。

③ 路径选择：AGV 单机根据上位系统的指令，通过计算，预先选择即将运行的路径，并将结果报送上位控制系统，能否运行由上位系统根据其他 AGV 所在的位置统一调配。AGV 单机行走的路径是根据实际工作条件设计的，它有若干"段"（Segment）组成。每一"段"都指明了该段的起始点、终止点，以及 AGV 在该段的行驶速度和转向等信息。

④ 车辆驱动：AGV 单机根据导引的计算结果和路径选择信息，通过伺服器件控制车辆运行。

 **情境小结**

仓储是中国物流中最重要的环节,也是中国物流中最传统的一个方面。仓储物流的现代化对于中国物流走向现代化更具有非常巨大的意义。

# 理实一体化训练

**一、选择题**

1. 叉车的特点有(    )。

    A. 功能多样       B. 灵活性强       C. 通用性强       D. 易于维护

2. (    )是一种封闭式货架,与抽屉式类似,主要用于存放贵重文物、文件及精密配件等。

    A. 旋转式货架       B. 橱柜式货架       C. 托盘货架       D. 倍深式货架

3. (    )是现代物流系统中一种应用广泛的装备。其原理是利用货物单元的自重,使货物单元在一定高度差的通道上,从高处向低处运动,从而完成进货、储存、出库的作业。

    A. 层架       B. 单元货格式货架       C. 托盘式货架       D. 重力式货架

**二、简答题**

1. 什么叫自动化立体仓库?自动化立体仓库有哪些类型?

2. 叉车的总体构成是什么?

3. 什么叫月台?月台有哪几种形式?

4. 有轨巷道堆垛机有哪些特点?

5. 仓储业务中主要设备有哪些?

6. 什么叫通风系统?通风系统有哪些类型?

7. 如何实现对仓储建筑物的防雷保护?

**三、实务操作题**

以小组为单位,就自己所熟悉的某家企业的仓储或所在学校的仓储实训室为背景,研讨并提出科学合理的仓储上的硬件解决方案。

# 学习情境 4

# 配送中心设备

**学习目标：**

1. 掌握配送中心的概念；
2. 理解自动分拣系统的地位和作用；
3. 掌握电子秤的作用；
4. 了解地重衡和轨道衡的使用；
5. 了解电子吊秤和电子皮带秤的原理；
6. 掌握自动检重秤的原理和应用。

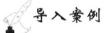

## 导入案例

### 沃尔玛物流配送中心

物流配送是实行连锁经营不可缺少的重要组成部分。不发展物流配送，就谈不上真正的连锁经营。山姆·沃尔顿说："我们重视每一分钱的价值，因为我们服务宗旨之一就是帮顾客省钱，每当我们省下一块钱，就赢得了顾客的一份信任。"沃尔玛物流配送中心通过提升其效率来降低物流及采购成本，从而进一步降低商品的价格，让利于消费者。

沃尔玛物流配送中心的作业流程是：沃尔玛各分店的订单信息传递到配送中心——配送中心整合后正式向供应商订货——供应商将商品送到配送中心——经过核对采购计划、进行商品检验等程序，分别送到货架不同位置存放——电脑系统给所需商品打出印有商店代号的标签——整包装的商品直接由货架上送往传送带——经传感器对标签进行识别后，自动分送到不同商店的汽车装卸口——由沃尔玛公司卡车送达各区域相关门店。

沃尔玛的配送中心一般都设在 100 多家零售店的中央地理位置，其商圈（或称为运输半径）为 320km。配送中心是相当大的，占地约 60km²，而且都在第一层当中。之所以都是一层，而不是好几层，是因为沃尔玛希望产品能够流动。沃尔玛希望产品能够从一扇门进从另一扇门出，如果有电梯或其他物体，就会阻碍流动过程。沃尔玛使用一些传送带，让这些产品能够非常有效地进行流动，对它们进行处理不需要重复进行，都是一次。沃尔玛采用这种传送带，运用无缝的形式，就可以尽可能地减少成本。

沃尔玛的配送中心面积约 $100\,000\,m^2$，200 辆车头，400 节车厢，13 条长约 13.7km 的激光控制的配送输送带，配送场内设有 170 个接货口，600～800 名员工。商品有 40 000 多个品种，年周转库存 24 次。畅销品占 60%，库存超过 180 天为滞销。

　　每个物流配送中心分为三个区域：收货区、拣货区和发货区。发货区可供 130 辆卡车同时装货，收货区可同时停放 135 辆卡车。在装货平台，公司卡车将从传送带上出来的商品送达其负责的各区域相关门店。60% 的卡车在返回的途中，又捎回沿途从供应商处购买的商品（"公交车方式物流"）到物流配送中心，在货架不同位置存放，到沃尔玛商店提出要货计划后，再通过卡车送达其所在地。配送中心 24h 不停地运转，许多商品在配送中心停留的时间总计不超过 48h。配送中心每年处理数亿次商品，99% 的订单正确无误。这样就为沃尔玛节约了大量的物流成本。

　　为满足美国国内连锁店的配送需要，沃尔玛在国内拥有近 3 万多个大型集装箱挂车、6 000 多辆大型货运卡车，24h 昼夜不停地工作。沃尔玛通常为每家分店的送货频率是每天一次，这使得沃尔玛在其竞争对手不能及时补货时始终保持货架的充盈。

　　沃尔玛用一种尽可能大的卡车，大约可能有 16m 加长的货柜，相当大，比集装箱运输卡车要更长或者更高。沃尔玛的车辆，都是自有的，而且这些司机也是沃尔玛的员工。他们在美国各个州之间的高速公路上运行，而且车中的每立方米空间都装得满满的，这样非常有助于沃尔玛节省成本。

**点评：**

　　一般来说，物流成本占整个销售额的 10% 左右，有些食品行业甚至达到 20% 或者 30%。但是，沃尔玛的配送成本仅占它销售额的 2%。灵活高效的物流配送使得沃尔玛在激烈的零售业竞争中技高一筹，赢得了竞争优势。

# 4.1　配送中心机械设备系统的构成

　　《物流术语》(GB18354—2006)中对配送中心的定义是：从事配送业务且具有完善信息网络的场所或组织，应满足主要为特定客户或末端客户提供服务；配送功能健全；辐射范围小；提供高频率、小批量、多批次配送服务。由于配送中心具有完善的配送功能，需要提供高频率、小批量、多批次的配送服务，因此必须具有多项功能。一般来说，配送中心具有集散、接收、储存、分货、理货、配货、装卸搬运、包装、流通加工、送货、信息收集、传递和服务等多种功能。这些功能的完成需要配备不同的配送机械设备。配送机械设备是实现配送业务的重要手段和技术保证，是建立迅速、安全、正确、廉价作业体系的基础。由于配送中心的规模不同，所处理货物的特性不同，配送中心机械设备系统的构成也不尽相同。根据目前我国配送中心的实际情况，配送中心机械设备系统主要由以下几个部分构成。

**1. 装卸搬运车辆系统**

　　装卸搬运车辆主要用于配送中心较长距离地运送货物。这类机械设备机动灵活，使用方便,投资小,见效快。装卸搬运车辆主要有叉车、牵引车、托盘搬运车、电动搬运车、自动导引搬运车等。

在配送中心仓库内向货架上存取货物的主要机械设备有叉车、有轨巷道堆垛机、无轨巷道堆垛机和固定式堆垛起重机等。叉车主要用于低层货架;巷道堆垛起重机主要用于中层货架、高层货架上存取货物;固定式堆垛机主要用于在旋转式货架上存取货物。

### 2. 装卸机械设备系统

装卸机械设备系统主要设置在进货场、配货发送场和仓库内。它的主要任务是:把货物从进货车辆如火车、载货汽车、船舶上卸下来,在进货场临时堆码;在配货发送场把货物装上汽车,以便送货;在配送中心仓库内的货架上存取货物。在进货场和配货发送场中设置的主要机械设备有:叉车和各种起重机械,如汽车起重机、轮胎起重机、桥式起重机、龙门起重机、门座起重机等。

### 3. 连续输送机械设备系统

连续输送机械设备系统主要设置在进货场、检验场、分类场、配货发送场、仓库和流通加工车间之间。它把配送中心的各个组成部分连成一个相互贯通的物流网络,其主要任务是按照配送中心的配送计划有节奏地输送各种货物。另外,在用户的分支输送机线上,也可临时集中储存配置好的货物,以便高效率地向送货车辆装货。在配送中心输送机械设备系统中设置的主要机械设备有各种连续输送机械设备,如带式输送机、滚子输送机、链式输送机,这类输送机主要用在各部分之间输送距离不长的场合。

### 4. 检测计量机械设备系统

为保证货物与供货合同相符,保证货物的质量和数量,原则上进入配送中心的所有货物都应该进行检查验收。由于配送中心是大批量、多品种地进货,一般只能按照订货单进行外观、重量、数量、规格等方面的检验。

在重量检测方面主要运用的机械设备是电子台秤、吊钩电子秤、地中衡、轨道衡等;在规格尺寸检测上,主要使用光电检测装置、激光检测装置等;对粉料、液体等货物的检测主要运用电子流量计等;成件包装或单元化货物则使用电子计数装置等。现代的检测计量机械设备主要以电子检测和识别装置为主导,如各种检测器、图像识别机等。它们可以与计算机连接运行,随时记录检测结果,便于采取有效措施,加强管理。

### 5. 分货、拣货机械设备系统

该系统按照用户的订货要求,完成货物的拣选、分货、分放等配送作业。拣选是把用户需要的货物从储存处挑选出来;分货是把相同的货物按类别、规格分选出来,分投到每一货位处;分放是把各用户所需要的货物分别集中、配齐。该系统主要机械设备有拣选机械设备和分货机械设备,它们是配送中心中有特色的机械设备。目前,国内外大型配送中心大都应用了拣选机械设备和分货机械设备,它们的劳动生产率高,自动化程度高,技术密集,分拣能力高,已成为配送中心的核心技术装备。

拣选机械设备主要包括拣选式叉车、拣选式升降机、拣选式巷道堆垛机等。分拣作业用的拣选利用电子计算机,可在其显示盘上显示要求拣选货物的品种、数量、层数,分拣人员根据显示盘的指令,便可把拣选机升或降到指定位置,直接进行拣选作业。对于回转货架,在拣选过程中,计算机根据指令让货架回转,回转货架把下一个要拣选的货格回转到拣选位置,拣选完一种货物之后,只要按一下电钮,拣选机就上升或下降到下一个需要拣选的货架,实现连续地拣选。使用回转货架,拣选货物单元重量一般在 100kg 以下,拣选的生产率范围为 15～60s/件,拣选的物品一般为 400～800 种,最高可达 2 000 多种。分货机械设备又称为分拣机械设备。现代配送中心的分货工作,大多由自动分拣机来完成。在 4.2 中将对自动分拣机进行专门介绍。

### 6. 储存机械设备系统

配送中心保持一定储备量是非常重要的,其主要原因在于保持正常配送,防止缺货。为保持适当规模并提高配送能力,储存机械设备和设施不宜占用太大面积,因而常采用各种类型的货架,使存、取货物便利。货架的种类主要有普通货架、单元货架、重力式货架、贯穿式货架、旋转式货架等。

### 7. 流通加工机械设备系统

流通加工是配送中心的重要功能之一。为了满足用户多样化需要,保护货物的使用价值,提高流通效率,配送中心的一些货物需要进行流通加工。货物的类型、加工要求、加工方法不同,需配备不同的流通加工机械设备。目前,配送中心使用的流通加工机械多为剪板机、折弯机、玻璃切割设备、锯床等。

### 8. 包装机械设备系统

该系统主要是对货物进行集装、分装以及防变质包装等。集装的目的在于提高配送中心配送的效率;分装的目的在于满足用户小批量化的需要。集装的机械设备有捆扎机、装箱机、装罐机等;分装的机械设备有小型的自动定量分装机械设备、热收缩包装机、拉伸包装机等;防货物变质的包装机械设备有防潮包装机、防锈包装机、充气包装机等。

### 9. 配装送货机械设备系统

配装机械设备是将两个以上的用户需要的货物或同一用户需要的不同货物配装在同一车辆上,以便提高配送车辆的满载率和减少配送里程,降低配送成本。常用的有通用起重机械、装卸搬运车辆。

送货机械设备是按用户的时间、地点的要求,将货物从配送中心送达指定地点的机械设备。送货机械设备运用最广泛的是普通卡车。对于裸装货物,为了保护货物不受雨淋、丢失,常采用棚厢式车辆。为便于装卸,这种车辆需具备敞开门的能力,如能将左右两面全部敞开的翼形车,能将后门全开而又不影响接靠站台的后部卷帘门式车等。

### 10. 信息处理机械设备系统

配送中心的信息处理机械设备系统主要包括电子计算机及其网络;信息识别装置、传票传递装置、通信设备等。建立起完整信息处理机械设备系统是配送中心提供优质服务的物质基础。

以上十类机械设备系统是实现配送的技术保证,它们直接影响着配送中心全部功能的兑现,决定着配送能力和作业规模大小,影响着配送范围的大小、服务水平的高低、配送经济效益的好坏。因此,配送机械设备在配送中心中起着重要作用,普及和应用配送机械设备是实现配送现代化、科学化的重要手段,是提高配送中心经济效益的重要因素之一。近年来,我国配送中心的建设取得了长足的进步,涌现出了一批功能较为齐全、设备较为先进的配送中心。从目前情况来看,上述配送机械设备一般在配送中心都能看到。

# 4.2 自动分拣机的运用

## 4.2.1 自动分拣系统概述

所谓分拣是指将一批相同或不同的货物,按照不同的要求(如品种、发运的目的地、要货客户地理位置等),分别拣开,进行配送或发运。邮局把信件邮包按送达目的地进行分拣或航空站将旅客的行李按照不同出口分开,都是典型的分拣作业。自动分拣是从货物进入分拣系统送到指定的分配位置为止,都是按照人的指令靠自动分拣装置来完成的。这种装置是由接受分拣指示情报的控制装置、计算机网络、把到达分拣位置的货物送到别处的搬送位置、在分拣位置把货物分送的分支装置、在分拣位置储放货物的储存装置等构成。所以,除了向控制装置输入分拣指示情报的作业外,由于全部用机械自动作业,因此,分拣处理能力较大,分拣分类数量也较大。

自动分拣系统(Automatic Sorting System)是先进配送中心所必需的设施条件之一,是提高物流配送效率的一项关键因素。自动分拣系统具有很高的分拣效率,通常每小时可分拣商品 6 000~12 000 箱。该系统目前已经成为发达国家大中型物流中心不可缺少的一部分。

近年来,随着用户需求少量多样化的变化,订单向多品种、小批量化发展,流通趋于小批量、多品种和及时制(Just-In-Time,JIT,原用于生产物流,后推及销售物流),各类配送和物流中心的货物分拣任务十分艰巨,配送中心的拣货、拆零作业的劳动力已占整个配送中心劳力的 80%。分拣系统成为一项重要的物流设施,分拣技术也成为物流技术中的一个重要分支。

自动分拣机首先在邮政部门开始应用,大量的信件和邮包要在极短时间内正确分拣处理,非凭借高度自动化的分拣设施不可。此后,运输行业、配送中心、通信出版部门以及各类工业生产企业亦相继应用。美国和欧洲在 20 世纪 60 年代初开始使用自动分拣机;日本则在 20 世纪 70 年代初才引进自动分拣机。国外自动分拣技术发展的特点是:应用部门不断扩大;分拣技术不断改进提高;分拣规模和能力不断发展。例如瑞典某公司销售的高速自动分拣机有 520 个分拣道口;日本佐川急便某流通中心分拣机的分拣能力达 3 万件/h;单机的最大分拣能力也达 1.6 万件/h。

自动分拣系统之所以能在工业发达国家迅速发展,有其特殊的经济背景和外界条件。首先,国外随着消费水平的提高,商品经济高度发展,商品品类繁多,流通数量庞大,开展门对门小件运输,各类流通中心、配送中心和运输集散中心的货物分拣量急剧增加,企业为应对激烈的竞争,提高服务质量,迅速及时地送货上门,在客观上需要高效率的分拣系统。其次,国外劳动工资相对较高,分拣工作要花费大量的劳务费用,为求得更多的经济效益,有必要寻求节省人力的自动化设施。最后,计算机信息系统在物流企业普遍应用,各类装卸、搬运、储存等配套物流设施的齐备,以及作业环境的完善,使自动分拣系统具备正常运行的条件。

我国自动分拣技术起步较晚,目前已与国际先进水平基本保持同步,但由于技术创新能力与需要大量的资金投入的限制,使用自动分拣技术的物流系统还比较少,大部分小型超市的配送中心还依靠人工分拣。我国的分拣技术从 1958 年在邮政系统开始起步。1960 年,邮政局中包裹邮件分拣中使用最初的分拣机只是一个皮带传输机,分拣员只是将带有不同颜色的夹子夹在不同路向的邮包上,在传输带两侧的拣收人员按着颜色挑选进行分拣。1964 年,北京天桥邮局使用小车携带机械编码信号的翻盘式印刷品分拣机。20 世纪 70 年代中期,原邮电部邮政研究所研制了斜行带式分拣机,用于国际包裹的分拣机。原邮电部第三研究所研制了具有文字识别功能的信函分拣机。在北京市、上海市、贵阳市、沈阳市、浙江省、广东省等地,原邮政系统的邮政局及工厂在当时大量使用的机械翻盘式的包裹印刷品分拣机、邮袋推式悬挂分拣系统基本满足了当时国内邮政生产的需要。1990 年,我国从荷兰引进了一套有 3 个入口,60 个出口的自动分拣系统,具有一定的技术水平,使我国分拣技术有了一个飞跃。近年来,我国从荷兰、丹麦、德国、美国引进先进的技术和设备,国内企业自身的研发及制造能力也进一步加强,国产高速自动分拣传输系统装备了很多物流企业。

自动分拣系统具有以下特点。

**1. 能连续、大批量地分拣货物**

由于采用大生产中使用的流水线自动作业方式,自动分拣系统不受气候、时间、人的体力等的限制,自动分拣系统单位时间分拣件数多,每小时可分拣 8 000 件包装商品,如用人工则每小时只能分拣 150 件左右,自动分拣系统可以连续运行 100 个小时以上,而分拣人员也不能在这种劳动强度下连续工作 8 小时。

某大型零售企业购买了一套自动分拣设备。购买后出现了手工分拣成本低于自动分拣成本的情况。因此,该设备被闲置起来。原因就在于没有充分了解自动分拣设备的基本使用要求,即规模性,其分拣量不能满足分拣设备的规模要求。

**2. 分拣误差率极低**

自动分拣系统的分拣误差率大小主要取决于所输入分拣信息的准确性大小,这又取决于分拣信息的输入机制,如果采用人工键盘或语音识别方式输入,则误差率在 3% 以上,如采用条码扫描输入,除非条码的印刷本身有差错,否则不会出错。因此,目前自动分拣系统主要采用条码技术来识别货物。

**3. 分拣作业基本实现无人化**

国外建立自动分拣系统的目的之一就是为了减少人员的使用,减轻人员的劳动强度,提高人员的使用效率,因此自动分拣系统能最大限度地减少人员的使用,基本做到无人化。分拣作业本身并不需要使用人员,人员的使用仅局限于以下工作:送货车辆抵达自动分拣线的进货端时,由人工接货;由人工控制分拣系统的运行;分拣线末端由人工将分拣出来的货物进行集载、装车;自动分拣系统的经营、管理与维护。

## 4.2.2 自动分拣系统主要组成部分

自动分拣系统种类繁多,但主要组成部分基本相同,如图4-1所示。一般主要有进货输入输送机、分拣指令设定装置、合流输送机、送喂料输送机、分拣传送装置及分拣机构、分拣卸货道口、计算机控制系统等部分组成。

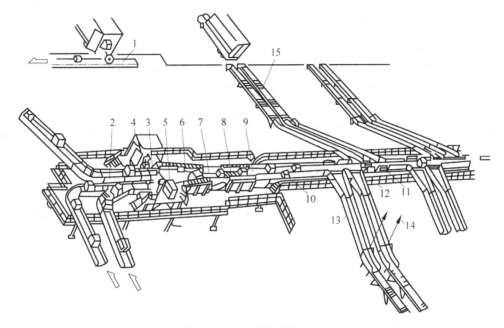

图 4-1 自动分拣系统组成

1—进货输入输送机;2—辊道合流输送机;3—进货装置;4—键盘输入;5—微机信息处理机;
6—皮带合流输送机;7—中继输送机;8—定位装置;9—钢带分拣机;10—激光扫描器;
11—刮板推出器;12—取出辊道输送机;13—滑道;14—起吊装置;15—伸缩辊道输送机

**1. 进货输入输送机**

卡车送来的货物,放在收货输送机上,经检查验货后,送入分拣系统。

为了满足物流中心吞吐量大的要求,提高自动分拣机的分拣量,往往采用多条输送带组成的收货输送机系统,以供几辆、几十辆乃至百余辆卡车同时卸货。这些输送机多是辊柱式和胶带式输送机。例如,连锁零售业的配送中心以分配商品为主,大多由几条辊柱式输送机组成的收货系统。而在货物集散中心,往往沿卸货站台设置胶带输送机,待验货后,放在输送机上进入分拣系统。

值得一提的是,有些配送中心使用了伸缩式输送机,该输送机能伸入卡车车厢内,从而大大减轻了卡车工人搬运作业的劳动强度。

**2. 分拣指令设定装置**

自动分拣机上移动的货物,向哪个道口分拣,通常在待分拣的货物上贴上标有到达目的地标记的标签,或在包装箱上写上收货方的代号,并在进入分拣机前,先由信号设定装置把分拣信息(如配送目的地、客户户名等)输入计算机中央控制器。在自动分拣系统中,分拣信息转变成分拣指令的设定方式有几种。

(1) 人工键盘输入。由操作者一边看着货物包装箱上粘贴的标签或书写的号码,一边在键盘上将此号码输入。一般键盘为十码键(TEN KEY),键盘上有 0~9 数字键和重复、修正等键。键盘输入方式的操作简单、费用低、限制条件少,但操作员必须注意力集中,劳动强度大、易出差错(看错、输错,据国外研究资料,差错率为 1/300),而且输入的速度一般只能达到 1 000~1 500 件/h。

(2) 声控输入。需先将操作人员的声音预先输入控制器电脑中,当货物经过设定装置时,操作员将包装箱上的标签号码依次读出,计算机将声音接受并转为分拣信息,发出指令,传送到分拣系统的各执行机构。

声音输入法与键盘输入法相比,速度要快些;可达 3 000~4 000 件/h,操作人员较省力,双手空出来可"手口并用"。但由于需事先储存操作人员的声音,当操作人员偶尔因咳嗽声哑等,就会发生差错。据国外物流企业实际使用情况来看,声音输入法效果不理想。

(3) 利用激光自动阅读物流条码。被拣商品包装上贴(印)代表物流信息的条码。在输送带上通过激光扫描器,自动识别条码上的分拣信息,输送给控制器。由于激光扫描器的扫描速度极快,达 100~120 次/s,能来回对条码扫描,故能将输送机上高速移动货物上的条码正确读出。

激光扫描条码方式费用较高,商品需要物流条码配合,但输入速度快,可与输送带的速度同步,差错率极小,规模较大的配送中心都采用这种方式。

(4) 计算机程序控制。根据各客户需要商品品种和数量,预先编好合计程序,把全部分拣信息一次性输入计算机,控制器即按程序执行。计算机程序控制是最先进的方式,它需要与条码技术结合使用,而且还须置于整个企业计算机经营管理系统之中。一些大型的现代化配送中心把各个客户要货单一次输入计算机,在计算机的集中控制下,商品货箱从货架被拣选取下,在输送带上由条码喷印机喷印条码,然后进入分拣系统,全部配货过程实现自动化。

**3. 合流输送机**

大规模的分拣系统因分拣数量较大,往往由 2~3 条传送带输入被拣商品,它们在分别经过各自的分拣信号设定装置后,必须经过由辊柱式输送机组成的合流装置,它能让到达汇合处的货物依次通过。通常 A、B、C 三条输送机上的商品,经过合流汇交处,由计算机"合流程序控制器"按照谁先到达谁先走的原则(若同时到达,按 A→B→C 的程序原则控制)。

**4. 送喂料输送机**

货物在进入分拣机之前,先经过送喂料机构。它的作用有两个:①依靠光电管的作用,使前、后两货物之间保持一定的间距(最小为 250mm)、均衡地进入分拣传送带;②使货物逐渐加大到分拣机主输送机的速度。

**5. 分拣传送装置及分拣机构**

它是自动分拣机的主体,包括两个部分:货物传送装置和分拣机构。前者的作用是把被分拣物送到设定的分拣道口位置,传送装置均设带速反锁器,以保持带速恒定;后者的作用是把被分拣物推入分拣道口。各种类型的分拣机,其主要区别就在于采用不同的传送工具(例如钢带输送机、胶带输送机、托盘输送机、辊柱输送机等)和不同的分拣机构(例如推出器、浮出式导轮转向器、倾盘机构等)。

**6. 分拣卸货道口**

它是用来接纳由分拣机构送来的被分拣物的装置,它的形式各种各样,主要取决于分拣方式和场地空间。一般采用斜滑道,其上部接口设置动力辊道,把被拣商品"拉"入斜滑道。

斜滑道可看作是暂存未被取走货物的场所。当滑道满载时,由光电管控制、阻止分拣物再进入分拣道口。此时,该分拣道口上的"满载指示灯"会闪烁发光,通知操作人员赶快取下滑道上的货物,消除积压现象。一般分拣系统还设有专用道口,以汇集"无法分拣"和因"满载"无法进入设定分拣道口的货物,以作另行处理。有些自动分拣系统使用的分拣斜滑道在不使用时可以向上吊起,以便充分利用分拣场地。

**7. 计算机控制系统**

它是向分拣机的各个执行机构传递分拣信息,并控制整个分拣系统的指挥中心。自动分拣的实施主要靠它把分拣信号传送到相应的分拣道口,并指示启动分拣装置,把被拣商品推入道口。分拣机控制方式通常用脉冲信号跟踪法。送入分拣运输机的货物,经过跟踪定时检测器、并根据控制箱存储器的记忆,计算出到达分拣道口的距离及相应的脉冲数。当被分拣物在输送机上移动时,安装在该输送机轴上的脉冲信号发生器,产生脉冲信号并计数。当数到与控制箱算出的脉冲数相同时,立即输出启动信号,使分拣机构动作,货物被迫改变移动方向,滑入相应的分拣道口。

## 4.2.3 自动分拣系统工作过程

自动分拣机一般由接受分拣指令的控制装置、把到达分拣位置的货物取出的搬运装置、在分拣位置把货物分送的分支装置和在分拣位置存放货物的暂存装置等组成。

虽然各种分拣机在具体结构上有所不同,但分拣的工作过程基本相同。货物到达分拣点以前,先要经过输送、信号设定、合流、主传送带等工作过程。到达分拣点时,发出指令把货物传送到分拣机,由分拣机的瞬时动作将货物分拣到指定的滑道。

为了把货物按要求分拣出来,并送到指定地点,一般需要对分拣过程进行控制。通常是把分拣的指示信息记忆在货物或分拣机上。当货物到达时,将其识别并挑出,再开动分支装置,让其分流。控制方式分为外部记忆和内部记忆两种方式。外部记忆是把分拣指示标贴在分拣物上,工作时用识别装置将其区分,然后做相应的操作。内部记忆是在自动分拣机的货物入口处设置控制盘,利用控制盘,操作者在货物上输入分拣指示信息,这个货物到达分拣位置时,分拣机接受到信息,开启分支装置。

在设计分拣系统时,控制方式的选择是一个需要考虑的重要因素,它对分拣系统的能力和成本有很大的影响。目前比较常用的分拣控制技术是扫描识别技术,在货场的固定位置上贴有某种标识,货物到达分拣位置时,扫描仪对标识进行扫描识别,然后按预先设定的程序运行,使货物按指定路线运送到指定的滑道滑下,完成分拣作业。

### 4.2.4　自动分拣机的类型

物流中心每天接收成百上千家供应商或货主通过各种运输工具送来的成千上万种商品,在最短的时间内将这些商品卸下并按商品品种、货主、储位或发送地点进行快速准确的分类,将这些商品运送到指定地点(如指定的货架、加工区域、出货站台等)。同时,当供应商或货主通知物流中心按配送指示发货时,自动分拣系统在最短的时间内从庞大的高层货架的存储系统中准确找到要出库的商品所在位置,并按所需数量出库,将从不同储位上取出的不同数量的商品按配送地点的不同运送到不同的理货区域或配送站台集中,以便装车配送。这就需要采用自动分拣机使分拣处理能力大大提高,增加分类数量,提高准确率。

自动分拣机的分拣机构品种、规格繁多,按照其分拣机构的结构有各种各样的类型,这里仅介绍常见的主要几种。

**1. 推式分类机构**

图 4-2 为气缸侧推式分类机构,主要由机构直接去推、挡物品,强制物品离开主线进入分流输送线。图 4-3 为链条带动侧推式分类机构,这是一种高速直角分类机构,分流速度为 60m/s。图 4-4 为旋转挡臂式分类机构。

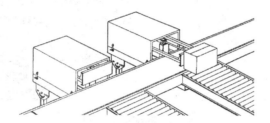

图 4-2　气缸侧推式分类机构

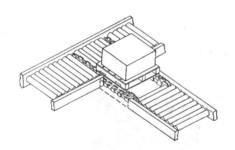

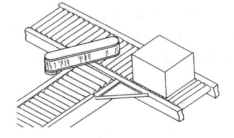

图 4-3　链条带动侧推式分类机构图　　　图 4-4　旋转挡臂式分类机构

**2. 导向式分类机构**

它是利用浮起链条、传送带、滚筒或轮子把分流物品抬离主输送线,引导其流入分流输送线系统。如图 4-5 所示,当被分类物进入轮子上方区域时,根据分类指令,高速旋转的浮动轮子迅速上浮,把来自主线的物品抬起,在浮动轮子的引导下分流到分类输送线上。这些分类方法要求物品不能太高太窄,否则易于倾侧。

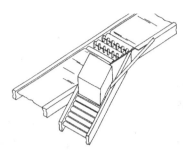

图 4-5　导向式分类机构

### 3. 滑块式分类机构

滑块式分类机构是利用滑块在输送机的滑竿上前后滑动来推移分流物品,从而达到分流目的,如图 4-6 所示。根据物品长度来组合不同数量的滑块。每分钟可分流 150 次,最大可推动 100kg 左右。驱动滑块移动的动力一般是电磁力。

图 4-6　滑块式分类机构

### 4. 倾倒板式分类机构

这种机构的分类方式是当物品到达分流位置时,倾倒板突然向上转动,把物品倾倒出来,这种分类方法效率高,每分钟可达 200 次,但是对物品的冲击力大,使物品易倾覆,要求物品在分类上没有方位的要求。如图 4-7 所示。

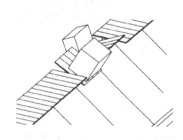

图 4-7　倾倒板式分类机构

### 5. 倾带式分类机构

如图 4-8 所示,物品在倾斜带上输送前进,到分流位置时,倾斜盘按箭头方向倾倒,使物品滑离主输送线而实现分流。

#### 6. 落入式倾斜分类机构

如图 4-9 所示,这是一种成本较低的分类机构。其原理是当物品从主输送线来到分类位置时,分类机构突然抬起来,使物品自然落入分流线的滑槽中。

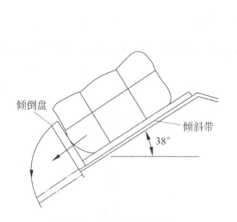

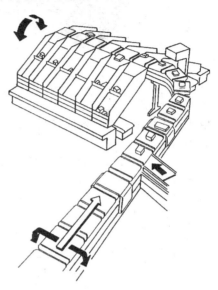

图 4-8　倾带式分类机构　　　　　　　图 4-9　落入式倾斜分类机构

# 4.3　计量设备

计量设备是利用机械原理或电测原理确定物质物理量大小的设备。主要用于商品进出时的计量、点数,以及存货期间的盘点、检查等。在物流过程中使用的计量装置有很多,如:电子秤、地重衡、轨道衡、电子吊秤、自动检重称、电子计算器、流量仪、电子皮带秤、天平秤以及较原始的磅秤、卷尺等。

## 4.3.1　电子秤

电子秤是用来对货物进行称重的自动化称重设备,通过传感器的力电转换,经称重仪表处理来完成对货物的计量,适用于各种散货的计量。与传统的机械秤不同,电子秤有如下特点:结构简单、体积小、重量轻、受安装地点的限制小;没有作为支点的刀垫和刀口,没有机械磨损,稳定可靠,维修方便,且寿命长;反应速度快,称重数据可以储存、远距离传输以实现安全报警和作业自动化;有足够的精度,称重值数码显示,避免人为的误差等。

电子秤的工作原理是秤重物品经由装在机构上的称重传感器,将重力转换为电压或电流的模拟信号,经放大及滤波处理后由 A/D 处理器转换为数字信号,数字信号由中央处理器(CPU)运算处理,而周边所需要的功能及各种接口电路也和 CPU 连接应用,最后由显示屏幕以数字方式显示。电子秤的外形如图 4-10 所示。

图 4-10　电子秤

电子秤主要由三部分构成,即传力系统、称重传感器和称重显示仪表,电子秤结构如图 4-11 所示。

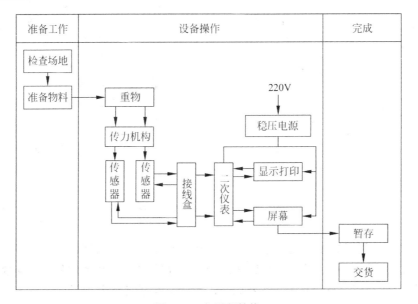

图 4-11　电子秤结构

传力系统是将被称商品的重量准确无误地传递给称重传感器的整套机械装置,它主要包括称重平台、秤桥、吊挂、安全定位等部件。各种不同用途和不同应用场合的电子秤,其传力机构的结构形式各不相同。通常情况下,对传力机构的要求是:有足够的刚度,能准确无误地全部或按一定的比例将载荷传递给称重传感器(图 4-12);在运行过程中保证稳定可靠、安全;合理应用称重传感器;结构简单,加工方便,标准系列化,便于安装维修。

传感器的作用是将物品的重量的力信号转换成电信号。将力信号转换成电信号的装置很多,称重传感器按其转换原理可分为电阻应变式、电容式、压电式、振频式等。目前主流是电阻应变式传感器,其主要部件是应变筒和电阻丝应变片。其中应变筒具有较高的强度,可以发生弹性变形。

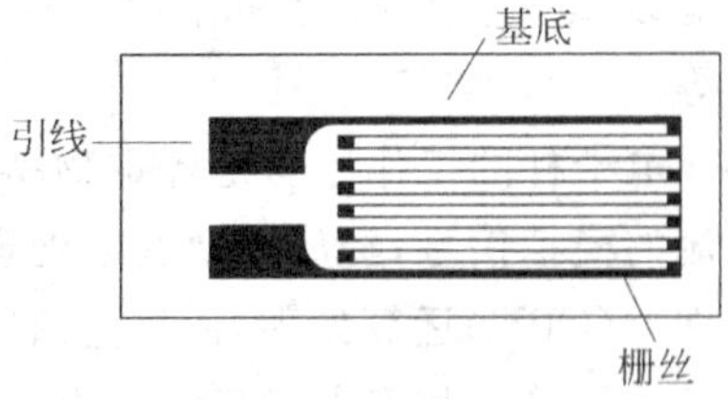

图 4-12　称重传感器

称重显示仪表对称重传感器在承受载荷时的输出电压信号进行测量,并给出以重量为单位的载荷重量示值。称重显示仪表从原理上可分为模拟式仪表和数字式仪表两种。

### 4.3.2　地重衡和轨道衡

**1. 地重衡**

地重衡是将磅秤的台面安装在车辆行驶的路面上,可将汽车、马车等和所载货物一同称重的地下杠杆磅秤,即称量汽车或畜力车载重量的衡器。按结构和功能分为机械式、机电结合式和电子式三类,以机械式为最基本型。机械式和机电结合式的秤体安放在地下的基坑里,秤体表面与地面持平。电子式的秤体直接放在地面上或架在浅坑上,秤体表面高于地面,两端带有坡度,可移动使用,又称无基坑汽车衡。

机械式地重衡由承重台、第一杠杆、传力杠杆、示准器、小游砣、大游砣、计量杠杆、平衡砣、调整砣和第二杠杆等部分组成。传力系统全部由杠杆组成,其中第一杠杆和第二杠杆安装在地面下的固定基础坑里。机械式地重衡是按照杠杆平衡原理设计的,由多组不等臂杠杆以并列和纵列形式联结为一体。机械式地重衡按读数装置可分为计量杠杆式和度盘式两种。

机电结合式地重衡又可分为:电阻应变式地重衡与光栅式地重衡。电阻应变式地重衡在机械式地重衡的杠杆系统的基础上增加称重传感器、显示和打印设备等构成。汽车进入承重台面后,通过杠杆系统将重力传递给计量箱内的计量杠杆,移动大、小游砣即可进行读数;与此同时又将重力传递给称重传感器,完成力-电转换和数字显示;打印机则完成自动记录。电阻应变式地重衡具有显示读数直观、可打印记录的优点,在临时停电时,可从机械秤上读数。光栅式地重衡在机械式地重衡的度盘式读数装置的基础上,加装光栅作为机—光—电转换装置而构成。光栅装置由光源、透镜组、主光栅、指示光栅及光电池等构成。称重时,被称物通过杠杆系统和钢带作用在单摆锤平衡机构上,使杠杆绕支点转动产生角位移,这时主光栅同步转动,并将角位移转变为相对应的莫尔条纹数。当主光栅与指示光栅之间有相对运动时,主光栅移过一条刻线,莫尔条纹也相应移过一个条纹。光电池上接受莫尔条纹的明暗变化,将其转换成电压幅值的周期变化,即由光电读数头将条纹数转变为电脉冲数,实现力-电转换。最后通过显示器显示出所称的量值。

电子式地重衡(图 4-13)通常采用多个传感器结构,是一种易于拆卸、运输,并能在指定地点迅速组装的大型衡器。由承重台、传力机构、限位机构、接线盒、剪切式低外形传感器、显示控制器等部分组成。依称量可由 4～6 个传感器组成一次转换元件。通常用 4 个传感器分布在承重台下面的 4 个角上,构成一个传感器系统。为使 4 个传感器共用一个电源和提高抗干扰能力,4 组电桥接成并联方式。电子式地重衡计量时用键盘操作,具有自动调零、停电保护(在规定时间内存储内容不消失)、超载报警等功能,并可打印称重值、日期及时刻、次数、车号、总重、皮重、净重等。它不仅具有高准确度,而且还具有数据处理、运算等功能。

图 4-13　电子式地重衡

**2. 轨道衡**

　　轨道衡(图 4-14)是有轨式的地下磅秤,在有轨车辆通过时,称量其载重的衡器,广泛用于工厂、矿山、冶金、外贸和铁路部门对货车散装货物的称量。轨道衡可分为机械式和电子式两类,以火车轨道一节车厢的长度为计量衡器的承重部件,并与电子传感器相连接(电子轨道衡)或与机械比例杠杆相连接(机械轨道衡)。轨道衡又可分静态轨道衡、动态轨道衡和轻型轨道衡三种。静态轨道衡用于称重静止状态货车载重的轨道衡。动态轨道衡用于称量行驶中货车载重的轨道衡。

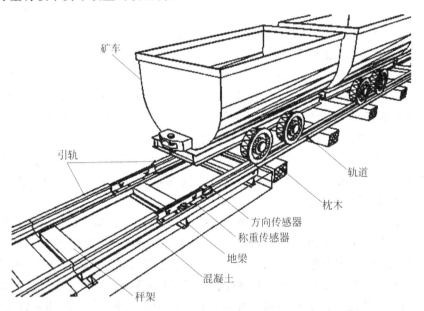

图 4-14　轨道衡示意图

### 4.3.3　电子吊秤

　　电子吊秤为能自动检测和显示所吊物料质量和超载报警的装置。电子吊秤主要由称重传感器、秤架、称重仪表三大部分组成。称重传感器是电子吊秤最主要的组成部分,某个环节的准确度和稳固性对电子吊秤的功能优劣起着决定性的作用,因此使用中要注意避免称重传感器使用过载。当物体吊挂在拉力表吊钩上时,压力施给传感器,该传感器发生变形,从而使阻抗发生变化,同时激励电压发生变化,输出一个变化的模拟信号。该信号经放大电路放大输出到模/数转换器,转换成便于处理的数字信号输出到 CPU 进行运算控制。CPU 根据键盘命令以及程序将这种结果输出到显示器,直至显示这种结果。

### 4.3.4　自动检重秤

自动检重秤(图 4-15)又称为分选秤、选别机或自动分检衡器,是一种对不连续成件载荷进行自动称量的仪器。它能按照预先设定的重量大小对被称商品的重量进行检验,当被称商品不在设定的重量范围内时,自动检重秤能够自动检测出来,并从生产流程中将商品剔除,同时发出报警信号。

自动检重秤的主要作用是保证包装商品标称重量和实际重量相符。它能够对批量包装商品进行全部检测,使不合格的商品不能进入流通领域,一方面保护消费者的利益;另一方面,为生产者提供保证产品质量的手段,使生产者获得大量有价值的信号,随时掌握商品的包装精度、生产能力等流程状态,及时控制商品欠重和超重现象的发生。

由此可见,自动检重秤适用于包装流水线终端过程检测的产品,为简单在线检重要求提供了更加经济的解决方案,具有检测速度快、计量精度高、扩充性能强等特点。

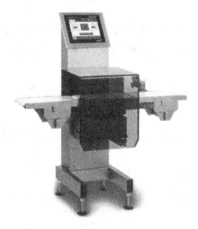

图 4-15　自动检重秤

#### 1. 自动检重秤的组成

自动检重秤主要由输送机、称重传感器和现实控制器组成。输送机由传送装置和称量装置组成,对瞬间通过输送机的商品进行称量。根据被称商品的种类,可以选择不同的输送机形式,一般有带式输送机、链式输送机、辊道式输送机等。称重传感器位于输送机(或称重台)的下方,根据称重台的尺寸决定传感器的数量,尺寸较大的称重台所用的传感器较多,尺寸较小的称重台所用的传感器相对较少。称重显示装置的作用是对称量传感器传来的信号进行放大、运算处理并显示称量的数值,并将这一数值与预先设定的数值进行比较,发出欠重、合格或超重的信号。同时,还可以对数据进行统计,如对称量的总件数、欠重件数、合格品件数和超重件数等进行自动统计。

#### 2. 自动检重秤的应用

自动检重秤的用途很广,其主要功能是对商品的重量进行连续的检测,因此,它除了可以检验产品重量以外,还可以检验产品件数和按照重量对产品进行分类和划分。图 4-16 为自动检重秤经常被用于生产经营过程中的四大领域。

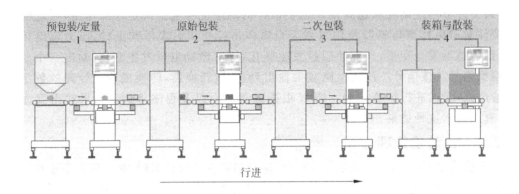

图 4-16　自动检重秤在生产经营中的用途

预包装/定量：自动检重秤可在包装作业之前使用，例如：可在冷冻与包装之前的生面团加工过程中使用。用于此用途时，自动检重秤还会向面团分块机或成形机发送反馈信号，从而保持产品的一致性以及降低产品多灌装量。

原始包装：自动检重秤用于原始包装工艺。这可用于在装盒之前对待装产品进行自动重量检测，从而确保灌装机调剂适当以及防止任何不合格产品进入下一个阶段。当不合格产品与其他成分或者包装材料组合时，在二次包装之前进行自动重量检测可避免返工以及减少浪费。

二次包装：二次包装工艺将不同组件集成于统一的包装内。其中可能包括检测即用型餐具包，以确保所有组件均包含安装中。再如，将自动检重秤安放在装盒机的出料口，确保插件机以及将剂量说明书放入纸箱中。

装箱与散装：大箱检重秤是另一种类型的自动检重秤，通常位于装箱机身后。大箱自动秤可确定箱内是否包含正确数量的包装，确定交付产品中不会出现缺失的情况。此外，大箱检重秤还会出于运输目的向舱单申报系统发送箱重数据。此类自动检重秤还可用于检测产品大袋包装，如：25kg 狗干粮包装袋、面粉袋与化学品包用于控制净重。

综上所述，自动检重秤可用于称量生产线所生产的几乎所有产品，重量从 1g 到几百千克不等。以下为使用自动检重秤可称量产品的类型实例。

（1）包装之前的未加工或未包装食品；

（2）预先包装食品，如：罐、玻璃、包装商品、托盘及其他食品包装；

（3）产品盒、纸箱或纸杯，确定纸、部件、说明书等产品是否缺失；

（4）根据重量计算瓶装产品、袋装产品、包装零件、电池壳、尿布等内部成分或计算大箱内饮料瓶数量；

（5）检查面包、酸奶等混合物以及充气气囊等充气产品的体积或密度；

（6）检查不同重量产品，以备日后参考之用，或者作为仓储、运输服务收费凭证；

（7）检查产品宣传单或说明书、水泡眼包装或者片剂与胶囊有无缺失。

### 4.3.5　电子皮带秤

电子皮带秤(图 4-17)一般由承重装置、称重传感器、速度传感器和称重显示器组成。其工作过程为当称重时,承重装置将皮带上物料的重力传递到称重传感器上,称重传感器即输出正比于物料重力的电压信号,经放大器放大后送模/数转换器变成数字量 A,送到运算器;物料速度输入速度传感器后,速度传感器即输出脉冲数 B,也送到运算器;运算器对 A、B 进行运算后,即得到这一测量周期的物料量。对每一测量周期进行累计,即可得到皮带上连续通过的物料总量。

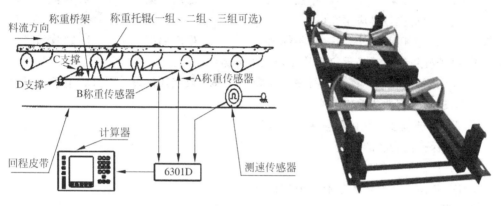

图 4-17　电子皮带秤

电子皮带秤的基本组成主要包括:皮带输送机及其驱动单元;称重单元;测速单元;信号采集、处理与控制单元。

对于输送机式皮带秤,其整台皮带输送机就是承载器;对于称量台式皮带秤,其称量台和称重托辊以及恰运行到其上方的那段输送皮带构成了承载器。

称重传感器是将被称物料的重力转换为模拟或数字电信号的元件。称量台与称重传感器的组合常被叫作称重单元。

作为动态计量器具的电子皮带秤,用来测量被称物料运行速度的测速传感器也是保证计量准确度重要元件。

信号采集、处理、与控制单元是用以接收、处理传感器输出的电信号并以质量单位给出计量结果,以及完成其他预定功能的电子装置。它可以是单独的一块仪表(例如"动态称重显示控制器"),也可以由几个独立的部分共同组合而成(例如,分离的传感器激励电源装置、放置现场的信号采集器以及放置中央控制室的计算器和上位计算机等)。

 **情境小结**

随着市场经济的不断完善和发展,物资的流通速度不断加快,配送中心对物资的分拣速度逐渐成为制约物流配送速度的重要原因之一,因此配送中心内部设备和技术的更新和完善就成为加快和完善仓储和配送管理的重要内容。

# 理实一体化训练

## 一、选择题

1. 配送中心的基本功能包括（　　）。
   A. 集散和接收　　　　B. 储存和分货　　　　C. 理货和配货　　　　D. 包装和送货

2. 叉车主要用于（　　）货架。
   A. 高层货架　　　　　B. 中层货架　　　　　C. 底层货架　　　　　D. 旋转式货架

3. 自动分拣机最早应用在（　　）。
   A. 运输部门　　　　　B. 销售部门　　　　　C. 生产部门　　　　　D. 邮政部门

4. 电子秤中的称重显示仪表从原理上可分为（　　）。
   A. 模拟式仪表　　　　B. 机械式仪表　　　　C. 数字式仪表　　　　D. 电子式仪表

5. 自动检重秤的主要作用有（　　）
   A. 保证包装商品标称重量和实际重量要相符
   B. 保护消费者的利益
   C. 提高装卸质量
   D. 使生产者获得大量有价值的信息

## 二、简答题

1. 简述配送中心的概念和基本功能。
2. 配送中心机械设备系统包括哪几个部分？
3. 自动分拣系统主要由哪几部分组成？
4. 简述自动分拣系统的类型？
5. 地重衡和轨道衡的有何异同？
6. 自动检重秤有哪些应用？

## 三、实务操作题

请结合本学习情境中所介绍的配送中心设备的情况,查找相关资料,试论述如何选用配送中心的相关设备以快速提高配送中心的分拣和配送速度。

# 装卸搬运设备

**学习目标：**

1. 掌握装卸搬运的概念；

2. 理解装卸搬运的地位；

3. 了解装卸搬运的分类；

4. 了解常见的装卸搬运设备；

5. 掌握装卸搬运设备的选择和运用。

 **导入案例**

## 航母军港的装卸搬运设备

据 2013 年 4 月 18 日央视新闻联播报道：我国首艘航母"辽宁舰"2013 年 2 月 27 日停靠青岛某军港以来，一直按计划进行各项试验和训练，年内将择机远航。目前，航母军港已具备靠泊保障能力。

航母军港建设历时 5 年，除了要有足够的驻泊空间，还要具备健全的后勤保障体系。航母与常规水面作战舰艇相比，吨位大（标准排水量 57 000t，满载排水量 67 500t）、人员多（编制等级为正师级，编制员额 1 000 余人），每天消耗的油、水、电、气等能源物资（燃油储量为 7 800t，航空汽油储量为 5 800t）是常规水面舰艇的数十倍。

航母保障的物资种类繁多，比如，航母上搭载多型战机，其使用的航空煤油、滑油、机油就多达数十种；航母靠泊时，仅水的保障就多达六七种。

保障航母的军港，就是一座现代化的超大物流中心，它涉及物资采购、装备管理、交通运输、油料接收、存储和配给，有害材料管理和日常生活服务等诸多保障环节，任何一个环节都不能出现差错。

为了满足航母保障需要，军港码头上修建了铁轨，安装了大型塔吊，新建了大型万伏高压变电站、能量站、大型储油设施……正是通过这些设施，补给的物资和能源才能源源不断地被输送到"辽宁舰"上。

航母码头上，官兵正有条不紊地对刚刚停靠的"辽宁舰"进行补给。大型塔吊高高矗立，它可以在贯穿码头首尾的铁轨上方便快捷地移动，迅速为航母吊运补充物资。码头上外形独特的车辆，都是为航母保障专门设计的。一款叉车别看它个头不大，却可以将上千千克的货物托举到十几米高的航母甲板。履带输送车是专门为航母进行干货补给的。长着长长胳膊的是输油车，它的手臂可以折叠伸展，把油料精准输送到航母舰体内。为了防止补给油、水时出现错乱，码头上的泵口都被涂成醒目的不同颜色，以示区分。在这些泵口下，埋藏的管线就长达数百千米。它们如"血管"般，把整座航母军港有机地连在一起，为航母提供不竭的"生命之源"。

作为目前最为复杂的作战单元，航母的运转不仅需要数千人的通力协作，还需要各种各样的辅助装备。除了上述叉车、履带输送车和输油车之外，还有拖车、救援车、消防车、起重机以及飞行甲板车等多种用途的特种车辆，能大大提高航母工作人员处理、服务和保障飞机的效率。如果没有这些特种车辆，航母搭载的舰载机就无法发挥出战斗力。

航母保障，对中国海军而言刚刚起步。随着认识的深入、管理的细化、建设的发展，中国首座航母军港将围绕航母战斗力尽快形成和提升，不断改进和完善。

**点评：**

物流过程中每一项活动都要发生装卸搬运，装卸搬运活动是衔接物流各环节活动正常进行的关键。装卸搬运活动的出现频率高于其他各种物流活动，作业内容复杂，而且所消耗的人力较多，花费时间较长，操作过程中如果操作不当，就会造成货物的破损、散失、损耗等损失，从而导致装卸费用在物流成本中所占的比重也较高。因此，装卸搬运活动的经济消耗在物流费用中占有相当大的比重，装卸搬运成为提高物流效率、降低物流成本、改善物流条件、保证物流质量最重要的物流环节之一。

# 5.1　装卸与搬运设备概述

在同一地域范围内（通常指在一个物流结点，如仓库、车站或码头等）改变物资的存放状态和空间位置的活动称为装卸搬运。装卸是指以垂直位移改变为主的装入或卸下的运动形式；货物在发运地要装上运输设备，称为"装入"；货物到达接收地要卸下运输设备，称为"卸下"。货物在装卸过程中有时需要进行短距离的移动，这种在同一场所内，对物品进行水平方向位移改变为主的运动形式称为"搬运"。搬运的"运"与运输的"运"的区别在于，搬运是在同一地域的小范围内发生的，而运输则是在较大范围内发生的，两者是量变到质变的关系，中间并无一个绝对的界限。在实际操作中，装卸与搬运是密不可分的，是伴随在一起发生的。因此，在物流中并不过分强调两者差别而是作为一种作业来对待。

装卸搬运具有以下特点。

**1. 装卸搬运是衔接性的活动**

建立一个有效的物流系统，关键看这一衔接是否有效。联合运输方式就是为着力解决这种衔接而出现的。

**2. 装卸搬运方式复杂**

从货物种类的角度看，货物种类的不同决定了它们在性质（物理性质和化学性质)、形态、重量、体积以及包装方法等方面都有很大的区别,从而需要不同的装卸搬运方式;而同一种货物,在装卸搬运前的包装等方面的不同处理方法,也可能会产生完全不同的装卸搬运作业。从装卸搬运的结果来看,有些货物经装卸搬运进入储存,有些物资装卸搬运后进入运输环节。不同的储存方法、运输方式在装卸搬运的设备运用和装卸搬运方式的选择上,都提出了不同的要求。

**3. 装卸搬运作业量大**

装卸搬运是物流每一项活动开始及结束时必然发生的活动,例如,汽车运输中就包含了相伴随的装卸搬运。据统计,我国的铁路货运以 500km 为分界点,运距超过 500km,运输的在途时间多于起止的装卸时间;运距低于 500km,装卸时间则超过运输时间。铁路运输的始发与到达的装卸作业费用约占运费的 20%;船运约占 40%。随着运输方法的变更、仓库的中转、货物的集散、物流的调整等,装卸搬运量会有大幅的提高。

**4. 装卸搬运对安全性的要求较高**

装卸搬运方式复杂,工作量大,情况变化多,工人的劳动强度大,这都导致装卸搬运中存在着安全隐患。装卸搬运的安全性,涉及人员、物资、设备的安全。创造适宜的装卸搬运作业环境,就要改善和加强劳动保护,提高安全意识,防患于未然。

装卸搬运设备是指用来搬运、升降、装卸和短距离输送物料或货物的机械设备。它是物流机械设备中非常重要的设备,不仅用于船舶和车辆的货物装卸,而且用于库场货物的堆码、拆垛、运输以及船舱、车辆、仓库内货物的起重输送和搬运。

装卸搬运设备的应用对于加快现代化物流发展有着十分重要的作用,具体如下。

(1) 提高装卸效率,节约劳动力,减轻装卸工人的劳动强度,改善劳动条件。

(2) 缩短作业时间,加速车辆周转,加快货物的送达和发出。

(3) 提高装卸质量,保证货物的完整和运输安全。

(4) 降低装卸搬运作业成本。装卸搬运作业效率的提高使作业成本降低。

(5) 充分利用货位,加速货位周转,减少货物堆码的场地面积。采用机械作业,堆码高度大,装卸搬运速度快,可以及时腾空货位,减少场地面积。

# 5.2　起　重　设　备

## 5.2.1　起重设备的特点、分类和组成

**1. 起重设备的特点**

起重设备是一种循环、间歇运动的机械,它用来垂直升降货物,有时兼有水平移动货物的功能,以满足货物的装卸、转载等作业要求。

起重设备对改善物料搬运条件,减轻劳动强度,加快车、船周转,提高工作效率,降低运输成本,实现装卸搬运机械化与自动化起着十分重要的作用,是生产过程和物流作业中必不可少的重要机械设备,尤其在交通运输行业得到广泛应用。

起重机械设备工作过程通常是:吊挂(或抓取)货物,提升后进行一个或数个动作的运移,将货物放到卸载地点后卸载,然后返程做下一次动作准备,这一过程称作一个工作

循环。完成一个工作循环后,再进行下一次的工作循环。因此,起重设备具有间歇重复的工作特点。

**2. 起重设备的分类**

起重设备有很多种类,按照不同的标准,可对起重设备进行不同的分类。

按照起重设备综合特征(结构和性能)的不同,可分为升降机、轻小型起重设备、桥式起重机、臂架类起重机及堆垛起重机五大类。

升降机(图5-1～图5-5)为垂直上下通道上载运人或货物升降的平台或半封闭平台的提升机械设备或装置。是由平台以及操纵它们用的设备、马达、电缆和其他辅助设备构成的一个整体。

图5-1　单剪叉式升降机

图5-2　双剪叉式升降机

图5-3　多剪叉式升降机

图5-4　自行式升降机

图5-5　升降搬运车

轻小型起重设备一般只有一个升降机构,使货物作升降运动,在某些场合也可作水平运输(如卷扬机)。属于这一类型的起重设备有:千斤顶、卷扬机与葫芦等。它们具有轻小简练,使用方便的特点,适用于流动性和临时性的作业,手动的轻小型起重设备尤其适用在无电源的场所使用。

桥式类起重机配有起升机构、大车运行机构和小车运行机构。依靠这些机构配合动作,可在整个长方形场地及其上空作业,适用于车间、仓库、露天堆场等场所。桥式起重机包括通用桥式起重机、龙门式起重机和装卸桥、绳索起重机等。

臂架类起重机配有起升机构、旋转机构、变幅机构和运行机构,液压起重机还配有伸缩臂机构。依靠这些机构的配合动作,可在圆柱形场地及其上空作业。臂架类起重机包括塔式起重机、门座式起重机、汽车起重机等。

堆垛起重机用货叉或串杆攫取、搬运和堆垛或从高层货架上存取单元货物的专用起重机。它是一种仓储设备,详细内容请见学习情境3(仓储配送设施与设备)内容。

**3. 起重设备的基本组成**

起重机械主要由驱动装置、工作机构、金属结构、控制系统和安全保护装置组成。

(1) 驱动装置是用来驱动工作机构的动力设备。它是起重机械的重要组成部分,在很大程度上决定着起重机械的工作性能和构造特征。常见的驱动装置有电力驱动、内燃机驱动和人力驱动等。电力驱动是现代起重机的主要驱动形式,几乎所有的在有限范围内运行的有轨起重机、升降机等都采用电力驱动。电能是清洁、经济的能源,电动机短时过载能力大,可带载起动。对于可以远距离移动的流动式起重机(如汽车起重机、轮胎起重机和履带起重机)多采用内燃机驱动。采用内燃机驱动的主要优点是起重机的机动性好,可经常改变作业地点,而且结构紧凑。但由于内燃机不能有载起动,各机构需装离合器,在传动脱开的状态下让内燃机空载起动,然后通过离合器使其结合。此外,内燃机运转时有噪声、废气,污染环境。人力驱动适用于一些轻小起重设备(如千斤顶)。

(2) 工作机构是实现升降及运移货物的机构,包括起升机构、变幅机构、回转机构和运行机构四大机构。

① 起升机构

起升机构是用来实现垂直升降货物的机构,是任何起重机不可缺少的部分,因而是起重机最主要、最基本的机构。起升机构由原动机、卷筒、钢丝绳、滑轮组和吊钩等组成。

② 变幅机构

幅度是指臂架类起重机的旋转中心线至取物装置中心线之间的水平距离。变幅机构是臂架类起重机特有的工作机构,它通过改变臂架的长度和仰角来改变作业幅度。起重机通过变幅,由起升机构所做的垂直上下的直线作业范围扩大到一个面的作业范围。

③ 回转机构

回转机构是使臂架在水平面内绕回转中心转动,从而在环形空间内移动物料的机构。通过起升、变幅、回转,起重机的作业范围从线、面扩大到一定的空间。

④ 运行机构

运行机构是通过起重机或起重小车运行来实现水平搬运物料的机构,有无轨运行和有轨运行之分,按其驱动方式不同又可分为自行式和牵引式两种。

起重机通过作为基本机构——起升机构的单独运动或起升机构与其他三种机构的不同组合运动,来达到搬运物料的目的,如桥式起重机具有起升和运行机构(大车、小车运行机构);轮胎起重机和门座式起重机具有起升、运行、变幅和回转四大机构。

(3) 金属结构是起重机械的基体和骨架。金属结构是以金属材料轧制的型钢(如角钢、槽钢、工字钢等)和钢板作为基本构件,通过焊接、铆接、螺栓连接等方法,按一定的组成规则连接,用来布置和安装起重机械的驱动装置和工作机构,承受起重机的自重以及作业时的各种外载荷的钢结构,其重量常占整部起重机重量的一半以上。

(4) 控制系统是通过电气、液压系统控制操纵起重机各机构及整机的运动,进行各种起重作业。驱动装置解决起重机做功所需能源,而控制系统则解决各机构如何运动的问题。

（5）为使起重机械工作安全可靠，起重机还需要装设一些安全装置。例如，为了防止起重机械吊重过载而使起重机损坏，需装有起重限制器或起重力矩限制器；为了防止起重机械行至终点或两台机械相碰发生剧烈撞击，需要装设行程限位器或缓冲器等。

## 5.2.2 起重机的基本参数

起重机的基本参数是表征起重机主要性能特征的技术经济指标，是起重机正确选用和使用的技术依据。根据国家标准 GB 6974.1—2008《起重机 术语 第 1 部分：通用术语》，起重机的主要参数如下。

（1）幅度和跨度

幅度为起重机置于水平场地时，从其回转平台的回转中心线至取物装置（空载时）垂直中心线的水平距离。

跨度是指桥架型起重机运行轨道中心线之间的水平距离。

（2）起升范围

起升高度指起重机支承面至取物装置最高工作位置之间的垂直距离。当取物装置可以降到起重机支承面以下时，从起重机支承面至取物装置最低工作位置之间的垂直距离称为下降深度。

起升高度与下降深度之和称为起升范围，即为取物装置最高和最低工作位置之间的垂直距离。

（3）起重量

总起重量是指起重机起吊重物的质量，是有效起重量、可分吊具质量、固定吊具质量和起重机挠性件质量的总和。

有效起重量为吊挂起重机可分吊具上或无此类吊具，直接吊挂在固定吊具上起升的重物质量。净起重量为吊挂在起重机固定吊具上起升的重物质量。净起重量为有效起重量和可分吊具质量之和。

额定起重量是指在正常工作条件下，对于给定的起重机类型和载荷位置，起重机设计能起升的最大净起重量。最大起重量为额定起重量的最大值。

（4）起重力矩

对臂架类型起重机来说，其额定起重量是随幅度而变化的，其起重性能指标用起重力矩来表现。起重力矩为起重机的幅度和与之相对应的载荷的乘积。起重力矩综合考虑了起重量与幅度两个参数，能够比较全面和确切地表征起重机的起重能力。

（5）工作运动速度

对应于四大工作机构，起重机的工作运动速度主要是指起升速度、变幅速度、运行速度和回转速度四种。各类起重机根据安全、工艺、生产率等方面的综合要求，规定了上述工作速度的额定值，称为该机构的额定工作速度。

（6）生产率

起重机的生产率是指起重机械在规定的工作条件下连续作业时，单位时间内装卸货物的质量。它是表征起重机装卸搬运能力的综合性指标，与起重机的起重量、机械工作速度、工作行程、货物的类型、工作条件、生产组织以及操作熟练程度等因素有关。

（7）工作级别

工作级别为考虑起重机起重量和时间的利用程度以及工作循环次数的特征。它是表明起重机及其机构工作繁忙程度和载荷状态的参数。

## 5.2.3 轻小型起重设备

### 1. 千斤顶

千斤顶（图 5-6）是一种利用刚性承重件顶举或提升重物的起重设备。千斤顶有机械式和液压式两种。机械式千斤顶又有齿条式与螺旋式两种。它靠很小的外力，能顶高很重的货物，又可矫正设备安装的偏差和构件的变形等。千斤顶的最大起重量可达500t，自重大约 10～500kg。由于起重量小，操作费力，一般只用于机械维修工作。液压式千斤顶结构紧凑，工作平稳，有自锁作用，故使用广泛。其缺点是起重高度有限，起升速度慢。

### 2. 手动葫芦

手动葫芦是一种使用简单、携带方便的手动起重机械，如图 5-7 所示。手动葫芦起重量一般不超过 10t。手动葫芦起重装置的结构为一个带反向逆止刹车的减速器和链条滑轮组的结合。它具有结构紧凑、手拉力小等特点，适用于小型设备和货物的短距离吊运，如工厂、电力、建筑的生产施工，货物起吊，车辆装卸等，尤其对于露天及无电源作业，更有其重要之功用。

### 3. 电动葫芦

电动葫芦（图 5-8）是在工字钢下翼缘运行的起重机械。电动葫芦的起升机构一般由带制动器的锥形异步电机驱动。为减少外形尺寸，电动葫芦一般采用行星减速机，并安排电机、减速机和钢丝卷筒呈同轴布置。电动葫芦一般通过按钮进行升降和运行的控制。但在自动控制的系统中也可以通过沿轨道铺设的位于电动葫芦顶上的信号线实现感应遥控。

挂钩
棘轮
手拉链
起重链条
吊

图 5-6　千斤顶　　　　　图 5-7　手动葫芦　　　　　图 5-8　电动葫芦

由电动葫芦安装在单轨桥架上就成为单梁桥式起重机。

## 5.2.4 桥式类起重机

桥式类起重机的结构特点是它们都具有一个横跨于厂房或露天堆场上工作的桥架金属结构。桥式类起重机吊运方式由桥架结构（大车）的纵向运动，设置在桥架上的小车的横向运动以及小车上起升机构的垂直升降运动所组成。这些运动构成了一个长方体的大范围作业空间,特别适合于厂房车间及露天料场的物料搬运工作,在起重机械中,用途最广、数量最多,通用化程度最高。

**1. 通用桥式起重机**

通用桥式起重机又称"天车"、"行车",具有起升机构、运行机构(包括小车运行机构和大车运行机构),如图 5-9 所示。小车上装有起升机构和小车运行机构。大车部分则是由起重机桥架(大车桥架)及司机室等组成。在大车桥架上装有大车运行机构和小车输电滑触线或小车传动电缆及电气设备等。

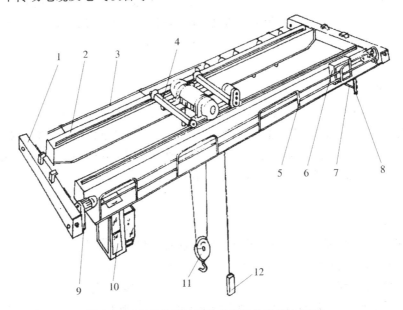

图 5-9　LH 型葫芦双梁桥式起重机结构示意图

1—端梁;2—主梁;3—滑线架;4—小车;5—走台栏杆;6—电控箱;7—导电线档架;
8—导电架;9—大车运行机构;10—司机室;11—吊钩滑轮;12—地面控制用接线盒

桥式起重机根据桥架结构不同,分为单梁桥式起重机(图 5-10、图 5-11)和双梁桥式起重机(图 5-12)两种类型,前者的电动小车在主梁工字钢下翼缘上运行,后者的电动小车用四个轮子在两主梁顶面的轨道上运行。

通用桥式起重机的大车轨道通常安装在仓库、作业场所的两侧梁柱或两侧地面上。

通用桥式起重机的大车由金属桥架和大车运行机构组成。大车运行机构由电动机、

图 5-10　单梁悬挂式桥式起重机　　　图 5-11　单梁支承式桥式起重机

图 5-12 双梁桥式起重机

制动器、减速器、传动轴、联轴器和车轮组成。

起重小车由卷筒、电动机、减速器、制动器、双联滑轮组、吊钩等组成的起升机构,以及由电动机、减速器、制动器、小车轮等组成的小车运行机构和小车架构成。起升机构一般在起重量小于 10t 时,只设一套;否则,安装两套起升机构,起重量大的称为主起升机构,起重量小的称为副起升机构。它们的吊钩分别称为主钩和副钩。一般副钩的额定起重量为主钩的 15%~20%。

根据结构特点,桥式起重机具有以下特点:桥式起重机本身无支腿,稳定性好;工作时速度快,单机生产效率高;动力采用电动机,电动机故障率远远低于内燃机,各机构分别驱动,传动方法简单,使用、保养、维修方便;桥式起重机的桥墩是一种永久性建筑,给货场的扩建、改建带来困难,并且桥吊主架无法带悬臂,不仅货位得不到充分利用,也给装卸作业带来影响。

**2. 龙门起重机**

龙门起重机又称龙门吊或门式起重机,它是由支承在两条支腿上的主梁构成的门形框架而得名。它的起升机构和小车运行机构都安装在起重小车上,起重小车在主梁的轨道上行走,而整机则沿着地面轨道行走。为了增加作业面积,主梁两端可以具有外伸悬臂。

龙门起重机一般根据门架结构形式、主梁形式、吊具形式等不同进行分类。

按门架结构分类,可分为全门式(图 5-13)、半门式(图 5-14)、双悬臂(图 5-15)和单悬臂(图 5-16)龙门起重机。全门式龙门起重机主梁无悬臂,小车在主跨度内运行。半门式支腿有高低差,可根据使用场地的土建要求而定。双悬臂龙门起重机结构的受力和场地面积的有效利用都是合理的,也是最常见的一种结构形式。单悬臂式往往是因场地的限制而被选用。

图 5-13 全门式龙门起重机      图 5-14 半门式龙门起重机

图 5-15　双悬臂龙门起重机

图 5-16　单悬臂龙门起重机

按主梁结构形式进行分类,可分为单主梁龙门起重机和双主梁龙门起重机。单主梁龙门起重机结构简单、制造安装方便,自身重量小,整体刚度较双梁龙门起重机弱。双主梁龙门起重机承载能力强、跨度大、整体稳定性好、品种多,但自身重量与相同起重量的单主梁龙门起重机相比要大些,造价也较高。因此,一般情况下,起重量在 50t 以下,跨度在 35m 以内,一般选用单主梁式。如果要求门腿宽度大,工作速度较高,或经常吊运重件、长大件,则宜选用双梁龙门起重机。

按支腿形状进行分类,可将龙门起重机分为 L 形、C 形、O 形、A 形、折线形等支腿形状的起重机。图 5-17 所示 L 形龙门起重机的制造安装方便,受力情况好,自身重量较轻,但是吊运货物通过支腿处的空间相对小一些。图 5-18 为 C 形龙门起重机的支腿做成倾斜或弯曲成 C 形,其目的在于得到较大的横向空间,以使货物顺利通过支腿。

根据主梁结构不同,又可将龙门起重机分为箱形(图 5-19)和桁架(图 5-20)两种形式。桁架结构具有重量轻、用料省、迎风面积小等优点,但只能采用手工焊,制造较费工,所用型钢品种多,备料费事,维修保养也不如箱形结构容易,因此,目前多采用箱形结构。

图 5-17　L 形龙门起重机

图 5-18　C 形单主梁龙门起重机

图 5-19　100t 箱形龙门起重机

图 5-20　桁架龙门起重机

对于跨距大于 35m 的龙门式起重机,其支腿一边是刚性支腿,一边是柔性支腿。这样就减小了主梁在外载荷的作用下变形对起重机轨道产生的横向推力,补偿大车行走中不同步而引起的大车车轮啃轨现象,从而降低啃轨几率。图 5-21、图 5-22 为舟山 800T×201M 造船龙门起重机。该机主要由门架结构、上下小车、起重机运行机构、电气设备和维修用悬臂回转吊等组成。其中门架结构主要由双主梁、单箱形刚性腿、人字形圆管柔性腿和行走机构四大部分组成。主梁结构通过焊接与刚性腿连接,通过铰接与柔性腿 A 字头连接。刚性腿下端通过铰轴与行走机构连接,柔性腿的两根圆管上端通过法兰螺栓与 A 字头连接,下端与下横梁连接用螺栓连接,下横梁通过铰轴与行走机构连接。维修吊安装于刚性腿顶部,司机室固定在刚性腿上。下小车可穿越上小车的底部,各行其轨道。

图 5-21  金海湾造船龙门起重机        图 5-22  金海湾龙门起重机结构示意

龙门起重机具有场地利用率高、作业范围大、适应面广、通过性强等特点,其使用数量仅次于桥式起重机,在库场、车站、港口、码头等场所,担负着生产、装卸、安装等作业过程中的货物装卸搬运任务。

## 5.2.5  臂架类起重机

臂架类起重机由行走、起升、变幅、旋转机构组成。通过绕垂直轴线回转、臂架的俯仰配合升降运行可在一个圆柱形空间范围内起重和搬运。臂架类起重机种类繁多,可分为门座式、流动式和浮动式。

### 1. 门座起重机

门座起重机(图 5-23)又称门机,是装在沿地面轨道行走的门形底座上的全回转臂架起重机。门座起重机由金属结构、工作机构和电气系统等组成。工作机构包括起升、变幅、旋转、行走四大机构。

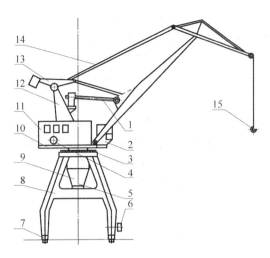

图 5-23　门座起重机结构

1—变幅机构；2—司机室；3—旋转机构；4—起升机构；5—电气系统；6—电缆卷筒；

7—行走机构；8—门架；9—转柱；10—转盘；11—机房；12—人字架；13—平衡系统；

14—起重臂系统；15—吊钩

（1）起升机构

为了便于使用双绳抓斗装卸散货，门座起重机一般采用双卷筒的起升机构，即由两台电动机分别带动各自的减速器，经过减速后输出带动各自的钢丝绳卷筒。

（2）变幅机构

为了提高起重机的工作效率，门座起重机采用了带载变幅机构。如图 5-24 所示，如果起重机仅采用简单摆动臂架的方式变幅，则会引起臂架重心、取物装置及吊重物在水平移动的同时产生升降运动，这使驱动装置在变幅过程中，除了必须克服一定的阻力外，还必须克服由于臂架自重和吊重升降所引起的阻力，不仅驱动功率要增大，而且增加了司机操作定位的困难。

为了在变幅过程中保持载荷水平位移，常采用绳索补偿法和组合臂架法使重物在变幅过程中沿着接近于水平的轨道移动。

如图 5-25 所示，绳索补偿法的工作原理是：当臂架摆动时，依靠特殊设计的起升绳

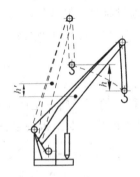

图 5-24　通过简单摆动臂架的方式进行变幅

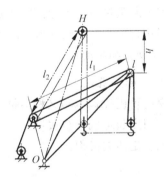

图 5-25　绳索补偿法

卷绕系统,适当地放出或收进一定长度的起升绳来补偿货物悬挂点的升降,以达到货物在变幅过程中水平位移的目的。这种方法构造简单,但起升绳较长且磨损较快,工作幅度小时货物颠簸大,适用于中小起重量的港口起重机。

组合臂架补偿法的工作原理是:依靠组合臂架象鼻架端部滑轮在变幅过程中的特殊运动(水平线或近似水平线)来保证货物的水平移动。如图 5-26、图 5-27 所示,在起重机中的平面连杆机构 ABCD 中,当主动件 AB 摆动时,从动摇杆 CD 也随之摆动,通过设计将四连杆机构各构件的尺寸选择适当,使有效幅度控制在双叶曲线接近水平的子区段上,则连杆 BC 上某点 E 的运动轨迹近似为水平直线,变幅过程中吊钩就能作近似的水平移动。这种补偿方式比较简单,目前我国生产的门座起重机大多采取组合臂架法的四连杆补偿机构。

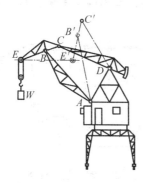

图 5-26　组合臂架补偿法

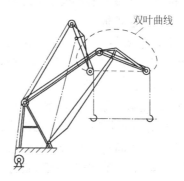

图 5-27　四连杆补偿机构中吊钩的水平移动

另一种组合臂架补偿采用平行四连杆组合臂架。如图 5-28 所示,臂架系统由主臂架、直线形象鼻梁、刚性拉杆和连杆组成。其结构特点是:四连杆组成一个平行四边形;象鼻梁与刚性拉杆长度相等;主臂架下部分与连杆长度相等;刚性拉杆支点与主臂架下支点在同一条垂直线上;主臂架下支点可沿立柱上下移动。这样的结构从理论上可以保证在变幅过程中象鼻梁端点作水平移动,从而保证了载重的水平位移。

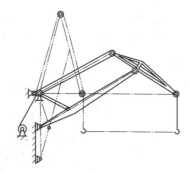

图 5-28　平行四连杆组合臂架补偿法

（3）旋转机构

由一个或两个旋转电动机输出的转矩经蜗杆减速器或行星齿轮减速器减速后,带动旋转小齿轮,小齿轮再带动固定于转柱上的旋转大齿轮,从而使门座起重机的上部旋转,以完成作业任务。

（4）行走机构

由两台或四台行走电动机输出转矩经各自的减速器减速后,传递到开式齿轮组,再驱动门式起重机行走轮沿轨道运动,从而使门机改变工作位置。

门座起重机通过起升、变幅、回转三种机构运行的组合,可以在一个大环形圆柱体空间内实现货物的升降、移动,运行机构使整台起重机可以沿着地面或建筑物上的轨道运行,从而调整整机的工作位置,故可以在较大的作业范围内满足运移货物的需要。

**2. 流动动臂式起重机**

流动动臂式起重机是指机体贴近地面,在带载或空载情况下,能在无轨道路或专用轨道上行驶,机体靠重力保持稳定的臂架式旋转起重机,它的特征是采用动臂结构。它主要依靠吊臂的长短或仰角的大小及旋转运动,使货物作垂直和水平运动。它具有机动灵活、稳定性较好,作业范围大等特点,被广泛用于港口、车站、货场及工地等场所物料的装卸、搬运和设备、结构的安装。

流动动臂式起重机种类很多,按运行部分的结构不同,可分为汽车起重机、轮胎起重机、履带起重机、轨道起重机和浮式起重机等,其中轮胎起重机、汽车起重机拥有量大,使用普遍。

（1）汽车起重机

汽车起重机(图 5-29)是安装在标准的或专用的载重汽车底盘上的全旋转动臂式起重机。一般在车头设有司机室,此外,绝大多数还在转台(或转盘等)上设有起重司机室。其车轮采用弹性悬架,行驶性能接近汽车,因此行驶速度高,越野性能好,作业灵活,迅速改变作业场地,特别适合于流动性大、不固定的作业场所。

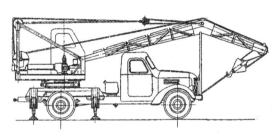

图 5-29　汽车起重机

作业时一般都放下支腿,不能带负荷行驶,且不能配套双绳抓斗使用,因而其使用受到一定限制。

（2）轮胎起重机

轮胎起重机(图 5-30、图 5-31)是装在专用的轮胎底盘上的全旋转动臂式起重机。轮胎式起重机机动灵活,稳定性好,使用较方便,生产效率高,因此在港口、铁路站场、堆场及工地被广泛使用。

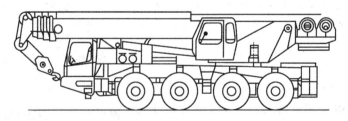

图 5-30　伸缩式轮胎起重机

轮胎起重机的吊臂可采用伸缩式的,也可采用桁架结构,分段组装。

轮胎起重机作业时一般要打支腿,支腿外伸撑地,可将整个起重机抬起离地。

轮胎起重机与汽车起重机两者之间的差距越来越小,其主要区别在于底盘不同。汽车起重机用标准或专用汽车底盘,轮胎起重机用专用底盘,其轴距和轮距配合适当,从而稳定性好,并能在平坦的地面上吊货行驶。

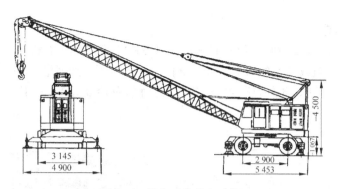

图 5-31　桁架式轮胎起重机

（3）履带起重机

履带起重机（图 5-32）是装在履带运行底盘上的全旋转动臂式起重机。履带起重机具有接地面积大，有较大的爬坡能力和通过性能好，且转弯半径小的优点。但行走速度慢，并且在行驶时会损坏路面，因此多用于野外作业和建筑施工等工地上。

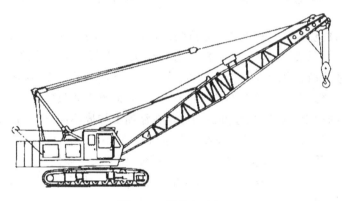

图 5-32　履带起重机

（4）轨道起重机

轨道起重机（图 5-33）是沿铁路轨道运行的起重机。起重作业部分装设在铁路转向架式底盘上，凡是路轨所到之处，该起重机都可以前往工作。该起重机仅在钢轨上运行，故在货物线一侧须有一条起重机专用行走线，增加投资，故目前在铁路货场使用不多，多用于铁路救援列车。

图 5-33　轨道起重机

（5）浮式起重机

如图 5-34 和图 5-35 所示,浮式起重机是以专用浮船作为支承和运行装置,浮在水上作业,可沿水道自航或拖航的水上臂架起重机。它广泛用于海河港口,可单独完成船到岸或船到船的装卸作业。此外,还常用于建港、建桥以及船舶修造、水上打捞、救险等起重作业。

图 5-34　400t 全回转(360°)浮式起重机

图 5-35　800t/h 浮式桥式抓斗卸船机

浮式起重机的优点是：能在水上进行装卸,自重不受码头地面承载能力的限制,从一个码头移到另一个码头,使利用率提高,配合浮码头工作可不受水位差影响,因而它适用于码头布置比较分散、货物吞吐量不大以及重大件设备的装卸工作,对水位变化大的内河港口则更适宜。浮式起重机的缺点是造价较高,需要的管理人员较多。

一般来说,陆地上各种臂架起重机均可装在浮船上构成不同形式的浮式起重机,但要考虑水上作业的特点。例如：要保证浮式起重机具有足够的稳定性。浮式起重机漂浮在水上,当受到自重载荷和外载荷引起的力矩作用时,便会发生倾倒和摆动。为使浮式起重机工作平稳、司机操作舒适,只允许它有小角度的倾斜。这种表征它在水中不发生过大倾斜的性能称为浮式起重机的稳定性。

## 5.2.6　起重机的主要零部件

桥式类起重机一般具有起升机构、小车运行机构和大车运行机构；臂架类型起重机一般具有起升机构、变幅机构、回转机构和运行机构。但不管起重机的机构怎样复杂、技术多么先进,起升机构是起重机械必不可少的工作机构。它通过取物装置以一定速度升起或放下货物,并能够把货物停留在某一高度位置。

起升机构主要部件包括取物装置(吊钩、抓斗、电磁盘等)、起升钢丝绳、导向滑轮、滑轮组以及由原动机、减速器、卷筒和制动器组成的起升绞车等。

### 1. 取物装置

取物装置即吊具,它是起重机上用来直接提取货物的装置。由于吊取重物的关系,取物装置必须安全可靠,适应种类繁多的特点,并尽量满足自重轻、结构简单、尺寸紧凑、牢固耐用、能迅速自动或半自动地取物和卸货的要求。这里只介绍一般起重机上最常用的吊钩和抓斗。

（1）吊钩

吊钩是起重机械中使用最广泛的取物装置,它与动滑轮组合成吊钩组,通过起升机构的卷绕系统将被吊物料与起重机联系起来。

常用的吊钩(图 5-36)按形状分为单钩和双钩。单钩是最常用的一种吊钩,其构造简单,使用方便。双钩的受力情况比较好,在吊同样货重时其自重较轻,适用于大的起重量。

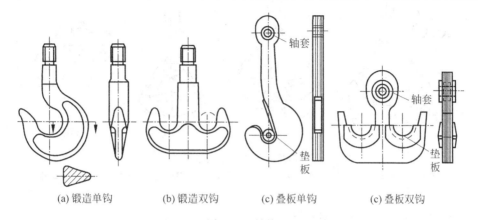

(a) 锻造单钩　　　(b) 锻造双钩　　　(c) 叠板单钩　　　(c) 叠板双钩

图 5-36　吊钩

叠板式吊钩是由切割成形的多片钢板叠在一起,用铆接方法制成的,并在吊钩口上装有护垫,这样可以减少钢丝绳的磨损,而且能将载荷均匀地分布在每一片钢板上。叠板式吊钩具有制造方便的优点,由于叠成的钢板不会同时断裂,所以工作可靠性比整体锻造的吊钩好。它的缺点是断面形状只能做成矩形,自重较大,尺寸也较大。

在使用过程中吊钩至少每年检查一次,可用 20 倍以上放大镜检查吊钩表面,如果出现裂纹、危险断面磨损达 10％或开口度比原尺寸增加 15％等情况之一时,就应该立即予以报废更换。

(2) 抓斗

抓斗主要用于装卸散装货物,有时还用于抓取长材。抓斗的抓取和卸料动作完全由起重机驾驶员操纵、依靠机械的力量自动进行,节省了挂摘钩的辅助时间,避免了繁重的体力劳动,节省作业时间,大大提高了劳动生产率。因而,抓斗在散货装卸量大的港口装卸作业中得到广泛应用。

根据操纵抓斗的原理不同,抓斗可分为单绳、双绳和电动抓斗三种。双绳抓斗的结构简单、工作可靠、并能在任意高度卸货,生产效率较高,因而应用广泛。

双绳抓斗的结构如图 5-37 所示,由颚板、撑杆、上承梁(抓斗头部)和下承梁四个基本部分组成。抓斗悬挂在支持绳(起升绳)和开闭绳上,两根钢丝绳分别绕入驱动卷筒上。双绳抓斗的动作完全由支持绳和开闭绳的运动速度来操纵,其工作过程可分为四步:降斗,卸载后张开的抓斗依靠自重下降到散货堆上,这时开闭绳和支承绳以相同的速度下降;闭斗,抓斗插入物料后,支承绳保持不动,开闭绳开始收紧使颚板闭合,将散粒物料抓到斗中;升斗,抓好物料后,开闭绳和支承绳以同样的速度起升到所需高度,在起重机变幅机构作用下到达卸货位置;开斗,支承绳不动,开闭绳放松,这时颚板在自重和下横梁的共同作用下张开,并卸出抓斗中的物料,然后进入下一个工作循环。

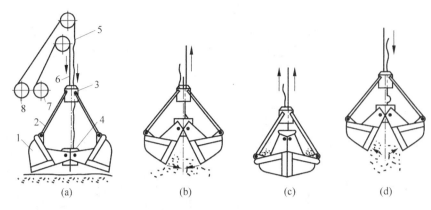

图 5-37　双绳抓斗工作原理

1—颚板；2—撑杆；3—上承梁(抓斗头部)；4—下承梁；5—开闭绳；6—支持绳；7、8—驱动卷筒

### 2. 起重机常用索具——钢丝绳

钢丝绳遍及起重机各个工作机构,被广泛用作起重绳、变幅绳、小车牵引绳,在装卸过程中还可用于货物的捆扎。钢丝绳具有承载能力大,过载能力强,挠性好,自重轻和传动平稳无噪声等优点,适用于高速运动。并且绳股中钢丝断裂是逐渐产生的,一般不会发生整根钢丝绳突然断裂的现象,所以工作较可靠。

起重机的钢丝通常采用双重绕绳,先由 19 根或 37 根钢丝拧成绳股,再由 6 股绳和 8 股绳绕绳芯拧成钢丝绳,如图 5-38 所示。

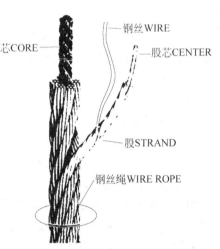

图 5-38　钢丝绳的结构

绳芯材料与钢丝的挠性、强度、使用寿命有关。主要有纤维绳芯和金属绳芯两种,金属绳芯强度好,耐高温,但起重机常用麻芯钢丝绳,它具有较好的挠性和弹性,能储存润滑脂,便于从钢丝绳内部润滑钢丝。

以钢丝绳的纵轴为基准,钢丝绳的外股螺旋线的旋向即为钢丝绳的旋向,据此可将钢丝绳的旋向分为左旋和右旋。相应的,也规定了股的旋向,即以股的纵轴为基准,组成股的外丝的螺旋线的方向为每股的旋向。根据由丝捻成股的方向与由股捻成绳的方向是否一致,又可将钢丝绳分为以下几种。

(1) 顺绕绳。钢丝绳的旋向与每股的旋向相同,即其丝捻成股与股捻成绳的方向相同(图 5-39(a)),这种钢丝绳挠性和寿命都较交互捻绳要好,与滑轮槽接触时为线接触,接触应力小,摩擦系数较大,不易打滑,使用寿命较长。但因其易扭转、松散,一般只用来做牵引绳。

(2) 交绕绳。其丝捻成股与股捻成绳的方向相反。由于股与绳的捻向相反(图 5-39(b)),

交绕绳挠性比顺绕绳差,易磨损,使用寿命较短,但使用中不易扭转和松散,在起重机上被广泛使用。

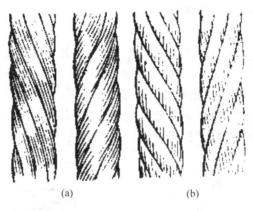

(a)　　　　　　　　　(b)

图 5-39　钢丝绳的捻向

（3）不扭转钢丝绳。普通钢丝绳在单根使用时,都有向钢丝绳绕向相反方向旋转的现象,在滑轮组中使用时会因钢丝绳旋转而造成起吊钢丝绳旋扭,俗称打绞。相对于普通钢丝绳,目前不旋转钢丝绳已开始在起升高度较大的起重机上大量应用。其绳与股的扭转力矩方向相反而大小相等,克服了在使用中的扭转现象。进口不旋转钢丝绳则有所不同,其原理是使绳芯的旋向与绳本身的旋向相反,当受力时,绳芯产生的扭矩与外股产生的扭矩大小相等,方向相反。

起重机械中通常都采用交绕钢丝绳。室内工作一般选用光面钢丝绳,若在室外作业或在潮湿、有腐蚀性的环境里工作的起重机一般采用镀锌钢丝绳。在起重机械使用的钢丝绳中,一般不允许两根钢丝绳接起来用,不管多长都应该是一根整条的钢丝绳。

**3. 制动器**

起重机具有周期及间歇性的工作特点,各个工作机构经常处于频繁启动和制动状态,制动器成为动力驱动的起重机各机构中不可缺少的组成部分,它既是机构工作的控制装置,又是保证起重机作业的安全装置。

制动器的结构特点是:制动器摩擦副中的一组与固定机架相连;另一组与机构转动轴相连。当摩擦副接触压紧时,产生制动作用;当摩擦副分离时,制动作用解除,机构可以运动。

制动器的工作实质是通过摩擦副的摩擦产生制动作用。根据工作需要,或将运动动能转化为摩擦热能消耗,使机构停止运动;或通过静摩擦力平衡外力,使机构保持原来的静止状态。

根据构造不同,制动器主要有以下两类。

（1）带式制动器

如图 5-40 所示,带式制动器由制动带、制动轮和松闸器杠杆系统组成,通过制动钢带在径向环抱制动轮而产生制动力矩。制动轮安装在机构的转动轴上,内侧附有摩擦衬料的制动钢带一端与机架固定部分铰连,另一端与松闸器杠杆铰连,并径向环绕制动轮。通过杠杆系统,松闸器使制动带环抱接触并压紧在制动轮上,产生制动力矩。由于制动带的包角很大,因而制动力矩较大,结构也紧凑。缺点是制动轮轴由于不平衡力作用而受弯曲载荷,制动带比压分布不均匀,使衬料的磨损不均,散热性不好。带式制动器主要用于对结构紧凑性要求较高的流动式起重机。

（2）块式制动器

如图 5-41 所示,块式制动器由制动瓦块、制动臂、制动轮和松闸器组成,两个对称布置的制动瓦块,在径向抱紧制动轮而产生制动力矩。内侧附有摩擦材料的两个制动瓦块分别活动铰接在两制动臂上,在松闸器上闸力的作用下,成对的制动瓦块在径向抱紧制动轮而产生制动力矩。块式制动器的特点是构造简单,安装方便,成对瓦块产生的压力平衡,使制动轮轴不受弯曲载荷作用,在起重机中得到广泛使用。

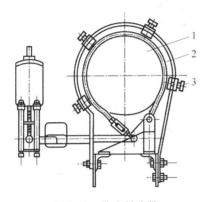

图 5-40　带式制动器

1—制动轮;2—制动带;3—限位螺钉

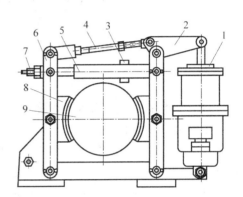

图 5-41　块式制动器

1—液压电磁铁;2—杠杆;3—挡板;4—螺杆;5—弹簧架;
6—制动臂;7—拉杆;8—瓦块;9—制动轮

# 5.3　连续输送设备

## 5.3.1　连续输送设备的分类

连续输送机械是沿给定线路连续输送散料和成件包装货物的机械,简称输送机。

由于连续输送机械能够沿固定线路连续不断地搬运大量货物,其装载和卸载作业都是在运行过程中进行的,输送过程极少紧急制动和启动,具有较快的工作速度,效率很高,较容易实现自动控制,搬运成本较低,搬运时间容易控制,因而,被广泛用于现代物流系统中。自动化立体仓库、物流配送中心、大型货场等场所使用的设备除起重机外,大部分都是连续输送机组成的搬运系统,如进出库输送系统、自动分拣输送系统等。

连续输送机械按照结构特点可分为:有牵引构件的和无牵引构件的连续输送机械。有牵引构件的连续输送机械有带式输送机、埋刮板输送机、斗式提升机等,一般具有挠性牵引构件(如胶带、链条)和承载构件,有时两者合而为一(例如带式输送机)。牵引构件是往复、循环的一个封闭系统,被输送的货物置于承载构件上,通过挠性牵引构件的连续运动,使货物沿一定的路线输送。无牵引构件的连续输送机械有螺旋输送机、辊子输送机、气力输送机等,是利用工作构件(不具有往复循环形式)的旋转、往复运动输送物料,或者利用气流运动在封闭的管道输送物料。

### 5.3.2　带式输送机

带式输送机是一种利用摩擦力连续输送货物的机械,它能够在水平和倾斜(倾角不大)方向输送大量散料或中小型成件物品,具有生产率高、适用范围广、输送距离远、工作噪声小、结构和操纵简单等特点,是一种应用最广泛的连续输送设备。

如图 5-42 所示,带式输送机一般由胶带、滚筒、支承装置(托辊)、驱动装置、进料装置、卸料装置、制动装置、清扫装置及机架等部件组成。电动机经减速后驱动滚筒,牵引输送带运动,物料由进料斗导入输送带,由输送带送到目的地后由卸料装置卸出,输送带由下托辊送回进料处。

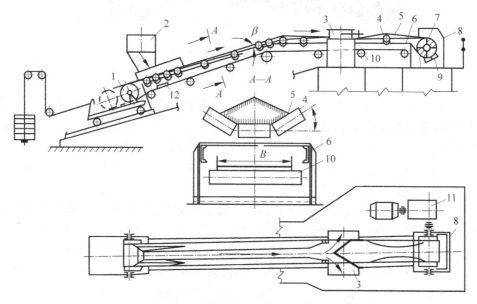

图 5-42　带式输送机的一般结构

1—张紧滚筒;2—装载装置;3—犁形卸载挡板;4—槽形托带;5—输送带;6—机架;
7—驱动滚筒;8—卸载罩壳;9—清扫装置;10—平托盘;11—减速箱;12—空段清扫器

带式输送机按承载方式分类可分为:托辊式带式输送机(用托辊支撑输送带)、气垫带式输送机(是用带孔的气室盘槽替代托辊,用气膜支撑输送带,将按一定距离布置的托辊支承变成为连续的气垫支承,使输送带与托辊间的滚动摩擦变为输送带与盘槽间以空气为介质的流体摩擦,使摩擦力大大减小)、磁垫带式输送机(将胶带磁化成磁弹性体,则此磁性胶带与磁性支承之间产生斥力,使胶带悬浮)、液垫带式输送机、深槽型带式输送机(由于加大槽深,除用托辊支撑外,也起到对物料的夹持作用,可增大输送倾角)等。

下面,我们以托辊带式输送机为例来介绍带式输送机的主要部件。

(1) 输送带

输送带用来传递牵引力和承载货物,所以对它的要求是强度高,耐磨性好,伸缩率小。输送带是带式输送机最主要也是最昂贵的部件,输送带的价格约占整机价格的 30%～40%或以上。

普通输送带的抗拉体(芯层)和覆盖层可用多种材料制成,以适应不同的工作条件。

输送带按抗拉体(芯层)的材料可分为：棉帆布、尼龙帆布、聚酯帆布、织物整体带芯和钢丝芯等种类；按覆盖层分类，传统使用的有橡胶带和塑料带两种。

用棉帆布、尼龙帆布、聚酯帆布、织物整体带芯作芯层的输送带均为织物芯输送带，其应用较广。如图 5-43 所示，这种输送带由三部分组成。

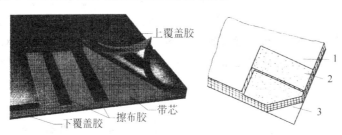

图 5-43　织物芯输送带的组成
1—上覆盖胶；2—胶布层；3—下覆盖胶

① 带芯：由若干层棉或化纤织物挂胶后的胶布层为带芯材料，带芯的四周用各种橡胶或 PVC(聚氯乙烯)等作覆盖材料。芯层的层数直接影响输送带的强度。带芯必须有足够的强度以传递功率，驱动输送带，并支撑输送带所承载的物料。

② 粘合层：带芯的粘接介质。粘合层提供良好的粘接性能将带芯粘合在一起，并帮助承受载荷、吸收装料处的物料冲击。

③ 覆盖层：覆盖层对芯层起保护作用。覆盖层包括内、外覆盖层和侧面覆盖层。内、外两面覆盖层的厚度不同，输送带的承载面为工作面，承受物料的冲击和磨损，厚度较厚；另一面为非工作面，是输送带与滚筒、托辊接触的一面，主要承受滚筒和托辊的摩擦，厚度较薄，可减少输送带沿托辊运行时的压陷滚动阻力。侧面覆盖层的作用是，当输送带跑偏时，保护其不受机械损伤，所以常采用高耐磨的橡胶做侧面覆盖层。

如图 5-44 所示，钢丝芯输送带是用高强度钢丝绳替代织物芯层，其所能承受的拉力可相当于 100 多层的普通帆布胶带，而且输送带的厚度及伸缩率也大大减小，从而减小驱动滚筒的直径，减少张紧装置，结构更为紧凑，使得单机长距离输送成为现实。钢丝绳用左旋和右旋两种，并在输送带中要间隔分布，以使钢丝绳的旋转趋势给胶带带来的不良影响互相抵消。其主要缺点是抗纵向撕裂的能力要比帆布芯输送带弱得多。

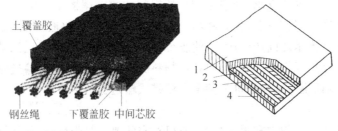

图 5-44　钢绳芯输送带断面
1—上覆盖胶；2—钢丝绳；3—带芯胶；4—下覆盖胶

输送带的连接方法：带式输送机上的输送带要连接成无端的，就至少有一个带端的接头，对于长距离的带式输送机，其输送带太长不便运输，一般也做成 $100\sim200m$ 一段，运到目的地以后再连接起来。这里都有一个输送带的连接问题。输送带的连接质量是影响输送带使用寿命的关键之一。织物芯输送带的连接方法可分为机械连接、冷粘连接和硫化连接，钢丝绳芯输送带均采用硫化连接法。

　　机械连接法俗称"打卡子"。有多种形式，常见的有钩卡连接（图 5-45）和皮带扣连接。钩卡连接时，将卡子整齐地排列在输送带带端，用锤子将蹄形钉子钉入卡子上的小孔，再将蹄形钉子的钉尖部分敲弯钩住，最后穿入销柱。皮带扣的形状如图 5-46 所示，连接时，用锤子将皮带扣的钩爪钉入带端，再穿入销柱而成。机械接头的强度为输送带强度的 $35\%\sim40\%$，且带芯外露易受腐蚀。只适用于机长短、带速低、输送无腐蚀性物料、要求检修时间较短的场合，故其应用较少。

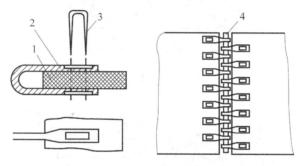

图 5-45　钩卡连接

1—输送带；2—卡子；3—蹄形钉子；4—销柱

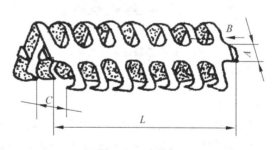

图 5-46　皮带扣

　　冷粘连接是将输送带接头部位的胶布层和覆盖胶层剖切成对称的阶梯状，如图 5-47，将胶布层打毛并清洗干净后涂三遍氯丁胶粘接剂，将输送带两端合拢后加压，在常温下保持 2h 使其固化即可。这种方法操作方便，成本低，接头强度可达带体强度的 $70\%$ 左右，因而其应用较多。

　　硫化胶接法：织物芯输送带采用硫化胶接法时，先将带接头部位的胶布层和覆盖胶层剖切成对称的阶梯状，将胶布层打毛并清洗干净后，再涂以胶浆，胶浆的成分应与胶带中的橡胶的成分一致。然后将带两端放入硫化器中合拢，加以 $1.0\sim1.5MPa$ 的压力和 $145℃$ 的温度并保温一段时间即可。硫化接头的强度能达到带体强度的 $85\%\sim96\%$，接头寿命长,且能防止带芯腐蚀,因此重要的带式输送机多采用硫化接头。

钢绳芯输送带,其钢丝绳之间有一定的间距,如图 5-48 所示,可以容纳另一端的钢绳端头排列其间,相互间留有不少于 2mm 的间隙,以便中间有足够的橡胶来传递剪力。接头的长度应能保证张力从一端的钢绳通过周围的芯胶传递给另一端的钢绳。试验表明,钢绳芯输送带硫化接头的动载强度大约为胶带强度的 40%~60%。

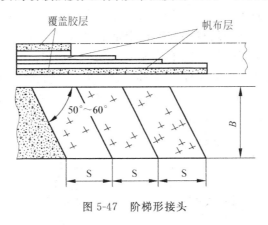

图 5-47　阶梯形接头

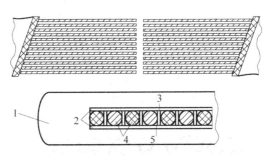

图 5-48　钢绳芯输送带的端头连接

1—覆盖胶；2、3—中间橡胶片；4—钢绳；5—原有钢绳芯胶

## （2）支承托辊

托辊固定安装在机架上,用于支承输送带及其上面所承载的物料,保证输送带沿预定的方向平稳运行。托辊呈一定的槽形,防止在输送过程中物料向两边撒漏。上托辊的分布间距通常为 1.1~1.2m,装料处为正常值的 1/2~1/3,间距过大会引起输送带下垂,间距过小会增大输送带的磨损和功率消耗。

托辊的形式有四种：缓冲托辊（图 5-49）、槽形托辊（图 5-50）、调心托辊和平形托辊,前三种为上支承,平形托辊为下支承,平形托辊还可以用作上支承用于件货的输送。

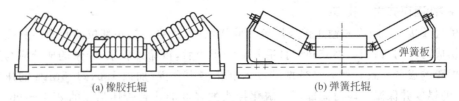

(a) 橡胶托辊　　　　　　　　　　　　(b) 弹簧托辊

图 5-49　缓冲托辊

图 5-50　槽形托辊

　　① 缓冲托辊,安装在输送带的受料处,以减小受料时物料对输送带的冲击,延长其寿命,所以在结构上应具有弹性。

　　② 槽形托辊,用于输送带的中间,设计了槽角后,可以增大输送带的载货横断面积,并防止输送带跑偏。但设置槽角后,输送带弯曲应力增加,其使用寿命减短。

　　③ 调心托辊,调心托辊用于调整输送带的横向位置,保持正常运行。侧托辊前倾式结构如图 5-51 所示,是将槽形托辊的两个侧托辊向输送带运行方向倾斜一定角度,输送带运行时,侧托辊对输送带产生力将输送带推向中间。由于在输送带和偏斜托辊之间产生一相对的滑动速度,托辊与输送带之间就有轴向的摩擦力存在,当输送带不跑偏时,两侧的轴向摩擦力相互抵消,只产生一个同输送带运动方向相反的阻力;当输送带跑偏时,一侧的摩擦力大于另一侧的摩擦力,促使输送带自动回复到输送机的中心位置。这种调心托辊简单而可靠,但运行时存在输送带与侧托辊之间的滑动摩擦力,增加了输送带的磨损和运行阻力。

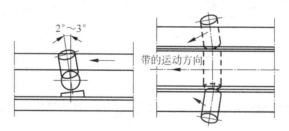

图 5-51　侧托辊前倾式调心托辊

　　④ 平形托辊。下托辊一般采用如图 5-52 所示的平形托辊。

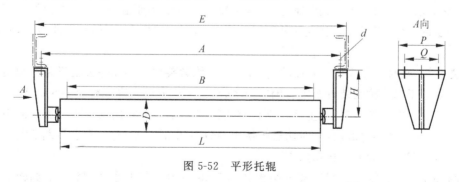

图 5-52　平形托辊

　　若将下托辊做成两辊式 V 形托辊,对防止输送带下分支跑偏有一定的效果(图 5-53),特别是 V 形前倾式下托辊防偏效果更好。

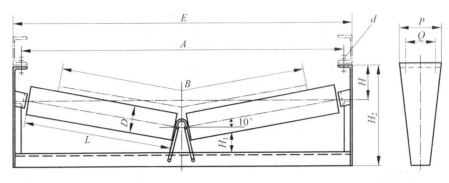

图 5-53　Ｖ形托辊

（3）驱动装置

带式输送机大都采用滚筒驱动。短距离和小功率输送机均采用单滚筒驱动，长距离输送机则采用多滚筒。

驱动装置除滚筒之外，还有一种中间带加滚筒驱动的方式，其结构简图如图 5-54 所示。

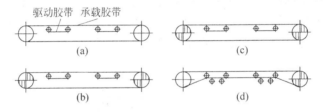

图 5-54　中间带驱动的带式输送机

（4）张紧装置

张紧装置主要是使输送带保持一定的张力，以免在驱动滚筒上打滑失效，同时避免输送带下垂度过大。

图 5-42 中使用的为车式张紧装置。该装置把拉紧滚筒安装在小车上，小车可被重锤所牵引而沿水平的或倾斜的导轨移动。它能保证输送带在各种运行状态下有恒定的拉紧力，拉紧力的大小决定于重锤的重量，这样可以自动补偿由于温度改变、磨损而引起的输送带伸长的变化，车式拉紧装置的外形尺寸大、占地多、重量大，适用于运距较长、功率较大的输送机。

图 5-55 为垂直重锤张紧装置，该装置与车式张紧装置一样能保证输送带有恒定的拉紧力。它用于车式拉紧装置布置有困难的场合，适用于安装在高栈桥上的输送机，因为下面有足够空间放置拉紧滚筒、重锤及满足拉紧行程之需。它的缺点是要增加改向滚筒的数目，增加输送带的弯曲次数，对输送带使用寿命不利，检修也麻烦，而且物料容易掉入输送带与拉紧滚筒之间而损坏输送带。

另外还有一种螺旋式张紧装置结构如图 5-56 所示。其工作过程如下：如输送带过松，旋动螺杆，使滚动轴承沿机架向右移动，从而拉紧输送带；如过紧，则相反。这种拉紧装置的优点是结构简单、外形尺寸小。缺点是拉紧行程小且拉紧力不能保持恒定，必须定期进行检查和调整。螺旋式拉紧装置一般用于机长在 30～50m、功率较小的带式输送机。

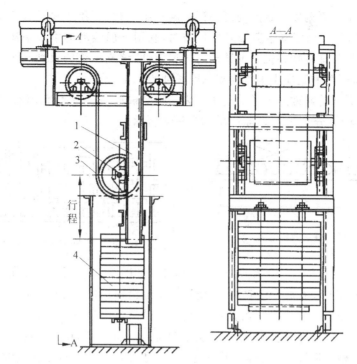

图 5-55 垂直重锤张紧装置

1—固定导轨；2—移动支架；3—拉紧滚筒；4—重锤

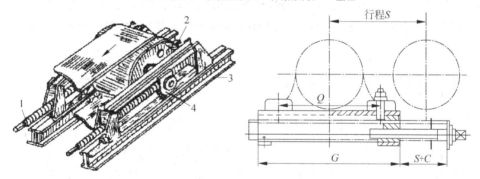

图 5-56 螺旋式张紧装置

1—螺杆；2—滚微；3—机架；4—可移动的滚珠轴承座

（5）进料斗

进料斗要求装载均匀，防止撒漏，冲击尽量小。据此，进料斗的槽宽一般为带宽的 2/3，槽壁倾斜度尽量小，使物料离开槽壁时的速度方向与输送带运动方向尽量接近，当然这个倾斜角要比物料对槽壁的摩擦角稍大些。

以上这五种装置是一台带式输送机必不可少的，其他的辅助装置还有制动装置、改向装置、卸料装置、清扫装置等。

## 5.3.3 辊道式输送机

辊道式输送机，又称为辊道输送机。辊道输送机是利用辊子的转动来实现物品搬运的输送机。它由一系列以一定的间距排列的辊子组成,主要用于输送成件货物或托盘货物,如图 5-57 所示。当年秦始皇修万里长城时,利用下面滚动的木头来运送石头就是采用这个原理。为保证货物在辊子上移动时的稳定性,该支承面的长度至少应该与四个辊子的接触,即辊子的间距应小于货物支承面长度的 1/4。

滚轮可以看作为离散缩短了的辊子。为使物品输送平顺,在任何时候,物品至少要有5 个滚轮以上支承(分布在 3 支轴上),如图 5-58 所示。

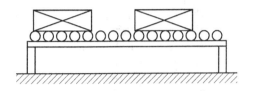

图 5-57　辊道式输送机

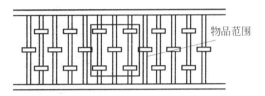

图 5-58　物品至少要有 5 个滚轮支撑

辊道输送机常见的有链条传动、圆带传动等。如图 5-59 为辊子对辊子型链条传动输送机,每个辊子轴上装有两个链轮,单条链环交错地沿输送机力方向连接一对辊子。首先由电机、减速器和链条传动装置驱动第一个辊子,然后再由第一个辊子通过单环链驱动第二个辊子,这样依次传递,使全部辊子成为驱动辊子。如图 5-60 为连续链型链条传动输送机,每个辊子轴上焊接一个链轮,用一根通过张紧轮(图 5-60(a))或压紧轮(图 5-60(b))的连续环形链条驱动所有的辊子。因只使用单一链条,故每支滚筒的链轮,只有几齿与链条接触,因此不适用于输送较重的负载,也不适用于起动、停止频繁的情况。圆带驱动方式是利用电动机带动线轴,再经由线轴上的圆带驱动每支滚筒,如图 5-61 所示。

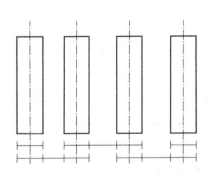

图 5-59　辊子对辊子型辊道输送机

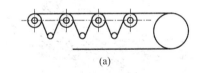

(a)

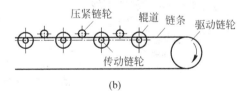

(b)

图 5-60　连续链型链条传动辊道输送机

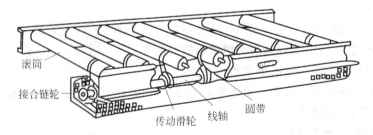

图 5-61　圆带驱动

辊道输送机可以直线输送,也可以改变输送方向,如图 5-62 和图 5-63 所示。这种输送机的驱动动力来自安装于输送机一侧的锥齿轮副,所有的主动锥齿轮通过主动锥齿轮轴由电动机驱动。

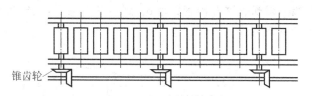

图 5-62　直线运行时滚筒结构示意

图 5-63　转弯处滚筒布置示意

### 5.3.4　链条式输送机

链条式输送机也是常见的一种连续输送机械,它利用输送链条上的滚子与货物之间的滚动摩擦力实现货物的输送,如图 5-64 所示。其特点是:摩擦阻力小,动力消耗低,承载能力大。滚子的材料一般为钢,为了降低噪声,有的也采用工程塑料。这种输送机的输送速度较慢,构造简单,易维护,因而在物流领域也得到了广泛应用。

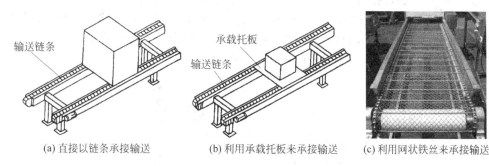

(a) 直接以链条承接输送　　　　(b) 利用承载托板来承接输送　　　　(c) 利用网状铁丝来承接输送

图 5-64　链条式输送机工作示意

### 5.3.5　气力输送机

所谓气力输送机,是利用具有一定速度和压力的空气,带动粒状物料在密闭管路内输送的设备。

**1. 气力输送机的分类**

根据气力输送机工作原理,可以将输送机分为三种:吸送式、压送式和混合式。

(1) 吸送式气力输送机

如图 5-65 所示,吸送式气力输送机主要特点是通过鼓风机从整个管路系统中抽气,使管路内的空气压力低于大气压,形成一定的真空度。物料在吸嘴处与空气混合,由于管路内的真空度而被吸入输送管路并沿管路输送,到达卸料点后,经分离器将空气与物料分离,空气经除尘、消音处理后排入大气。

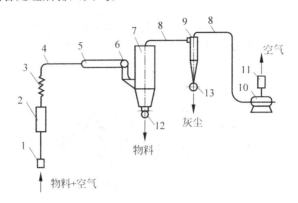

图 5-65　吸送式气力输送机示意

1—吸嘴;2—垂直伸缩管;3—软管;4—弯管;5—水平伸缩管;6—铰接弯管;7—分离器;
8—风管;9—除尘器;10—鼓风机;11—消声器;12—卸料器;13—卸灰器

吸送式气力输送机的最大优点是进料方便,可以由一根或几根吸料管,从一个或几个供料点进料,而且粉尘较少。其缺点是输送距离受限制,因为距离一长,阻力上升,对真空度的要求就高,但真空度达到一定值后,空气变得稀薄,输送力下降。保证一定的真空度,对吸送式气力输送机相当重要,除鼓风机外,管路应该严格密封,以免漏气。

(2) 压送式气力输送机

如图 5-66 所示,与吸送式气力输送机不同,压送式输送机管路内的气压高于大气压,空气经鼓风机压缩后进入输送管路,物料由料斗进入,混合后沿管路输送,至卸料点经分离器分离,物料由下方排出,空气经除尘、消声排入大气。

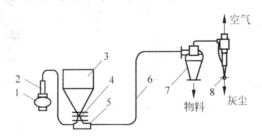

图 5-66　压送式气力输送机示意

1—鼓风机;2—消声器;3—料斗;4—旋转式供料器;5—喷嘴;6—输料管;7—分离器;8—除尘器

压送式气力输送机的最大优点是输送距离长,其缺点是供料器结构复杂,因为供料器要将物料送入高压管路中,必须防止管路内的高压空气冲出。

(3) 混合式气力输送机

综上所述,吸送式气力输送机进料方便,压送式气力输送机适于长距离输送,混合式气力输送机就是这两者的组合体,具有两者的优点。如图 5-67 所示,物料从吸嘴至分离器是吸送部分,从分离器的底部卸料器进入输送管路,都是压送部分。混合式气力输送机结构复杂,分离器既吸气又压气,进入压送部分的鼓风机的空气大部分是从吸送部分分离出来,所以含尘量较高。

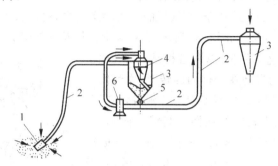

图 5-67　混合式气力输送机示意

1—吸嘴；2—输料管；3—分离器；4—消声器；5—卸料器；6—鼓风机

**2. 主要部件**

（1）供料装置

① 吸嘴

吸嘴是吸送式与混合式气力输送机的供料器。吸嘴的形式有很多,常见的主要有单筒吸嘴、双筒吸嘴、转动吸嘴三种(图 5-68)。

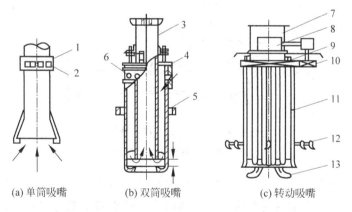

(a) 单筒吸嘴　　(b) 双筒吸嘴　　(c) 转动吸嘴

图 5-68　吸嘴结构示意

1—调节阀；2—补充空气进口；3—内筒；4—外筒；5—操作手柄；6—补充空气进口；7—输送管；
8—电动机；9—转台；10—开式齿轮；11—补充风管；12—塌料刀；13—喂料刀

单筒吸嘴结构简单,下端呈喇叭状,上端有一个可转动的进气调节环。

双筒吸嘴由两个同心圆筒组成,内筒与输送管路相连,物料与空气混合物从吸嘴的下端进入内筒；外筒可上下移动以调节进气量,补充空气由进气口进入,通过内外筒的端面间隙进入内筒,外筒下移,间隙增大,进气量增加,反之减少。

转动吸嘴是针对黏性大、易结块的物料而设计的,吸嘴工作时,塌料刀与喂料刀不断耙动,松动物料,使之与空气充分混合,并获得初动力以进入吸嘴。

② 压送式气力输送机的供料器

压送式气力输送机的供料器结构比较复杂。根据它的作用原理可以分为旋转式供料器、喷射式供料器、螺旋式供料器、容积式供料器等。

旋转式供料器被广泛地应用于中、低压的气力输送机中,输送自流性较好、磨碴性较小的粉粒状和小块状的物料。如图 5-69 所示,它主要由壳体及叶轮组成。壳体两端用端盖密封,壳体上部与料斗相连,下部与输料管相通。当叶轮由电动机和减速传动机构带动在壳体内旋转时,物料便从加料斗进入旋转叶轮的格室中,然后从下部流进输料管。

图 5-70 为喷射式供料器结构图。其工作原理为:在混合室内装一喷嘴或调节板,减小横断面以形成喷管,压缩空气流经此处时,其流速增大,压力降低,直至压力降到等于或略小于大气压力。这样系统内空气不仅不会向供料口吹出,还会有少量外界空气和物料一起从供料口顺利地进入混合室与其内的气流混合,并被气流带走。在混合室后面有一段渐扩管,在渐扩管中气流速度逐渐减小,压力又逐渐增高,实现物料沿着管道正常

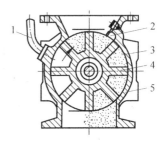

图 5-69    旋转式供料器
1—均压管;2—防卡挡板;3—格室;
4—叶轮;5—壳体

输送。喷射式供料器的优点是结构简单,尺寸小,不需要任何传动机构;缺点是所达到的混合比较小,压缩空气的消耗量较大,效率较低,一般用于低压短距离的压送式气力输送机。

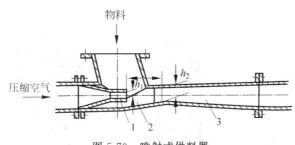

图 5-70    喷射式供料器
1—喷嘴;2—混合室;3—渐扩管

工作压力不高于 3 个大气压,输送粉状物料的压送式气力输送机,可采用螺旋式供料器。如图 5-71 所示,在带有衬套的铸铁壳体内有一段变螺距悬臂螺旋,其左端通过弹性联轴节与电机相连,当螺旋在壳体内快速旋转时,物料从料斗和闸门经螺旋被压入混合室。由于螺旋的螺距从左至右逐渐减小,使进入螺旋的物料被越压越紧,可防止混合室内的压缩空气通过螺旋漏出。移动杠杆上的对重可调节阀门对物料的压紧程度,同时使阀门在对重的作用下防止供料器空载时高压空气经螺旋漏出。在混合室下部设有压缩空气喷嘴,当物料进入混合室时,压缩空气便将其吹散并使物料加速,形成压缩空气与物料的混合物均匀地进入输料管。螺旋式供料器的优点是高度尺寸小,能够连续供料;缺点是动力消耗大,工作部件磨损快。

容积式供料器是一种大容积密闭的间歇供料容器,是利用压缩空气将密闭容器内的

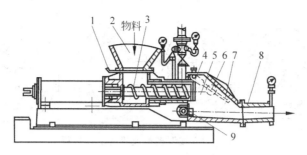

图 5-71  螺旋式供料器

1—闸门；2—料斗；3—变距螺旋；4—阀门；5—混合室；6—对重；7—杠杆；8—输料管；9—压缩空气喷嘴

粉状物料流态化，并压入输料管进行输送的，适用于运送粉状物料的压送式气力输送机。如图 5-72 所示，物料由加料口经料钟加入容器，当物料达到容器容积的 90% 后，关闭料钟。打开供料口向系统内供料时，压缩空气经三路进入容器：一路通过多孔板进入容器，使物料流态化；一路通过管 6 进入容器，将物料从输料管吹出；另一路压缩空气经管 7 进入容器上方，以保证物料顺利地下流。容器内物料卸空后，关闭压缩空气，打开容器顶部的出气口放出容器中的压缩空气，容器内压力降低后，再进行下一次装料。

容积式供料器的优点是密封性好，可在较大的工作压力下工作，因而适应长距离、大容量的输送；动力消耗小。但缺点是高度尺寸大；呈周期性的间歇工作。若需连续供料时，则要采用两台容器轮换工作。

（2）鼓风机

鼓风机的作用是使输送管路中的空气产生压力差，从而迫使空气流动，带动物料输送。传统的有离心式鼓风机（图 5-73）与罗茨鼓风机（图 5-74、图 5-75）。

离心式鼓风机是利用叶轮的高速旋转，带动进入叶轮的空气，使这些空气的压力、流速不断提高，再经过蜗壳的扩压作用，使气流的压力降低而流速进一步升高。

罗茨鼓风机是利用机壳与两个互成 90° 的转子构成的封闭空间，工作过程中两个转子不断接触压缩空气。

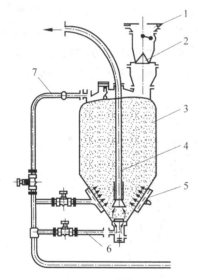

图 5-72  容积式供料器

1—加料口；2—料钟；3—容器；4—输料管；
5—多孔板；6、7—压缩空气管

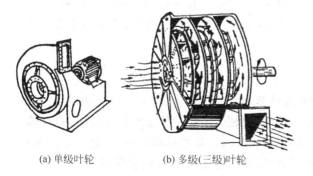

(a) 单级叶轮        (b) 多级(三级)叶轮

图 5-73  离心式鼓风机

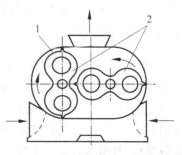

图 5-74  卧式罗茨鼓气机

1—机壳；2—转子

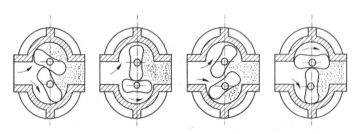

图 5-75　立式罗茨鼓风机的工作过程

（3）分离器

从吸嘴进来的是物料与空气的混合物，到了卸料器之后，第一步是将物料与空气分离，通常由分离器完成，分离器一般有容积式和离心式两种。

容积式分离器如图 5-76 所示，是利用容器的有效截面积突然扩大而降低风速，空气流的速度降低，携带能力也随之下降，使物料因重力作用从双相流中沉降分离出来。

如图 5-77 所示，离心式分离器由带有切向进口的圆筒体、下部开有卸料口的圆锥体和圆筒体内的同心排气管所组成。其工作原理为：双相流从上部切向入口进入分离器中，由上向下形成外涡流作螺旋形旋转运动，逐渐到达圆锥体底部，由于旋转半径逐渐减小，而旋转速度则逐渐增加，致使双相流中的物料颗粒受到更大的离心力，物料颗粒被抛到分离器壁面并沿它下落而被分离。与此同时，到达底部的气流沿分离器轴心转而向上，形成上升的内涡流，最后经排气管排出。

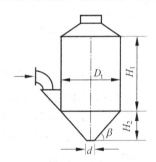

图 5-76　容积式分离器

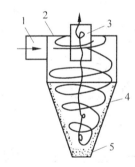

图 5-77　离心式分离器

1—切向进口；2—圆筒体；3—排气管；4—圆锥体；5—卸料口

容积式与离心式分离器都具有结构简单，制造方便，工作可靠，压力损失小的优点，但前者体积庞大，适用于颗粒较大的物料，后者体积较小，分离效率高，适用于颗粒较小的物料。

## 5.3.6　螺旋输送机

### 1. 螺旋输送机结构、特点及分类

螺旋输送机是利用螺旋叶片的旋转运动推动物料沿着料槽运动的。螺旋输送机的主要优点是结构简单、紧凑，占地少，无空返，维修方便；其缺点是在推进过程中，物料被不断地搅拌，同时叶片也受到摩擦，所以功率消耗较大，叶片和料槽易磨损，物料易被磨碎，对超载敏感，易堵塞。主要适用于粉粒状散货，如谷物、化肥、矿砂、水泥等。

图 5-78 是一台水平有轴螺旋输送机的一般构造,由驱动装置(电动机、减速器,联轴节)、螺旋器、轴承、料槽、进料口、出料口等几部分组成。料槽将输送机整体封闭,防止灰尘飞扬。螺旋轴的尾节处采用反螺旋结构,这样能够有效地防止物料在出料口堆积,以保证出料顺畅。

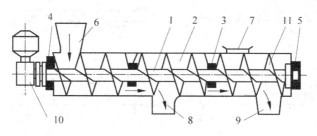

图 5-78　水平螺旋输送机

1—传动轴;2—料槽;3—中间轴承;4—首端轴承;5—末端轴承;6—装载漏斗;7—中间装载口;

8—中间卸载口;9—末端卸载口;10—驱动装置;11—螺旋叶片

螺旋输送机可以固定安装,也可以制成移动式;可以水平或小倾角输送散料,也可以垂直输送;可以有轴,也可以无轴。图 5-79 为一台倾斜无轴螺旋输送机,它是一种无中心轴,靠螺旋体旋转运输物料的设备,主要是用于输送污泥、栅渣等。

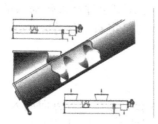
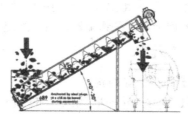

图 5-79　无轴螺旋输送机

### 2. 水平螺旋输送机

如图 5-80 所示,改变螺旋的旋向(左旋、右旋或左右旋)、螺旋轴的旋转方向(正转或反转),可以满足不同的输送要求。在图 5-80 中,以图(a)为基础,改变螺旋轴的转向(图(b))或者改变螺旋的旋向(图(c)),从而改变物料的输送方向;同时改变螺旋轴的转向与螺旋的旋向(图(d)),则物料的输送方向不变;而图(e)则为图(a)与图(c)的组合,图(f)则为图(b)与图(d)的组合。

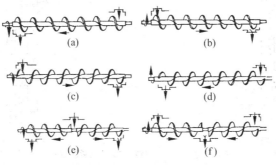

图 5-80　水平螺旋输送机的布置形式

螺旋是将叶片和轴焊接而成,根据叶片的不同形式,螺旋可以分为四种:实体式、带式、叶片式和齿形式(图 5-81)。

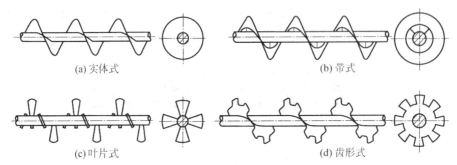

(a) 实体式　　　　　　　　　　　　　　(b) 带式

(c)叶片式　　　　　　　　　　　　　　(d) 齿形式

图 5-81　螺旋面的形状

### 3. 立式螺旋输送机

立式螺旋输送机如图 5-82 所示,由驱动装置、螺旋、轴承、料槽、进料口、出料口等几部分组成。立式螺旋输送机由一段短的水平喂料螺旋进行给料,在输送机的下部将物料压入垂直输送段,保证垂直螺旋输送机具有一定的充填率。垂直螺旋和水平螺旋可采用一套驱动装置集中驱动,由电动机驱动的驱动装置分别通过锥齿传动和链传动将驱动力矩传递给垂直螺旋轴和水平螺旋轴。两个螺旋也可采用两套驱动装置分别驱动。

## 5.3.7　斗式提升机

### 1. 斗式提升机的一般结构

斗式提升机,也称为斗提机,如图 5-83 所示,是一种在垂直方向或大于 70°倾角的倾斜方向上输送粉粒状物料的输送设备,通常由下列部件组成:牵引构件(胶带或链条)、料斗、机头、机身、机座、驱动装置、张紧装置。料斗固定于胶带(或链轮)上,整个设备外壳全部封闭,以免输送过程中灰尘飞扬。

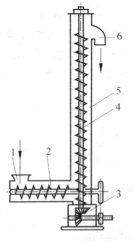

图 5-82　立式螺旋输送机

1—进料口;2—水平喂料螺旋;3—驱动装置;
4—垂直螺旋;5—外壳;6—卸料口

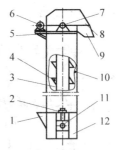

图 5-83　斗式提升机的一般结构

1—进料口;2—拉紧装置;3—牵引机构;4—料斗;5—驱动平台;
6—驱动装置;7—传动轮;8—头部罩壳;9—卸料口;
10—中间罩壳;11—拉紧轮;12—底座

斗提机的原型为我国古代使用的高转筒车(图 5-84)。高转筒车由上、下轮、筒索、支架等部件组成。下轮有一半埋于水中,汲水筒以索相连成链环状,索链用竹制成。

斗提机的特点是结构简单,横向尺寸小,占地面积少;提升高度大,输送能力好;在全封闭的机身内工作,以减少对环境的污染;耗用动力小;过载时容易堵塞,料斗易磨损。只适用于输送粉粒状和中小块状的散货,如粮食、煤、砂等,不能在水平方向上输送货物。

**2. 工作过程**

斗提机的整个工作过程分为三个阶段:装料、提升、卸料。

斗提机的装料方式有两种:挖取法和装入法。

(1) 挖取法进料。如图 5-85(a)所示,料斗挖得越深,装得越满,但机座内的物料高度应低于张紧轮(或链轮)的水平轴线位置,以免料斗装得过满而超载,在提升过程中洒落。挖取法所用的料斗要间隔分布。

图 5-84　高转筒车

(2) 装入法进料。对于块度大且比重大的物料,如用挖取法进料,很难将料斗装满。如图 5-85(b)所示,用装入法进料能解决这个问题,但要求料斗的运行速度较低,否则物料不易装满;所用的料斗要接连分布。

斗提机的卸料过程,就是料斗进入头轮之后,随头轮作旋转运动而将物料倒出的过程,根据其方式不同,可以分为三种:重力式、离心式、混合式。

(1) 当头轮的旋转速度较小时,重力大于离心力,物料沿着料斗的内壁运动,料斗作重力倾卸。重力卸料适用于湿度高、黏性大、散落性差的物料或块状物料,如煤块、矿石等,料斗宜采用浅斗。

(2) 当头轮的运动速度较大时,物料的离心力大于重力,料斗中的物料紧贴料斗的外壁,作离心卸料。该方式适用于干燥、流动性好的粉末状物料,料斗通常选用深斗。

(3) 第三种状况介于两者之间,物料中有一部分紧贴料斗外壁被离心抛出,另一部分沿内壁作重力倾卸。该方式适合于粉状或小颗粒物料。

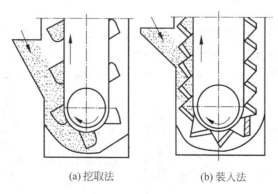

(a)挖取法　　　　　　　(b)装入法

图 5-85　装料法

### 3. 料斗

斗提机常用的装载料斗有三种结构形式：深斗、浅斗和导槽斗（又称三角斗）。

（1）深斗（图 5-86(a)）。其斗口与后壁夹角大，每个料斗可装载较多物料，但卸料时较难卸尽，适用于运送干燥松散、易于倾倒的物料（如干沙、砾石、煤、粮食等）。

（2）浅斗（图 5-86(b)）。其斗口与后壁夹角小，每个料斗的装载量少，但卸料时容易卸尽，适用于运送潮湿、黏性等流动性差的物料（如水泥、湿沙、石膏粉等）。

（3）导槽斗（图 5-86(c)）。其底部具有由导向侧边形成的导料槽。这种料斗在牵引构件上密集布置，当料斗绕过提升机头部滚筒卸料时，前一料斗底部的导料槽正好导引后一料斗卸出的物料从卸料口卸出（图 5-87）。这种料斗适用于工作速度不高的提升机和运送沉重、易碎的块状物料（如大块度的煤、矿石、焦炭等）。

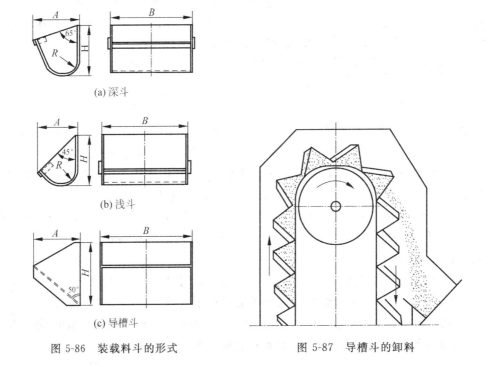

(a) 深斗

(b) 浅斗

(c) 导槽斗

图 5-86　装载料斗的形式

图 5-87　导槽斗的卸料

深斗和浅斗在提升机中沿牵引构件长度方向间隔一定距离地布置在牵引构件上。导槽斗则是一个接一个地密集布置在牵引构件上。

装载料斗通常采用斗背连接或斗侧连接的方法与牵引构件连接（图 5-88）。当牵引

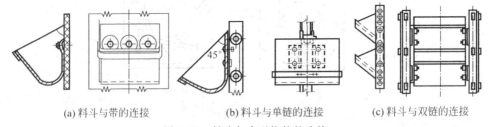

(a) 料斗与带的连接　　　　(b) 料斗与单链的连接　　　　(c) 料斗与双链的连接

图 5-88　料斗与牵引构件的连接

构件为胶带或单排链条时,多用斗背连接法,即将料斗后壁与牵引构件之间用螺栓固接。当牵引构件为双排链条时,则采用斗侧连接法,即将料斗两侧壁与相应的两链条侧面之间用螺栓固接。

如图 5-89 所示,当料斗与胶带连接时,斗背螺孔处应做成凹入形状,同时应用沉头螺栓与胶带连接,以保证紧固后螺栓头不露出胶带表面,避免在绕过滚筒时与滚筒相碰磨。

图 5-89　斗背与胶带的连接

### 5.3.8　刮板输送机与埋刮板输送机

刮板输送机的原型为我国古代的翻车。翻车是一种刮板式连续灌溉机械,在《后汉书·张让传》中就有记载。如图 5-90 所示,翻车由上下两个链轮和传动链条作为其主要组件。翻车以木板制成长槽,其中安置行道板。槽的前端安装有轮轴,轮轴上有拨链齿轮。槽入水的尾端,装有小链轮。大小链轮一般都有六个以上的拨齿板。环绕两链轮架设木制链条(即龙骨)一周,上装许多板叶作为刮水板。当用人力、畜力或风力装置驱动轮轴旋转时,大链轮随之转动,带动木链及其上的刮水板循环运转,不断将水刮入槽内,并沿槽流入田间。

图 5-90　翻车

刮板输送机如图 5-91 所示,在牵引构件(链条)上固定着刮板,并一起沿着机座槽内运动。牵引链条环绕着头部驱动链轮和尾部张紧链轮,并由驱动链轮来驱动,由张紧链轮进行张紧。被输送的物料可以在输送机长度上的任意一点装入敞开槽内,并由刮板推动前移。输送机的卸载同样可以在槽底任意一点打开的洞孔处来进行。

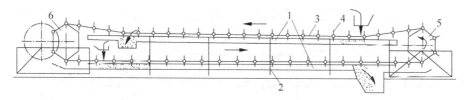

图 5-91　刮板输送机

1—导槽;2—机架;3—链条;4—刮板;5—驱动链轮;6—张紧链轮

如图 5-92 所示,埋刮板输送机与刮板输送机的结构基本相同,但工作原理不同。由于刮板链条埋在被输送的物料中,与物料一起向前移动,所以称为埋刮板输送机。埋刮板输送机的工作原理是利用散粒物料具有内摩擦力,以及在封闭壳体内对竖直壁产生侧压力的特性来实现物料的连续输送的。在水平输送时,由于刮板链条在槽底运动,刮板之间的物料被拖动向前成为牵引层。当牵引层物料对其上的物料层的内摩擦力大于物料与机槽两侧壁间的外摩擦力时,上层物料就随着刮板链条向前运动。

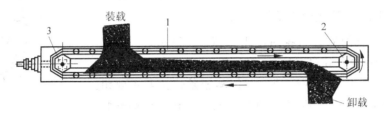

图 5-92　埋刮板输送机结构
1—封闭的料槽;2—驱动装置;3—张紧装置

埋刮板式输送机结构简单可靠,体积小,维修方便,进料卸料简单。其所运送的物料以粉状、粒状或小块状物料为佳,如煤、沙子、谷物等。

### 5.3.9　悬挂输送机

悬挂输送机是一种三维空间闭环连续输送系统,利用连接在牵引链上的滑架在架空轨道上运行以带动承载件输送成件物品。架空轨道可在车间内根据生产需要灵活布置,自由选择输送线路。悬挂输送机悬挂在厂房屋架或楼板梁下,能耗较小,可以实现水平运输或垂直运输、转弯等,输送的物品悬挂在空中,可以起到在空中储存作用,节省占地面积、有效地利用空间、节省人力、提高工作效率。由于连续运转,可实现有节奏的流水生产,因此,在大量生产的企业中,作为车间内部流水线上或车间与车间之间的机械化连续运输设备,悬挂输送机得到广泛应用。

根据输送物件的方法不同,悬挂输送机可分为牵引式和推式两大类。这里主要讲牵引式悬挂输送机。牵引式悬挂输送机为单层轨道,牵引构件直接与承载吊具相连并牵引其运行。最为常见的牵引式悬挂输送机有以下两种形式。

(1) 通用悬挂输送机

通用悬挂输送机(普通悬挂输送机)采用工字钢轨道截面,其牵引构件由冲压易拆链或模锻易拆链和滑架组成,承载吊具与牵引链上的滑架直接相连,该输送机结构如图 5-93 所示。

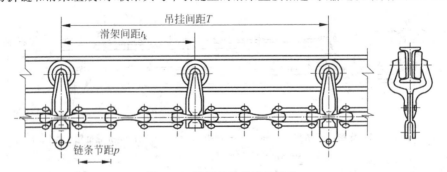

图 5-93　通用悬挂输送机结构

（2）轻型悬挂输送机

轻型悬挂输送机（封闭轨悬挂输送机）采用封闭轨轨道截面，其牵引构件为双向均带有滚轮的双铰接链，承载吊具通过各种形式的吊杆与多铰接链连接。该输送机结构如图 5-94 所示。

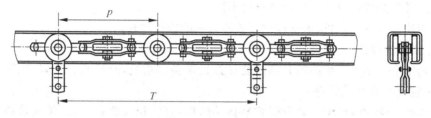

图 5-94　轻型悬挂输送机结构

 **情境小结**

物流的各环节和同一环节不同活动之间，都涉及装卸作业。装卸搬运活动的经济消耗在物流费用中占有相当大的比重。装卸搬运设备的应用对于加快现代化物流发展有着十分重要的作用。

# 理实一体化训练

**一、选择题**

1. 从整个企业生产线物料搬运系统的角度来说，（　　　）发挥着极其重要的作用。

　　A. 运输设备　　　　B. 分拣设备　　　C. 起重搬运设备　　　D. 储存设备

2. 在汽车、电子、食品、医药、烟草等行业已广泛应用（　　　），使上述行业的生产环节可以达到同步进行。

　　A. 叉车　　　　　　B. 吊车　　　　　C. 无人小车　　　　　D. 连续运输设备

3. 下列不属于装卸搬运技术装备应用特点的是（　　　）。

　　A. 适应性强　　　B. 单位成本高　　C. 设备能力强　　　D. 机动性较差

4. （　　　）属装卸搬运技术装备中的运输机械。

　　A. 汽车　　　　　B. 叉车　　　　　　C. 拖车　　　　　　D. 带式输送机

5. 物流搬运技术装备的主要作用有（　　　）。

　　A. 提高装卸效率，节约劳动力，减少工人劳动强度，改善劳动条件

　　B. 缩短作业时间，加速车辆周转

　　C. 提高装卸质量

　　D. 降低物料搬运作业成本

　　E. 充分利用货位，加速货位周转，减少货物堆码的场地面积

**二、简答题**

1. 简述装卸搬运的概念。

2. 装卸搬运设备有何作用?

3. 起重机械由哪几部分组成? 各部分的作用是什么?

4. 门座式起重机采用简单臂架在带载变幅时会出现什么问题? 如何解决?

5. 输送带的连接方法有哪些? 各有何特点?

6. 三种气力输送机的工作原理有何不同?

7. 简述刮板式输送机、水平埋刮板式输送机的输送原理。

### 三、实务操作题

1. 请结合本学习情境中所介绍的装卸搬运设备的情况,查找相关资料,试论述如何实现装卸搬运的合理化管理。

2. 根据本学习情境中所述牵引式悬挂输送机,查找相关资料,简述推式悬挂输送机的结构,论述其积放功能原理。

# 集装单元专用装卸搬运机械

**学习目标：**

1. 掌握集装单元设备概念；
2. 掌握托盘的种类和码垛的方法；
3. 掌握集装箱的概念和类型；
4. 熟悉各类集装箱吊具及其装卸机械的结构特征、运作原理；
5. 了解常见的集装箱装卸设备类型；
6. 掌握各类集装箱装卸机械的组成及运用场合。

✎ **导入案例**

## 物流标准化之"痛"

只因为托盘，中、日、韩三国物流界人士坐在了一起。这源于一场主题为"关于托盘标准化和托盘共用系统建设"的研讨会。这场在京召开，由中国物流与采购联合会、《物流技术与应用》共同举办的研讨会，虽然仅为 40 人规模，却开得颇为高调。研讨会的全称是"第二届中日韩商务论坛：物流分论坛"，并且云集了来自中国物流与采购联合会、日本物流系统协会、韩国物流产学研协会的三国专家。高调之余，会议颇有斩获。在持续了 2 个多小时的研讨会上，三国专家在托盘身上看到了希望。

一切都源于国内物流标准化的缺失。由于缺乏相关的标准和规则，物流业发展正遭遇瓶颈之痛。目前，国内企业在建立物流系统的过程中，普遍存在着流通信息不畅、流通环节多、流通费用高、整体物流效益偏低的问题。统计显示，我国目前每万元 GDP 产生的运输量为 4 972 吨千米，而美国和日本的这一指标仅分别为 870 吨千米和 700 吨千米。物流企业的"非标准化状态"，也让国民经济付出了高昂的代价。以 2011 年为例，我国物流总成本达 8.4 万亿元，约占 GDP 的 18%，同期大多数发达国家的物流费用占比 GDP 尚不到 10%。如果我国物流费用所占比例降低一个百分点，就可节约 4 700 亿元。严峻的数字下，物流标准化的确立势在必行。

物流标准化的体系，主要包括基础性标准、现场作业标准、信息化标准和物流服务规范四部分。其中，基础性标准包括托盘、条码、集装箱等。物流专家们从托盘身上看到了希望。在他们的眼中，欲使物流标准化，不妨先使托盘标准化。设法提高装卸作业的机械化程度，还必须尽可能地实现作业的连续化，从而提高装卸效率，缩短装卸时间，降低物流成本。

**点评：**

物流标准化是指以物流为一个大系统，制定系统内部设施、机械装备、专用工具等的技术标准，包装、仓储、装卸、运输等各类作业标准以及作为现代物流突出特征的物流信息标准，并形成与全国以及和国际接轨的标准化体系。因此，实现物流标准化是提高物流效率、降低物流成本、发展物流技术、实施大系统物流管理的有效保证。

# 6.1 集 装 单 元

集装化是将许多单元物品，用集装器具或采用捆扎等方法，组合成规格相同、重量相近的大型标准化组合体的方法。托盘和集装箱是集装系统的两大支柱。

物流集装化具有以下特点和意义：

（1）从总体上提高了运输工具装载量和容积利用率。

（2）促使包装合理化，节约了包装材料，能有效减少物流过程中的货差、货损，保证货物安全。

（3）便于堆码，能有效提高仓库、货场单位面积的储存能力。

（4）减轻或完全避免污染，改善环境状况。

（5）简化了各个环节、不同运输方式之间的交接手续，促进联合运输，实现"门到门"的一条龙服务。

## 6.1.1 托盘基本知识

### 1. 托盘的概念及特点

托盘是一种用来集结、堆存货物以便于装卸和搬运的水平板。

托盘具有以下特点：自重小，装卸搬运时的无效劳动消耗小；返空容易，返空时占用的运力少；装盘容易；能集中一定的货物数量；保护性差，露天存放困难。

托盘的作用为：可以实现物品包装的单元化、规范化和标准化，保护物品，方便物流和商流；有效的保护商品，减少物品的磨损；节省包装材料，降低包装成本，节约运输费用；促进港口的现代化，机械化；加快装卸，运输的速度，减轻工人的劳动强度。

### 2. 托盘的类型

（1）按形状分类

① 平托盘

平托盘，几乎是托盘的代名词。平托盘使用范围最广、利用数量最大、通用性最好。平托盘又可细分为以下类型：根据台面分类，有单面形（只有一面铺板的平托盘）、单面使用型（仅有一面用于堆码货物的双面平托盘）、双面使用型等；根据叉车叉入方式分类，有单向叉入型、双向叉入型、四向叉入型等，如图 6-1 所示。

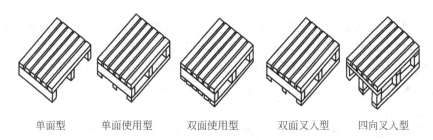

单面型　　单面使用型　　双面使用型　　双面叉入型　　四向叉入型

图 6-1　平托盘的类型

② 柱式托盘

在平托盘的四角处装一立柱构成的托盘,一般高度 1 200mm。柱式托盘分为固定式和可卸式两种。其主要作用为:利用立柱支撑重量物,可以多层叠放货物,可防止托盘上放置的货物在运输和装卸过程中发生塌垛现象。

③ 箱式托盘

箱式托盘是四面有侧板的托盘,有的箱体上有顶板,有的没有顶板。四周栏板有板式、栅式和网式。其特点为:可将形状不规则的物品进行集装;堆码时不需防散垛处理。

④ 轮式托盘

在柱式、箱式托盘下安装小型脚轮。其特点为:能短距离移动、自行搬运或滚上、滚下式的装卸,用途广泛,适用性强。

⑤ 滑板托盘

在一个或多个边上设有翼板的平板。其主要作用为:用于搬运、存储或运输单元载荷形式的货物或产品的底板。

柱式托盘、箱式托盘等其他托盘如图 6-2 所示。

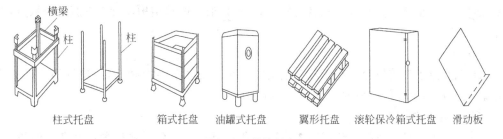

柱式托盘　　　箱式托盘　　油罐式托盘　　翼形托盘　　滚轮保冷箱式托盘　　滑动板

图 6-2　其他托盘

(2) 按材质分类

目前市场上使用的托盘从材料上看主要有木托盘、塑料托盘、金属托盘、纸托盘、复合材料托盘。

① 木托盘

木托盘是目前使用数量最多的一种托盘,广泛应用于烟草、食品、化工、医药、港口、码头的仓储物流和配送物流。近年来一种新的加工工艺——拼接工艺应用在木托盘生产中,该工艺就是用松木或铁、冷杉作为原材料,根据使用地的温湿度进行干燥定型处理,干燥后的木材再一次进行认真的分选,对达到要求的木材进行刨光、断头、抽边、砂光等精加工处理,采用射钉(具有止脱功能)连接成型,之后进行整体砂光、倒角、防滑处理,加工好的木托盘再进行封蜡处理,以防止到异地由于温湿度的变化产生托盘开裂。这种工艺可保证木托盘结构牢固,负载、承重、变形、对角误差等技术条件满足自动化物流系统的运行要求,并且木托盘的使用寿命也相对较高,如图6-3所示。

② 塑料托盘

目前国内企业主要采用注塑、中空吹塑两种方式生产塑料托盘。注射成型法生产工序少、生产效率较高,产品质量稳定。中空吹塑成型法一次成型、工艺简便、成本较低,但制品壁厚不均匀,尺寸稳定性差。这两种工艺生产的托盘各有优缺点:注射工艺的塑料托盘刚度好一些,但使用寿命相对要短;中空吹塑工艺的塑料托盘刚性差一些,但相对使用寿命长。由于塑料托盘在使用时有不可恢复的弯曲形变,因此塑料托盘不太适合用于货架。但是最新的工艺在塑料托盘中加入金属嵌入件,基本解决了这个问题,如图6-4所示。

图6-3 木托盘        图6-4 塑料托盘

③ 金属托盘

金属托盘的刚性很好,因此应用范围很广泛。基本可以适用于各个领域,尤其是应用在货架上。自重比较大是金属托盘的缺点,但可以通过改善结构设计来克服这一缺点,如图6-5所示。

④ 纸托盘

纸托盘由于自重较轻多用于航空运输中。缺点是防潮性能稍差,经过特别处理的纸托盘,比如浸蜡后性能有所改善,如图6-6所示。

⑤ 复合材料托盘

目前用于托盘制造的比较成熟的材料是塑木材料。复合材料托盘具有良好的防潮、防腐性能,可以适用于绝大多数行业。缺点是自重较大,连接件强度有待完善,如图6-7所示。

图6-5 金属托盘      图6-6 纸托盘      图6-7 复合材料托盘

### 3. 托盘的标准化（尺寸）

影响托盘标准化的因素有：托盘规格决定了物流设施与设备、包装的标准化；托盘规格应与桥梁、隧道、运输道路与货车站台相适应；托盘规格决定仓库建筑尺寸标准。因此，制定国际统一的托盘规格非常困难。

ISO 承认的托盘规格如下：1 200mm×800mm（欧洲规格）、1 200mm×1 000mm（欧洲部分国家、加拿大、墨西哥规格）、1 219mm×1 016mm（美国规格）、1 100mm×1 100mm（亚洲规格）。

在充分考虑了我国目前 1 200mm×1 000mm 规格托盘使用最为普遍，而近年来 1 100mm×1 100mm 规格托盘生产量及占有率提升幅度最大的现状，GB/T 2934—2007《联运通用平托盘主要尺寸及公差》最终确定了 1 200mm×1 000mm 和 1 100mm×1 100mm 两种托盘规格，且特别注明 1 200mm×1 000mm 为优先推荐规格。

### 4. 托盘运输的注意事项

托盘运输货物的种类：包装件杂货物适宜于托盘运输，散装裸装超重超长或冷藏货物均不能用托盘运输。

托盘的载重质量：每个托盘的载重质量应小于或等于 2t。为了保证运输途中的安全，所载货物的重心高度，不应超过托盘宽度的 2/3。

托盘与叉车、货架等配合使用的注意事项为：

（1）液压车和叉车在使用托盘过程中，叉齿之间的距离应尽量放宽至托盘的进叉口外缘，进叉深度应大于整个托盘深度的 2/3 以上。

（2）液压车和叉车在使用托盘运动过程中，应保持匀速度进退和上下，避免急刹、急转引起托盘受损、造成货物倒塌。

（3）托盘上货架时，应保持托盘在货架横梁上地平稳放置，托盘长度应大于货架横梁外径 50mm 以上。

## 6.1.2　集装箱基本知识

### 1. 集装箱的概念及规格

（1）集装箱概念

集装箱是能装载包装货或无包装货进行运输，并便于用机械设备进行装卸搬运的一种成组工具。集装箱原文 Container，直译为容器，意译为集装箱。

关于集装箱应具备的基本条件，GB/T 1413—2008/ISO 668—1995 中作了规定，集装箱是这样一种运输设备：①具有足够的强度，在有效使用期内可以反复使用；②适于一种或多种方式运送货物，途中无须倒装；③设有供快速装卸的装置，便于从一种运输方式转到另一种运输方式；④便于货物装满或卸空；⑤内容积等于或大于 $1m^3$（$35.3ft^3$）以上的。集装箱这一术语不包括车辆也不包括一般包装。

（2）集装箱的规格

为便于集装箱的流通，国际标准化组织 ISO/TC104 技术委员会自 1961 年成立以来，对集装箱国际标准作过多次补充、增减和修改。GB/T 1413—2008/ISO 668—1995 中规定了系列 1 集装箱外部尺寸和额定质量，如表 6-1 所示。

表 6-1　系列 1 集装箱外部尺寸和额定质量

| 集装箱型号 | 长度 L | | | 宽度 W | | 高度 H | | | 额定质量（总质量） | |
|---|---|---|---|---|---|---|---|---|---|---|
| | mm | ft | in | mm | ft | mm | ft | in | kg | lb |
| 1EEE | 13 716 | 45 | | 2 438 | 8 | 2 896 | 9 | 6 | 30 480 | 67 200 |
| 1EE | | | | | | 2 591 | 8 | 6 | | |
| 1AAA | 12 192 | 40 | | 2 438 | 8 | 2 896 | 9 | 6 | 30 480 | 67 200 |
| 1AA | | | | | | 2 591 | 8 | 6 | | |
| 1A | | | | | | 2 438 | 8 | | | |
| 1AX | | | | | | <2 438 | <8 | | | |
| 1BBB | 9 125 | 29 | $11\frac{1}{4}$ | 2 438 | 8 | 2 896 | 9 | 6 | 30 480 | 67 200 |
| 1BB | | | | | | 2 591 | 8 | 6 | | |
| 1B | | | | | | 2 438 | 8 | | | |
| 1BX | | | | | | <2 438 | <8 | | | |
| 1CC | 6 058 | 19 | $10\frac{1}{2}$ | 2 438 | 8 | 2 591 | 8 | 6 | 30 480 | 67 200 |
| 1C | | | | | | 2 438 | 8 | | | |
| 1CX | | | | | | <2 438 | | | | |
| 1D | 2 991 | 9 | $9\frac{3}{4}$ | 2 438 | 8 | 2 438 | 8 | | 10 160 | 22 400 |
| 1DX | | | | | | <2 438 | <8 | | | |

注：系列 1 集装箱长度、高度、高度的允许公差在摘录时省略，请参考 GB/T 1413—2008。

为了便于计算集装箱数量，常以长 20ft，宽和高各 8ft 的集装箱作为一个换算标准箱，简称 TEU(Twenty-foot Equivalent Units)，即 20ft 集装箱＝1TEU；40ft 集装箱＝2TEU；30ft 集装箱＝1.5TEU。TEU 通常用来表示船舶装载集装箱的能力，也是集装箱和港口吞吐量的重要统计、换算单位。

**2. 集装箱的基本结构**

集装箱的结构根据其箱子种类不同而有差异，但就一般普通集装箱而言，主要由角件、角柱、横梁等部件构成(图 6-8)。其中角件(也称为角配件，图 6-9)位于集装箱 8 个角端部，用于支承、堆码、装卸和栓固集装箱。角件在三个面上各有一个长孔，孔的尺寸与集装箱装卸设备上的旋锁相匹配。

**3. 集装箱的分类**

运输货物用的集装箱种类繁多，可按尺寸、材料、结构和用途进行不同的分类。其中使用较多的是按用途分类，可分为以下几种。

(1) 杂货集装箱

杂货集装箱又称为干货集装箱(图 6-10)，它适用于装载除流体货和需要调节温度的货物外，以一般杂货为主的集装运输。其结构特点是常为封闭式，一般在一端或侧面设有箱门。这类集装箱使用范围极广，是一种通用型集装箱，约占全部集装箱总数的 70%～80%。

(2) 散货集装箱

散货集装箱是适用于装载豆类、谷物、硼砂等各种散堆颗粒状、粉末状物料的集装箱，可节约包装且提高装卸效率(图 6-11)。散货集装箱是一种密闭式集装箱。散货集装箱

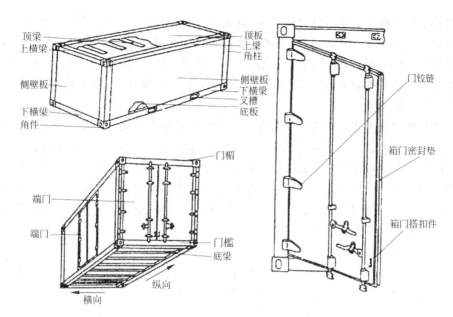

图 6-8　集装箱结构

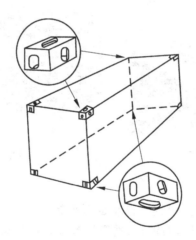

图 6-9　集装箱角件

图 6-10　杂货集装箱

图 6-11　散货集装箱

的顶部的装货口应设置水密性良好的盖,以防雨水浸入箱内。有些国家对进口粮食要求在港外锚地进行熏蒸杀虫,故有的集装箱上设有投放熏蒸药品用的开口以及排除熏蒸气体的排出口,熏蒸时要求箱子能保持完全气密。散货集装箱也可用来载运杂货,为了防止装载杂货时箱内货物移动和倒塌,在箱底和侧壁上也设有系环,以便能系紧货物。

（3）冷藏集装箱

冷藏集装箱是专为运输途中要求保持一定温度的冷冻货或低温货,如鱼、肉、蔬菜、水果等食品进行特殊设计的集装箱(图 6-12)。目前国际上采用的冷藏集装箱基本上分两种:一种是集装箱内带有冷冻机的称为机械式冷藏集装箱,它能使经预冷集装箱后的冷冻货或低温货通过冷冻机的供冷保持在一定的温度上进行运输;另一种是箱内没有冷冻机而只有隔热结构,即在集装箱端壁上设有进气孔,箱子装在舱内,由船舶的冷冻装置供应冷气的称为离合式冷藏集装箱。

（4）开顶集装箱

开顶集装箱是一种顶部可开启的集装箱(图 6-13),这种集装箱的特点是吊机可从箱子上面进行货物装卸,不易损坏货物,而且便于在箱内将货物固定。

图 6-12　冷藏集装箱

图 6-13　开顶集装箱

（5）框架集装箱

框架集装箱没有顶和左右侧壁,箱端也可拆卸(图 6-14),货物可从箱子侧面进行装卸,适用于装载长大笨重件,如钢材、重型机械等。这种集装箱的主要特点是密封性差,自重大,因普通集装箱采用整体结构,箱子所受应力可通过箱板扩散,而框架集装箱以箱底承受货物的重量,其强度要求很高,故集装箱底部较厚,可供使用的高度较小。

（6）罐状集装箱

罐状集装箱适用于装运食品、酒品、药品、化工品等流体货物。主要由罐体和箱体框架两部分组成(图 6-15)。罐体外采用保温材料形成双层结构,使罐内液体与外界充分隔热。对装载随外界温度下降而增加黏度的货物,装卸时需加热,故在罐体的下部设有加热器,罐上设有反映罐内温度变化的温度计。罐上还设有水密的装货口,货物由液罐顶部的装货口进入,卸货时,货物由排出口靠重力作用自行流出,或者由顶部装货口吸出。

此外,还有牲畜集装箱、平台集装箱、汽车集装箱等专用集装箱。

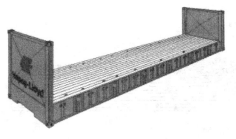

图 6-14　框架集装箱

图 6-15　罐状集装箱

## 6.1.3　其他集装方式

随着物流技术的发展,一些新型物流集装设备出现,作为托盘和集装箱的补充对物流的发展同样起着非常重要的作用。其他集装方式主要有如下几种:

(1) 集装袋(图 6-16)

集装袋主要用于盛装食品、矿砂、化工原料和产品等。

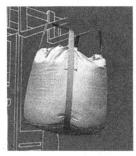

图 6-16　物流集装袋

(2) 集装网(图 6-17)

集装网是用高强纤维材料制成的集装工具。集装网比集装袋更轻,因而运输中的无效运输更小,网的价格较低,节省集装费用。集装网主要装运包装货物和无包装的块状货物,每网通常一次装运 $500\sim1\,500\text{kg}$,在装卸中采取吊装式。

图 6-17　物流集装网

（3）货捆（图 6-18）

货捆是依靠捆扎将货物组合成大单元的集装方式。

图 6-18　物流集装捆扎

（4）集装桶（图 6-19）

集装桶主要是盛放液体货物的容器。

图 6-19　物流集装桶

# 6.2　集装箱吊具

集装箱吊具是装卸集装箱的专用属具。它通过其端梁四角的转锁与集装箱的连接来实现起吊集装箱。集装箱吊具是岸边集装箱起重机、集装箱门式起重机、集装箱跨运车和集装箱正面吊运机等专用机械的重要取物装置。

## 6.2.1　集装箱吊具的种类

集装箱专用吊具的尺寸应与集装箱的规格尺寸相配套。集装箱吊具可分为固定式、子母式吊具、主从式吊具和伸缩式吊具四大类。

### 1. 固定式吊具

固定式吊具也称直接吊装式吊具（图 6-20），它是起吊 20ft（英尺）或 40ft 集装箱的专用吊具，它直接挂在起升钢丝绳上。在吊具上装设的液压装置通过旋锁机构转动旋锁，与

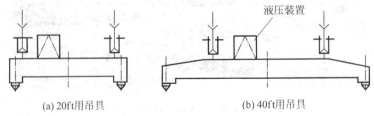

(a) 20ft用吊具　　　　　　　　　　(b) 40ft用吊具

图 6-20　直接吊装式吊具

集装箱的角配件连接或松脱。这种吊具结构简单,重量最轻,但只适用于起吊一定尺寸的集装箱。为了起吊不同尺寸的集装箱,须更换吊具,不仅要花费较长的时间,而且使用起来也不方便。

### 2. 子母式吊具

子母式吊具也称换装式吊具或吊梁式吊具(图 6-21),它是将专门制作的吊梁悬挂在起升钢丝绳上,根据起吊集装箱的需要来更换与吊梁连接的 20ft 或 40ft 集装箱专用吊具,液压装置分别装设在专用吊具上。这种专用吊具比直接吊装式方便,但增加了重量。

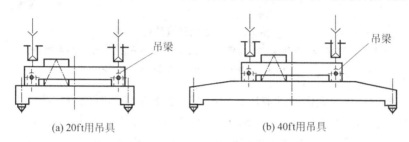

(a) 20ft用吊具　　　　　　　　　(b) 40ft用吊具

图 6-21　吊梁式吊具

### 3. 主从式吊具

主从式吊具(图 6-22)也称组合式吊具它是一种由两种或两种以上不同规格的吊具组合在一起,各吊具间可快速装拆的组合式吊具。其主吊具用于 20ft 集装箱,装有液压装置,通过旋锁机构转动旋锁。当需要起吊 40ft 集装箱时,则通过旋锁机构悬挂在主吊具下面,其旋锁由主吊具的液压装置驱动。这种吊具构造较简单,自重小,故障少,拆装和维修保养较方便。

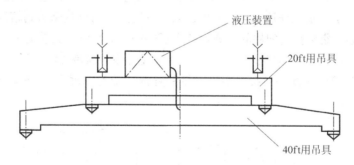

图 6-22　主从式吊具

### 4. 伸缩式吊具

伸缩式吊具如图 6-23 所示。它由上架、底架、伸缩架、吊具伸缩装置、旋锁驱动装置、导向装置和吊具前后倾斜装置等组成。吊具通过上架的滑轮组与起升卷绕系统连接。旋锁装置、导向板驱动装置、吊具前后倾斜装置和吊具伸缩装置均采用液压传动。其共用的液压泵驱动装置和油箱装设在底架上。底架通过销轴、吊具前后倾斜装置与上架相连。沿长度方向可伸缩的伸缩架支承在底架中的滑动支座上,由液压缸驱动。旋锁驱动装置和导向板装置的液压控制元件装设在伸缩架的端梁上,由液压泵经高压软管供油,从运行小车垂下的电缆存放在电缆存储器中。

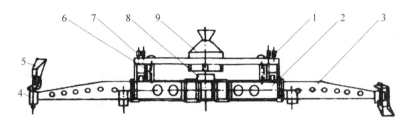

图 6-23　伸缩式吊具结构

1—上架；2—底架；3—伸缩架；4—旋锁驱动装置；5—导向装置；6—吊具前后倾斜装置；

7—吊具滑轮；8—液压泵驱动装置及油箱；9—电缆储存器

吊具的伸缩在司机室内通过液压机构操纵。变换吊具的时间只需 20s 左右,动作迅速平稳,但结构较复杂,自重也较大,约 10t。伸缩式吊具是目前集装箱起重机采用最为广泛的一种吊具,特别是对岸边集装箱起重机和龙门起重机这类码头前沿和堆场的装卸机械更为合适。

## 6.2.2　集装箱吊具的主要部件

集装箱吊具除了具有金属构架之外,还有连接装置、导向装置、悬挂与倾斜装置及操纵控制装置等部件。

### 1. 连接装置

连接装置是使吊具与集装箱在吊运时连成一整体的机构。对于国际标准集装箱,采用旋锁连接装置,即在吊具框架的四角相应于集装箱角配件的孔位置处,装设一个可以转动的旋锁。连接装置的工作原理见图 6-24。当吊具通过导向装置降落到箱体上面时,吊具旋锁即准确地插入集装箱角配件的椭圆形孔内(图 6-24(a)),将旋锁转动 90°(图 6-24(b)),就可挂住集装箱而进行吊运(图 6-24(c))。对于少数非标准集装箱或用手挂钩的场合,可采用吊钩与集装箱的角配件连接。旋锁连接装置按其结构原理不同,有定轴式和浮动式两种。

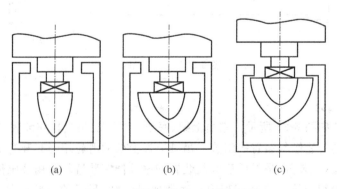

(a)　　　　　　　(b)　　　　　　　(c)

图 6-24　旋锁连接装置工作原理

（1）定轴式旋锁装置

定轴式旋锁相对于吊具旋转箱不能作摆动，只能在定轴套内作转动，其结构如图6-25。旋锁装置上有一个顶杆，顶杆在弹簧的作用下，突出于旋锁体底部。当旋锁进入集装箱角配件孔后，旋锁装置底部与集装箱角配件顶面接触，突出的顶杆被压回。顶杆上端接触开关，吊具四角的指示灯和驾驶台操作台上的指示红灯同时发亮，即可转动旋锁，通过液压传动装置使旋锁转动90°，触及限位开关，指示灯绿灯亮，表示旋锁已锁闭，即可开始起吊集装箱。

（2）浮动式旋锁装置

浮动式旋锁既能在吊具旋转箱内转动，又能做相对于旋转箱的摆动，以适应集装箱的制造误差和工作变形，这种形式的旋锁已被广泛采用，其结构如图6-26所示。

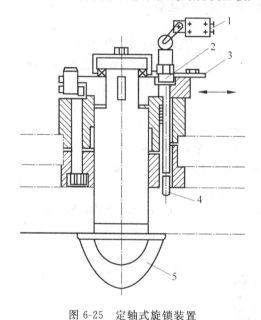

图6-25　定轴式旋锁装置

1—接触开关；2—调整螺栓；3—固定板；4—顶杆；5—旋锁

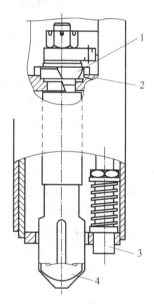

图6-26　浮动式旋锁装置

1—球凸座；2—球凹座；3—顶杆；4—旋锁

**2. 导向装置**

导向装置在吊具接近集装箱时起定位作用。当吊具中心线和集装箱中心线偏离不大于200mm时，驾驶员不必重新启动行走小车，可放下吊具导向板，吊具即能迅速对准集装箱，使旋锁插入集装箱的角配件孔中。导向装置由导向板、摆动液压马达和液压传动系统组成。导向板的末端是用钢板做成的角锥形包角，通常是按集装箱长度方向成对动作，或两对导向板同时动作。在使用时可转180°而向下，正好套在集装箱的四个角上，不工作时可翻转为向上。

**3. 悬挂与倾斜装置**

吊具通过金属构架上的滑轮组和起升钢丝绳相连，实现吊具的升降。由于在装卸过程中，集装箱船出现横倾或纵倾时，要求吊具在前后左右方向作一定角度的倾斜，所以常设有允许±5°倾斜的吊具倾斜装置。它是通过液压缸伸缩或卷筒钢丝绳的收放来实现吊具倾斜的。

**4. 操纵控制装置**

集装箱吊具上设有电气和机械的连锁安全装置,在一个动作没有完成之前,后一个动作不能进行。例如,当旋锁进入集装箱角配件孔后,旋锁箱底面和集装箱角配件顶面接触,通过旋锁下面的顶杆触及接触开关,吊具四角的指示灯和司机室操作台上的指示红灯亮,表示旋锁已封闭,即可以开始起吊。当不是四个角都完全接合和锁紧时,安全装置会发出信号,阻止吊运,以保证装卸作业的安全。

# 6.3 岸边集装箱起重机

岸边集装箱起重机(桥吊)是集装箱码头前沿进行集装箱船舶装卸作业的专用机械,如图 6-27 所示。它由前后两片门框和拉杆构成的门架及支承在门架上的桥架组成。桥架邻海(水)侧有外伸的悬臂,用以装卸船。外伸臂可以俯仰,平时吊起,便于船舶靠离码头,放下后即可进行作业。在陆侧装有后伸臂,上面设有平衡装置,以保持装卸桥的平衡与稳定。行走小车沿着桥架上的轨道用专用吊具吊运集装箱,进行装卸船作业。门架可沿着与岸线平行的轨道行走,以便调整作业位置和对准箱位。对于高速型岸边集装箱起重机,还装有吊具减摇装置。岸边集装箱起重机特点是:跨距大、速度快、装卸效率高,可将集装箱卸至集装箱船上的任何一个箱位,一般生产率达每小时可卸 80～100TEU。2012 年 10 月,宁波港集团采用双 40ft 吊具作业工艺,改变以往一台桥吊配备一名理货员的模式,最终以一台桥吊配备两名理货员的新模式,创造了桥吊单机效率的世界纪录:每小时 235.6 自然箱(471.2TEU)。

图 6-27 宁波港岸边集装箱起重机

## 6.3.1 岸边集装箱起重机的分类

岸边集装箱起重机的分类有多种方式,按单次起吊集装箱数目分,有单箱式岸边集装箱起重机和双箱式岸边集装箱起重机;按起重机门架形式分,有 H 形门架岸边集装箱起重机和 A 形门架岸边集装箱起重机。最常用的是按其行走小车牵引方式分为以下三种形式。

**1. 全绳索小车岸边集装箱起重机**

起升机构与小车运行机构均布置在固定桥架上的机器房内,通过绳索牵引小车运行的岸边集装箱起重机。

**2. 半绳索小车岸边集装箱起重机**

小车运行机构布置在小车上,起升机构布置在固定的机器房内的岸边集装箱起重机。

**3. 自行式小车岸边集装箱起重机**

起升机构与小车运行机构都装在小车上的岸边集装箱起重机。

上述三种形式中,半绳索牵引小车式应用最多。因为控制方便,省去小车牵引的钢丝绳,大大减少维修工作量,降低装卸成本。自行小车式钢丝绳最少,但整机自重偏大,而且由于起升电动机的功率越来越大,需要大截面的移动电缆供电,十分困难,且成本高,因此较少采用。全绳索牵引式小车的重量最轻,然而钢丝绳最长,维修困难,只是在码头允许负荷较小的情况下才考虑使用。

## 6.3.2　主要技术参数的确定

岸边集装箱起重机的主要参数与集装箱的箱型、船型、码头结构和装卸要求等有关。随着技术的进步,桥吊经历四代升级,技术参数也不断创造新的纪录:第一代桥吊能吊起30.5t(国际标准40ft集装箱其最大总重量为30.5t)的货物重量,起升高度可达18～20m,可向海面伸出28m远,采用电动机组发电机;第二代能吊起35.5t重的货物,起升高度可达到25m,可向海面伸出40m远,采用可控硅直流调速系统;第三代能吊起50t重货物,能升到32m高,可前伸出海50m,采用智能交流变频驱动控制系统;第四代能吊起70t重货物,能升42m高,能前伸出70m远,采用智能交流变频驱动装置。

**1. 起重量**

一般将岸边集装箱起重机的起重量定义为额定起重量与吊具重量之和。额定起重量一般按所起吊的集装箱的最大重量来决定,额定起重量已逐步从30.5t增大到61t,最大已达65t。

**2. 尺寸参数**

尺寸参数包括起升高度、外伸距、内伸距、轨距、门架净空高度、基距和工作速度等。

(1) 起升高度

起升高度应根据船舶型深、吃水、潮差和船上集装箱的装载情况来定,要求在轻载高水位时,能装卸三层集装箱并能堆高到四层;在满载低水位时,能吊到舱底最下一层集装箱,同时还应注意到船舶有±1m的纵倾或3°的横倾时可能增加的高度。目前世界各国设计制造的岸边集装箱起重机的起升高度大都取为轨面以上25m,最大为40m以上,轨面以下12m,最大达到20m。起升高度的大幅增大,将导致岸桥金属结构强度、刚度、疲劳度等方面出现的一系列新问题,尤其是司机视线的恶化和因自重加大要求码头承载能力的大幅提高。

(2) 外伸距

外伸距是指岸边集装箱起重机海侧轨道中心线向外至吊具铅垂中心线之间的最大水

平距离。其确定系根据船宽并考虑在甲板上堆放四层集装箱、在船舶横倾向外倾斜 3°时,仍能吊走甲板上外舷侧最上层的集装箱。通常外伸距为 35～38m,最大为 70m,以适应 24 排的"马六甲型"船的需要。

（3）内伸距

内伸距是指岸边集装箱起重机陆侧轨道中心线向内至吊具铅垂中心线之间的最大水平距离。为了保证船舶装卸效率,在码头前沿水平搬运机械来不及搬运的情况下,内伸距就可起到某些缓冲作用。内伸距一般取 8～16m,目前最大为 18m。

（4）轨距

轨距是指岸边集装箱起重机两行走轨道中心线之间的水平距离。轨距的确定应使起重机具有足够的稳定性和考虑到由于轨距的变化给起重机轮压带来的影响。同时,要考虑码头前沿的装卸工艺方式。通常,要求起重机轨距范围内能临时堆放三列集装箱并允许跨运车能自由进出搬运这些集装箱。集装箱装卸一般不进行车船直接换装,故可不考虑铺设铁路线的尺寸要求。综上所述,轨距可取 16m,宽轨型取 26m,目前最大轨距为 35m。

（5）门架净空高度

门架净空高度取决于门架下通过的流动搬运机械的外形高度,主要考虑能通过跨运车,并留出 0.8～1m 的安全间隙。堆码三层集装箱通过两层集装箱的跨运车的外形高度约为 9m,则门架净空高度可取为 10m。

（6）基距

基距是指同一轨道上两个主支承轴的中心线之间的距离。门框内的空间应能通过 40ft 集装箱、大型舱盖板（14m×14m）并考虑到集装箱在装卸过程中可能产生的摆动,两边须留有一定的间隙,则门框内的有效宽度应约为 16m。

（7）工作速度

工作速度也是最重要的技术参数之一,其中集装箱起重机的起升速度和小车运行速度对缩短集装箱装卸作业循环时间意义较大。集装箱起重机工作速度的选择应满足整个集装箱码头的工艺速率要求,对各种机构的工作速度进行合理地分配,工作速度的提高应和相应的技术措施相结合,与工作速度有关的动力设备的选型应考虑到维修简便,所选用的机电设备及其配件应尽可能与港口其他起重搬运机械通用,以便于维修。岸边集装箱起重机各机构的工作速度包括以下几点。

① 起升速度

起升速度包括起吊额定起重量时匀速上升或下降的速度和空载时匀速上升和下降的速度。一般要求空载起升速度是满载速度一倍以上。

② 小车运行速度

岸边集装箱起重机的小车行走距离一般都在 40m 左右,小车行走时间占整个工作循环时间的 1/4 左右。因此,提高小车行走速度对缩短工作循环时间、提高生产率是很有意义的。但是,小车行走速度的提高将会增加吊具的摇摆和司机的疲劳,因此必须有良好的减摇装置。小车行走速度在 140m/min 以上须装有吊具减摇装置。

③ 大车行走速度

移动大车的目的是调整作业位置,因此,对大车行走速度并不要求很快,但要求有良好的调速和制动性能。一般在 25～45m/min。

# 6.4　集装箱龙门起重机

集装箱龙门起重机专门用于集装箱货场进行堆码和装卸作业,按其行走部分不同可分为轮胎式和轨道式两种。

## 6.4.1　轮胎式集装箱龙门起重机

轮胎式集装箱龙门起重机如图 6-28 所示,它由前后两片门框和底梁组成门架,支承在橡胶充气轮胎上,由门形支架、动力传动系统、起升机构、大车运行机构、小车运行机构及伸缩式吊具等组成。装有集装箱吊具的行走小车沿主梁轨道行走,进行集装箱装卸和

图 6-28　轮胎式集装箱龙门起重机

堆码作业,轮胎式行走机构可使起重机在货场上行走,并可作 90°直角转向,从一个货场转移到另一货场,作业灵活。

由于轮胎式集装箱龙门起重机在堆场工作,小车和大车都经常移动,在小车和大车方向上都可能发生摆动。因此减摇装置则要在前后左右两方向上衰减,防止吊具和集装箱摆动。

轮胎式集装箱龙门起重机的驱动方式有两种:内燃机—电力驱动和内燃机—液压驱动。目前采用内燃机—电力驱动较为普遍,这种驱动方式是以柴油机带动直流发电机发电,发出的电再供给各工作机构直流电动机,驱动各机构工作,此方式的操作性能好,但装置重量较大。

轮胎式集装箱门式起重机主要机构如下。

**1. 大车运行机构**

大车运行机构共有四套,两套为从动,两套为驱动,一般为对角驱动,也有四角驱动的形式。大车运行机构由车轮组、传动机构、车架和平衡梁、转向系统和其他装置等组成。

（1）车轮组

车轮组由轮胎、轮辋、车轮轴和两个轴承座组成。轮胎分有内胎和无内胎两种,无内胎轮胎由于减少了内外胎之间的摩擦,散热好,寿命长,因而应用较多。

（2）传动机构

一般采用立式电动机,通过减速器、链轮、传动链条,带动主动轮轴上的大链轮驱动车轮。驱动部分设调整装置,用来调整链条张紧度。

（3）车架和平衡梁

车架为鞍形结构,与平衡梁通过转轴连接,转轴下部安装推力轴承以承受轮压,上部采用推力轴承,部分采用球面滚子轴承。

（4）转向系统

起重机一般采用90°直角转向，在堆场两头转向处，铺设有转向钢板，以减少转向时车轮的变形和磨损。近年部分设计采用转向辅助顶升装置，转向时将车轮顶起，减少转向阻力和轮胎变形，转正后再将车轮放正。

（5）其他装置

主要有保护车轮的护罩，轮胎抗大风吹动的斜楔块，大车跑偏防碰撞开关等。

由于路面状况、轮胎漏气情况、载荷不均匀分布等使起重机行驶走偏或产生蛇行，从而导致发生碰箱事故。大车运行时，司机应随时注意车轮是否偏离堆场上所划出的行走线，如发现偏离即在司机室内操作控制手柄，调整两侧运行电动机速度实行纠偏。

起重机保持直线行走的自动控制装置有较多形式。一种是在地下埋设感应电缆，由发讯器作为地面信号源向感应电缆提供恒定的低频电源信号。车上的检测器可检测出起重机行走路线的偏移。轨迹控制装置可以把位置偏差信号变成方向控制信号转而控制电动机转速而达到纠偏。由于该方法需土建施工，以及易受路面不平、电磁干扰而不稳定，现已较少采用。另一种方法是在地面涂特种油漆，机上摄像机摄取信号，进行自动纠偏。此外还有红外线、陀螺仪等纠偏方法。

**2. 小车运行机构**

轮胎式集装箱龙门起重机小车运行机构有分别驱动和集中驱动两种形式。分别驱动的两台电动机分别通过减速器驱动左右车轮。集中驱动以一台电动机，采用低速共轴形式驱动左右车轮。轮胎式集装箱龙门起重机的小车运行机构采用齿轮齿条驱动，如图6-29所示。在门架上横梁中部的运行轨道内侧铺设有两根齿条，小车运行机构由一台电动机通过联轴节8、减速器、联轴节1驱动两根半轴。在半轴的末端装有驱动齿轮，齿轮在齿条上运行，从而使小车行走。这种驱动方式的优点小车行走定位比较准确，在风雪气候条件下，行走不至于出现打滑现象。

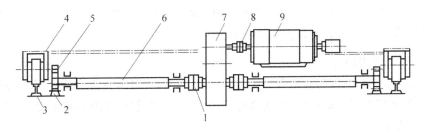

图6-29　齿轮齿条驱动的小车运行机构

1、8—联轴节；2—齿条；3—小车运行轨道；4—小车行走轮；
5—驱动齿轮；6—驱动半轴；7—减速器；9—电动机

**3. 起升机构**

轮胎式集装箱龙门起重机的起升机构是由直流电动机通过减速器驱动起升卷筒，从而实现吊具升降的。在卷筒的一端装有限位开关，以控制其起升高度的上、下极限位置。

起升机构有两种布置形式，一种为平行式布置，另一种为垂直式布置。

（1）平行式布置

其结构简单，为防止电动机底座与钢丝绳相碰，将电动机底座抬高，减速器倾斜布置。制动器布置在电动机侧，结构紧凑，如制动器设在减速器另一侧则调整维护较方便。

（2）垂直式布置

其结构紧凑，但减速器要有一副螺旋伞，制造困难些。

（3）减速器支承

其一般采用底座式，部分产品采用三点支承式减速器，受力明确，结构轻巧。

**4. 柴油发电机系统**

柴油发电机系统一般布置在底梁上，主要由柴油发电机组、附属装置和机房等组成。柴油发电机系统的附属装置有主油箱、副油箱、充电器、蓄电池、副水箱、避震器、消声器、排气管、油水接盘等。高置副油箱的设置可使柴油机供油充分，减少了吸油阻力。为此，副油箱上须设从主油箱吸油的吸油泵，并通过液位控制开关自动进行。

**5. 司机室**

司机室一般悬挂在行走小车的底架下部。司机室前部和前下部均为玻璃，可以获取良好的视野。背部通常采用大玻璃，可以观察邻近通道上起重机作业。下部地窗需装有安全格栅。格栅布置成中间纵向，两侧横向方式视野较好。中间坐椅前后高低均可调节。设有空调、电话等附加装置。电气仪表盘一般在正上方，吊箱、上锁指示灯一般在中间格栅前。

轮胎式龙门起重机的起重量也是根据额定起重量和吊具的重量来决定的。主要尺寸参数为跨距和起升高度。跨距的大小取决于起重机下面所需跨越的集装箱的列数和底盘车的通道宽度。目前世界许多国家大都按 6 列集装箱和 1 条底盘车通道考虑，取跨距为23.5m。起升高度是指吊具底部至地面的垂直距离，它取决于起重机下所堆放的集装箱的层数和高度，一般按堆放四层、通过三层考虑。因此，目前世界许多国家大都取起升高度为11～12m。轮胎式集装箱龙门起重机的工作速度应与码头前沿岸边集装箱起重机的生产率相适应。

## 6.4.2　轨道式集装箱龙门起重机

轨道式集装箱龙门起重机是集装箱货场进行装卸、堆码集装箱的专用机械，如图 6-30 所示。它由两片双悬臂的门架组成，两侧门腿用下横梁连接，两侧悬臂用上横梁连接，门架通过大车运行机构在地面铺设的轨道上行走。在集装箱专用码头上，岸边集装箱起重机将集装箱从船上卸到码头前沿的挂车上，拖到现场，用轨道式集装箱龙门起重机进行装卸堆码作业，或者相反。集装箱专用码头货场上轨道式集装箱龙门起重机的工作速度应与码头前沿岸边集装箱起重机的生产率相适应，以保证

图 6-30　轨道式集装箱龙门起重机

码头前沿不停顿地进行船舶装卸作业。对标准集装箱码头,在一个泊位准备两台岸边集装箱起重机的情况下,货场一般配备三台跨度为 30～60m 的轨道式集装箱龙门起重机,其中两台供前方船舶装卸作业,一台供后方进箱和提箱用。

为了便于装卸集装箱半挂车和汽车,在轨道式集装箱龙门起重机的载重小车上还装有回转机构。转盘下面有四个滚轮,其中两个为主动滚轮,由两台对称布置的驱动装置驱动,在固定的小车环形轨道上行走。另一种形式的回转小车采用大直径滚柱轴承,结构紧凑,回转平稳,只需一套回转驱动装置。

轨道式集装箱龙门起重机与轮胎式比较,其跨度较大,可跨 14 列或更多列集装箱,堆码层数多,最多可堆放 5～6 层集装箱。堆场面积利用高,提高堆场的堆储能力,机械结构简单,维修保养容易,作业可靠。机械由电力驱动,节约能源。机械沿轨道运行,灵活性差,作业范围受限制。适用于堆场面积有限和吞吐量较大的集装箱专用码头。

# 6.5　集装箱正面吊运机

集装箱正面吊运机(正面吊、正面起重机)也是一种集装箱专用装卸搬运机械。

集装箱正面吊是专门为 20ft 和 40ft 集装箱而设计的,主要用于集装箱的堆叠和码头、堆场内的水平运输,与叉车相比,它具有机动灵活,操作方便,稳定性好,轮压较低,堆码层数高,堆场利用率高等优点。特别适用于中小港口、铁路中转站和公路中转站的集装箱装卸,也可在大型集装箱码头作为辅助设备来使用。

集装箱正面吊运机如图 6-31 所示。主要由工程机械底盘、伸缩臂架和集装箱吊具三部分组成。底盘有发动机、动力换挡变速箱、前桥、后桥、转向系统、驾驶室、车架、配重、车轮等部件;伸缩臂架有伸缩油缸、俯仰油缸、臂架等部件;集装箱吊具由旋转机构、上架、连接架、底架、伸缩架、伸缩油缸、防摇油缸、侧移油缸、旋锁油缸等部件组成。

图 6-31　集装箱正面吊运机

集装箱正面吊运机除运行部分外,臂架俯仰、伸缩、转向及吊具的各项动作(回转、伸缩、横移)均采用液压驱动传动。

## 6.5.1 集装箱正面吊运机的结构特点

### 1. 有可伸缩和左右回转120°的吊具,特别适应在货场作业

吊具可伸缩,能用于不同尺寸的集装箱装卸作业。吊具可左右回转,在吊装集装箱时,吊运机不一定要与集装箱垂直,即可以与箱子成夹角吊装。在吊起集装箱后又可以转动吊具,使箱子与吊运机处于同一轴线上,以便通过比较狭窄的通道。同时,吊具可以左右移动,便于在吊装时对箱,从而提高生产效率。

吊具悬挂在伸缩臂架上,可绕其轴线转动。当吊运的集装箱不呈水平状态时(如集装箱在半挂车上,而半挂车板面与地面不平),也可以正常操作。因此,集装箱正面吊运机几乎可以在任何条件下在集装箱堆场进行作业。

### 2. 有能带载变幅的伸缩臂架

集装箱正面吊运机一般采用套筒式方形伸缩臂架,臂架的伸缩用液压油缸推动。集装箱的起升、下降运动由臂架伸缩和变幅来完成,它没有专门的起升机构。因为臂架的伸缩和变幅同时进行,所以可获得较大的升降速度,从而具有较高的效率。

### 3. 作业幅度大,能堆码多层集装箱及跨箱作业

由于集装箱正面吊运机在设计时吸取了集装箱叉式装卸车、集装箱跨运车等机械的优点,并考虑了这些机械的不足,因此,它能够完成其他机械所不能完成的作业。集装箱正面吊运机一般可吊装四个集装箱高,有的可达到五个箱高,而且可跨箱作业,这样可提高堆场的利用率。

### 4. 具有多种保护装置,能保证安全作业

由于集装箱正面吊运机是流动机械,而且臂架可带载伸缩和带载变幅,因而必须具有足够的保护装置来确保安全操作,一般有如下六种保护装置。

(1)防倾覆保护。当起吊重量超过各种工作幅度下的允许值时,该保护装置开始动作,此时臂架不能伸缩、俯仰,吊具不能回转,并且有红色信号灯警告。

(2)旋锁动作保护。其一是旋锁完全进入集装箱角配件孔中,旋锁才动作,否则旋锁不能转动;其二是旋锁不在全开或全闭的状态下,臂架伸缩、俯仰和吊具回转都不能动作,同时也有信号灯指示。

(3)起吊集装箱后,整机不能用高速挡行驶,否则发动机自行停止运转。

(4)变速杆入挡后,发动机不能启动。

(5)臂架最大仰角的限位保护。

(6)入挡后再拉手制动,发动机即停止。

### 5. 加装吊钩后,可吊装其他重大件货物

能实现所谓集成吊运,即将集装箱连同公路运输的拖车一同吊装上火车。

### 6. 轮压低

由于满载后整车的重心位置仍在前后轮之间的接近中心处,并有八个轮胎接地,因此

其轮压比叉车轮压低。

采用集装箱正面吊运机,可提高装卸效率,与叉车相比,堆场利用率也可提高 80%。

### 6.5.2　主要技术参数

**1. 起重量**

集装箱正面吊运机的起重量根据额定起重量和吊具的重量来确定。额定起重量一般按所吊运的集装箱最大总重量确定,对于国际标准 40ft 集装箱的最大重量取 30.5t。目前,各厂家生产的起吊 40ft 的正面吊运机,其吊具重量约为 10t。

**2. 起升高度**

起升高度即堆码高度,一般为四层箱高,如按 8ft6in(即 2.591m)箱高考虑,还加上一定的安全间隙,起升高度一般为 11m。

**3. 工作幅度**

集装箱正面吊运机通常能跨一排箱作业。一般要求在对第一排箱作业时,前轮外沿离集装箱的距离为 700m 左右,工作幅度最小应距前轮外沿 2m。在对第二排箱作业时,前轮离第一排集装箱的距离为 500mm 左右,工作幅度最小距离前轮外沿 4.1m。

**4. 车身外形尺寸**

集装箱正面吊运机主要用在货场作业,要求能适应狭小的场地条件,因此对通过性能要求较高,需要控制车身宽度和长度。另外,还要考虑整机的稳定性和车架受力情况。一般要求正面吊运机能在 7.5m 左右的直角通道上转弯,在 9.5m 左右的通道内能 90° 转向。因此,要求其最小转弯半径在 8.5m 左右,最大轴距为 5 500mm 左右,车体带臂架时长度为 7 500~8 000mm,车身宽度一般为 3 500~4 000mm。

**5. 行走速度**

集装箱正面吊运机的运行距离一般在 40~50m 较为合理。如距离太远,则应在前沿机械与堆场间用拖挂车来做水平运输。集装箱正面吊运车在满载时只允许低速行驶,因集装箱正面吊运机自重较大,在吊运 40t 时,整机总重达 110t,如行驶速度过快,则对爬坡、制动、整机稳定性以及发动机功率都有较大影响,故满载时最高速度一般不超过 10km/h。空载时可高速行驶,一般为 25km/h。

# 6.6　其他集装箱装卸机械

### 6.6.1　集装箱跨运车

集装箱跨运车(图 6-32)是用于集装箱码头前沿和库场之间短途水平搬运和堆码集装箱的专用机械。它以门形车架跨在集装箱上,由装有集装箱吊具的液压升降系统吊起集装箱,进行搬运堆码。还可用跨运车将集装箱装在集装箱底盘车上,同时也可将集装箱从底盘车上卸下。因此,它比集装箱龙门起重机具有更大的机动性。该机型可实现一机多用,既可作为码头前沿至库场的水平运输机械,又可进行堆场 2~3 层集装箱堆码和装卸作业。

集装箱跨运车按其车体结构形式可分三种:一是无平台及跨运和装卸共用结构的集

图 6-32　集装箱跨运车

装箱跨运车；二是有平台及跨运和装卸共用结构的集装箱跨运车；三是有平台及跨运和装卸专用结构的集装箱跨运车。目前，大多采用无平台及跨运和装卸共用结构形式的集装箱跨运车，如 Valmet 公司的所有跨运车均为这种结构形式。其结构特点是车体无平台，由两片垂直的 E 型门架组成，上部由纵梁连接，下部分别支撑在两侧底梁上，四个门腿一般采用箱形结构，动力装置分别安装在底梁上。这些特点决定了该种形式的集装箱跨运车外形尺寸小，转弯半径小，堆码和通过集装箱层数相同，车架受力情况良好。近几年，Nelcon 公司生产的集装箱跨运车门腿一般采用桁架结构形式。这种结构形式使整机的上部质量减小，有效地降低了整车的重心，增加了行驶稳定性。

　　在选用集装箱跨运车时，除起重量应满足集装箱和吊具总重量的需要之外，装卸搬运效率、堆码和通过集装箱的层数、车身高度、转弯半径、稳定性等技术性能参数也要符合要求。

## 6.6.2　集装箱叉式装卸车

　　集装箱叉车是集装箱码头和货场常用的一种进行集装箱装卸、堆码和搬运的专用机械，如图 6-33 所示。集装箱叉式装卸车分集装箱正面叉式装卸车和集装箱侧面叉式装卸车两种。它可以采用货叉插入集装箱底部叉槽内举升搬运集装箱，也可在门架上装一个顶吊架，借助旋锁件与集装箱连接，从顶部起吊集装箱。

　　集装箱侧面叉式装卸车是一种专门设计带有侧叉的集装箱装卸车，它可将门架和货架移出，叉取集装箱后收回，将集装箱放置在货台上进行搬运，还可装设顶部起吊属具，用以装卸集装箱(图 6-34)。与通用型叉车比较，侧面叉车载箱行走时的横向尺寸要小得多，因而要求的通道宽度也小(约 4m，集装箱正面叉式装卸车通道宽度需大于 14m)；载箱行走时的负荷中心在前后车轮之间，行走稳定性较好，轮压分配比较均匀。但是，结构和控制较为复杂，装载视线差，装卸效率也较低。在设计和选用侧面集装箱叉车时，要求具有门架前后移动、货架侧移和货架左右摆动等性能。为保证侧面叉车装卸集装箱时车体的稳定性，通常在一侧面装设两个液压支腿，供装卸时使用，行走时收回。

　　为了满足集装箱装卸作业的需要，集装箱叉式装卸车具有以下性能特点。

　　(1) 起重量与各箱型的最大总重量一致。对于采用货叉装卸的集装箱叉车，起重量等于集装箱的最大总重量，对于顶部起吊的还需加上叉车吊具的重量。考虑到现有大量的国际集装箱所装运的货物重量都达不到额定重量，如 20ft 集装箱的载货量平均只有

12t 左右,40ft 集装箱的载货量平均只有 18t 左右,因而从使用的经济性出发,往往根据实际情况选用相应起重量的集装箱叉车,如装卸 20ft 或 40ft 轻载集装箱可分别采用 20t 和 25t 的集装箱叉车。

图 6-33 集装箱叉式装卸车

图 6-34 侧面集装箱叉式装卸车

（2）载荷中心距(货叉前壁至货物重心之间的距离)取集装箱宽度的 1/2,即 1 220mm。

（3）为改善操作视线,将司机室位置升高,并装设在车体一侧。

（4）起升高度按堆码集装箱的层数来确定。

（5）为适应装卸集装箱的需要,除标准货叉外,配备顶部起吊或侧部起吊的专用属具。

（6）为便于对准箱位和箱底的叉槽,整个货架具有侧移(约 100mm)的性能,货叉也可沿货架左右移动,以调整货叉之间的距离。

集装箱叉车具有机动性强和使用范围广等优点。使用货叉还可以装卸搬运其他重件货物。但是,使用集装箱叉车时,集装箱只能呈两列堆放,影响堆场面积的利用;满载情况前轴负荷和轮压较大,对码头前沿和堆场通道路面的承载能力要求高;叉车液压部件多,完好率低,维修费用较高;叉车前方视线较差,对集装箱的损坏率较高。因此,集装箱叉车一般只用在集装箱吞吐量不大的普通综合性码头和堆场进行短距离的搬运作业。合理搬运距离为 50m 左右,超过 100m 用集装箱叉车搬运是不经济的。在这种情况下,可采用集装箱拖挂车配合使用。

### 6.6.3 集装箱牵引车和挂车

集装箱牵引车是专门用于拖带集装箱挂车或半挂车,两者结合组成车组,长距离运输集装箱的专用机械。它主要用于港口码头、铁路货场与集装箱堆场之间的运输。集装箱牵引车具有牵引装置、行驶装置,但自身不能载运货物,其内燃机和底盘的布置与普通牵引车大体相同,只是集装箱牵引车前后车轮均装有行走制动器,车架后部装有连接挂车的牵引鞍座。

集装箱牵引车可按驾驶室的形式分为长头式和平头式,如图 6-35 所示。长头式集装箱牵引车的发动机布置在司机座的前方,司机受发动机振动的影响较小,比较舒适,发生碰撞时也较安全。此外,打开发动机罩检修也比较方便。但这种车头较长,因而整个车身长度和转弯半径较大。平头式集装箱牵引车的发动机在司机座位下面,舒适感较差。但牵引车的驾驶室较短,视线较好,轴距和车身全长比较短,转弯半径小,应用日益广泛。可以在司机座后面可加一小床,以便长途行车时司机换班休息。

(a) 长头式      (b) 平头式

图 6-35 集装箱牵引车按驾驶室的形式分类

集装箱牵引车按照轴的数量不同,分为双轴式和三轴式,如图 6-36 所示。双轴式集装箱牵引车一般用于牵引装运 20ft 集装箱的半挂车。其车身较短,轴距较小,转弯半径小,机动性能好。但由于后轴为单轴,因此承受负荷较小,牵引力也较小。三轴式集装箱牵引车的后轴为双轴,承载能力大,牵引力大,一般用于牵引装运 40ft 集装箱的半挂车。

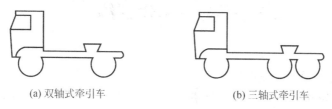

(a) 双轴式牵引车      (b) 三轴式牵引车

图 6-36 集装箱牵引车按轴的数量分类

集装箱挂车按拖挂方式不同,分为半挂车或全挂车两种(图 6-37),其中以半挂车最为常用。半挂车(图 6-38)是挂车和货物的重量一部分由牵引车直接承受,不仅牵引力得到有效发挥,而且拖车车身较短,便于倒车和转向,安全可靠。半挂车装有支腿,以便与牵引车脱开后,能稳定地支承在地面上。全挂车是通过牵引杆架,使牵引车与挂车连接,牵引车身亦可作为普通货车单独使用,但车身较长,操作比半挂车要稍难些。

集装箱牵引车和半挂车,可装两个 20ft 和一个 40ft 集装箱。它由车架、支腿、行走装置、制动装置和集装箱锁定装置组成。车架四角装有旋锁装置,可与集装箱的角配件锁

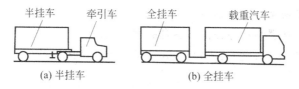

半挂车    牵引车      全挂车    载重汽车

(a) 半挂车      (b) 全挂车

图 6-37 集装箱牵引车按拖车方式分类

图 6-38 集装箱牵引车和半挂车

定。车架下部前方装有支腿,有单脚或双脚之分。当半挂车和牵引车分离后,必须使用支腿才能稳定地停住。车架和车桥之间采用钢板弹簧悬架。车轮制动器采用气制动,以便与牵引车的制动系统连接或分离。对于 20ft 和 40ft 集装箱兼用的半挂车,除了在车架四角装有旋锁件之外,还在车架中部装有四个起伏式旋锁件,当搬运 40ft 集装箱时可将中部旋锁件伏下不用。

 **情境小结**

物流标准化尤其是物流设备标准化对加速物流周转、降低物流成本都有着非常重要的意义。其中托盘、集装箱以及集装箱专用装卸机械的标准化对于加快现代化物流发展以及物流国际化都有着十分重要的作用。

# 理实一体化训练

**一、填空题**

1. 常见的集装单元设备有( )。
   A. 集装箱和托盘　　　　B. 货架　　　　　C. 条码　　　　　D. RFID

2. 标准集装箱尺寸是( )ft。
   A. 20　　　　　　　　B. 30　　　　　　　C. 40　　　　　　D. 10

3. 集装箱的搬运和储存作业中,( )是收费最主要的部分。
   A. 出入库　　　　　　B. 库内移动　　　　C. 储存周期　　　D. 遮盖

4. 集装箱减少了( )作业。
   A. 运输　　　　　　　B. 装卸和运输　　　C. 包装　　　　　D. 储存

**二、简答题**

1. 简述集装化技术的概念。
2. 常见的托盘有哪些? 各自的特点有哪些?
3. 常见的托盘码垛方法有哪些?
4. 集装箱吊具有哪些? 并分析其各自的优缺点。
5. 常见的集装箱装卸设备有哪些? 并分析其组成及运用场合。

**三、实务操作题**

1. 请结合本学习情境中所介绍的托盘情况,到学校附近大型超市或物流中心观察托盘的基本结构、码垛方式、操作方法等。

2. 根据本学习情境中所述集装箱吊具知识,查找相关资料,简述集装箱吊具的结构,并论述其功能原理。

3. 在条件许可情况下,结合本学习情境中所介绍内容到港口观察常见的集装箱装卸设备的应用情况,并撰写一份港口集装箱装卸设备调研报告。

# 流通加工设备

**学习目标：**

1. 掌握流通加工的概念作用、种类；
2. 理解包装机械设备的分类；
3. 掌握常见的包装机械结构、工作原理及应用场合；
4. 了解自动生产线的概念和组成；
5. 掌握常见的切割机械和木工锯机；
6. 了解常见的玻璃加工设备。

 **导入案例**

### 阿迪达斯的流通加工

阿迪达斯公司在美国的一家超级市场里设立了组合式鞋店，摆放着不是做好了的鞋，而是做鞋用的半成品，款式花色多样，有 6 种鞋跟，8 种鞋底，均为塑料制造。鞋面的颜色以黑、白为主，搭带的颜色有 80 种，款式有百余种，顾客进来可任意挑选自己所喜欢的各个部分，交经职员当场进行组合。只要 10 分钟，一双崭新的鞋便唾手可得。这家鞋店昼夜营业，职员技术熟练，鞋子的售价与成批制造的价格差不多，有的还稍便宜些。所以，顾客络绎不绝，销售金额比邻近的鞋店多 10 倍。此案例中流通加工的作用对你有什么启示？

**点评：**

流通加工是根据顾客的需要，在流通过程中对产品实施的简单加工作业活动。物流领域中的流通加工，主要着眼于满足客户的需求，提高服务功能。

## 7.1 流通加工设备概述

### 7.1.1 流通加工设备的作用

在 GB/T 18354—2006《物流术语》中，流通加工（Distribution Processing）的定义是：根据顾客的需要，在流通过程中对产品实施的简单加工作业活动（如包装、分割、计量、分拣、刷标志、组装等)的总称。

流通加工设备就是完成流通加工任务的专业机械设备。

物流领域中的流通加工,主要着眼于满足客户的需求,提高服务功能。流通加工设备通过对流通中的商品进行加工,改变或完善商品的原有形态来实现生产和消费的"桥梁"和"纽带"的作用,并使商品价值在流通过程中增值。流通加工的功能通过流通加工设备来实现,具体优势体现如下。

(1) 提高原材料的利用率

流通加工设备对流通对象进行集中下料,可将生产厂家直接送来的简单规格产品,按使用部门要求进行下料。

(2) 进行初级加工,方便用户

用量小或临时需要的使用单位,缺乏进行高效率初级加工的能力,依靠流通加工责任人进行流通加工,可使使用单位省去初级加工的投资、设备和人力,从而搞活供应,方便用户。

(3) 提高加工效率和设备利用率

由于建立集中的加工点,可以采用效率高、技术先进、加工量大的专门机具和设备,从而提高加工质量和设备利用率,还提高加工效率、降低加工费用及原材料成本。

(4) 充分发挥各种输送手段的最高效率

流通加工环节将实物的流通分成了两个阶段。一般来说,由于流通加工环节设置在消费地,因此,从生产厂到流通加工的第一阶段输送距离较长,而从流通加工到消费环节的第二阶段输送距离较短。第一阶段是在数量有限的生产厂与流通加工点之间进行定点、直达、大批量的远距离输送,可以采用船舶、火车等进行大量输送的运输手段;第二阶段是利用汽车和其他小型车辆来输送流通加工后的多规格、小批量、多用户的产品,这样可以充分发挥各种输送手段的最高效率,加快输送速度,节省运力运费。

(5) 改变功能、提高收益

在流通过程中进行一些改变产品功能的简单加工,以提高产品销售的经济效益。

## 7.1.2　流通加工设备的分类

流通加工一般都是对物品进行浅层次的初级加工,如将钢板按用户要求切割成小块,将散装的食用油灌装成小桶装,将玻璃按照要求切割成适当大小,或将货物贴上标签,所有这些,除部分手工操作外,大部分都要借助于机械加工设备。流通加工设备按照不同的分类标准可以得出不同的类型,主要有以下分类。

**1. 流通加工设备按照流通加工形式进行分类**

(1) 剪切加工设备

剪切加工设备是进行下料加工或将大规格的钢板裁小或裁成毛坯的设备。如用剪板机进行下料加工,用切割设备将大规格钢板裁小或裁成毛坯等。

(2) 集中开木下料设备

集中开木下料设备是在流通加工中将原木材锯裁成各种木材,同时将碎木、碎屑集中起来加工成各种规格的板材,还可以进行打眼,凿孔等初级加工设备。

（3）配煤设备

配煤设备是将各种煤及一些其他发热物质，按照不同的配方进行掺配加工，生产出各种不同发热量燃料的设备。

（4）冷冻加工设备

冷冻加工设备是为了解决鲜肉、鲜鱼或药品等在流通过程中保鲜及装卸搬运问题而采用低温冷冻方法的加工设备。

（5）分选加工设备

分选加工设备是根据农副产品的规格、质量离散较大的情况，为了获得一定规格的产品而采取的分选加工的设备。

（6）精制加工设备

精制加工设备是主要用于农牧副渔等产品的切分、洗净、分装等简单加工的设备。

（7）分装加工设备

分装加工设备是为了便于销售，在销售地按照所要求的销售包装进行新包装、大包装改小包装、运输包装改销售包装等加工的设备。

（8）组装加工设备

组装加工设备是采用半成品包装出厂，在消费地由流通部门所设置的流通加工点进行拆箱组装的加工设备。

**2. 流通加工设备按照流通加工的对象进行分类**

（1）金属加工设备

金属加工设备主要是对金属材料，如钢铁、钢材、铝材、合金等进行剪切、折弯、下料、切削加工的机械设备，主要分为成型设备和切割加工设备。

（2）水泥加工设备

水泥加工设备主要指混凝土搅拌机械，包括混凝土搅拌站、混凝土输送车、混凝土输送泵、车泵等。混凝土搅拌机械是水泥加工中常用的设备之一，它是制备混凝土，将水泥、骨料、砂和水均匀搅拌的专用机械。

（3）玻璃加工设备

玻璃加工设备主要是指对玻璃进行切割等加工的专用机械，包括各种各样的切割机。在流通中对玻璃进行精加工还需要清洗机、磨边机、雕刻机、烤花机、钻花机、钢化和夹层装备、拉丝机、瓶罐检验包装设备、玻璃技工工具、金刚石砂轮等。

（4）木材加工设备

木材加工设备主要是用来对木材进行磨制、压缩、锯裁等加工，主要有两类：一类是磨制、压缩木屑机械设备；另一类是集中开木下料机械设备。

# 7.2　包装设备

## 7.2.1　包装机械设备分类

包装机械设备即完成全部或部分包装过程的机器设备。包装过程包括充填、裹包、封口等主要包装工序，以及与其相关的前后工序，如清洗、堆码和拆卸等。此外，还包括盖印、计量等附属工序。包装机械可以降低劳动强度,改善劳动条件,提高劳动生产率,确保包装质量,降低包装成本,减少流通费用。

包装机械的种类繁多,分类方法很多,从不同的侧面考虑可有不同的分类方法。

### 1. 按包装机械功能分类

（1）充填机械

充填机械即将精确数量的包装品装入到各种容器内的机器。按计量方式不同可分为容积式填机、称重式充填机、计数式充填机;按充填物的物理状态可分为粉料充填机、颗粒物料充填机、块状物料充填机、膏状物料充填机;按充填功能可分为制袋充填机、成型充填机、仅具有充填功能的充填机等。

容积式充填法是将精确容积的物料装进每一个容器,而不考虑物料密度或重量,常用于那些比重相对不变的物料,或用于那些体积要求比质量要求更重要的物料。根据计量原理不同有固定式量杯、螺杆式、计量泵式等多种。下面重点介绍固定量杯式充填机。

固定式量杯充填机的定量装置如图 7-1 所示,物料经供料斗自由落入计量杯内,圆盘口上装有四个量杯和对应的活门底盖,当转盘主轴带动圆盘旋转时,刮板将量杯上面多余的物料刮去。当量杯转到卸料工位时,顶杆推开量杯的活门底盖,量杯中的物料在自重作用下充填到下方的容器中。

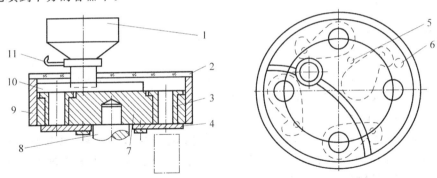

图 7-1　固定式量杯充填机的定量装置

1—料斗;2—外罩;3—量杯;4—活门底;5—闭合圆销;6—开启圆销;
7—圆盘;8—转盘主轴;9—壳体;10—刮板;11—下料闸门

量杯式充填机适用于颗粒较小且均匀的物料,计量范围一般在 200ml 以下为宜。在选用时应注意假如量杯的容量调得不正确,料斗送料太慢或不稳定,料斗的装料面太低,进料管太小,物料流动不畅,进料管和量杯不同心等都会使量杯装不满。若机器的运转速度过快,料斗落下物料的速度过快则会引起物料重复循环装料。量杯伸缩机构调节不当常会造成过量回流。如果容器与进料管不同心,节拍不准,容器太小或物料粘在料管中使送料滞后,就会引起物料的溢损。

（2）灌装机械

灌装机械为将液体产品按预定的量充填到包装容器内的机器。按灌装方式不同可分为等压灌装机、真空灌装机、常压灌装机、负压力灌装机等;按包装容器的传送形式分为直线式灌装机、旋转式灌装机。

（3）裹包机械

用挠性材料全部或局部裹包产品的机器。按裹包方式可分为折叠式裹包机、接缝式裹包机、覆盖式裹包机、贴体式裹包机、拉伸式裹包机、缠绕式裹包机等。

折叠式裹包机是将末端伸出的裹包材料按一定的工艺方式进行折叠封闭。通常适用于长方形的物品，外观整齐，视觉效果好。图 7-2 是转塔折叠式裹包机的结构，其工作原理如图 7-3 所示。包装物品叠放于装料机构中，推料机构将最底部的物品推送出去，其余物品由于重力作用自动填补到下一位置。被推出去的物品与切下的薄膜相遇，在前方挡板的作用下，薄膜将物品三面包住，一起进入转塔（由间歇回转机构控制，每转 45°为一动作）的回转盒

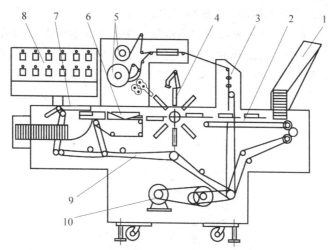

图 7-2　转塔折叠式裹包机结构

1—装料机构；2—推出机构；3—包装材料进给机构；4—间隙回转机构；5—包装材料；
6—端侧面折叠机构；7—整列排除机构；8—电气控制箱；9—传动装置；10—电动机

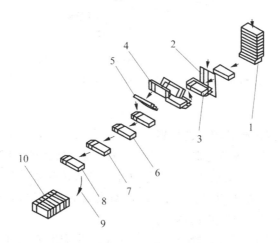

图 7-3　转塔折叠式裹包机工作原理

1—包装物被依次推出；2—包装材料切下；3—端侧面短边折叠；4—长侧边折叠加热；
5—长侧边加热封口；6—端侧面折上边；7—端侧面折下边；
8—端侧面热封；9—包装物回转集合；10—端侧面热封

中,此时两端面的一角边被折叠;当转塔转到 90°时作间歇停顿,由两折叠爪完成长侧边的折叠与加热定型;转到 135°时,进行加热黏合;转到 180°时,转塔再次停顿,此时物品已调头,两卸料杆将物品取出,由两推料推进器送往端面折叠机构进行侧面折叠热封:首先折叠两端面和另一短边,随着物品被推进,物品端面的上边被折叠,接着折叠下边,至此折叠全部完成;随后是侧面热封,转向叠放;最后由输送带输出,完成整个包装过程。

(4)封口机械

将容器的开口部分封闭起来的机器。按其封口方式可分为无封口材料的封口机、有辅助封口材料的封口机。目前,自动缝合机在很多企业被广泛采用。

自动缝合机的外形结构如图 7-4 所示,主要由机头、线挑、机头支架、备用支架、输送带、脚踏开关等部件组成。从称重式充填机输送过来的包装袋依次于输送带上行进,袋口合拢从机头经过,此时踏下脚踏开关,缝合机工作,将袋口缝合。输送带的高度可以调整,以适应不同高度的包装袋。缝合机的输送带速度可以调整,以便与各种包装生产线匹配;底座装有四个轮子,可以自由移动。

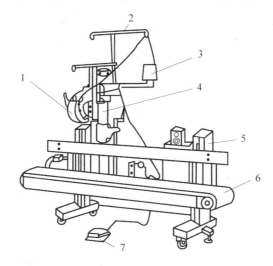

图 7-4　自动缝合机

1—缝纫机头;2—线挑;3—缝纫线;4—机头支架;5—备用支架;6—输送带;7—脚踏开关

(5)捆扎机械

通过捆扎或结扎封闭包装容器的机器。按自动化程度不同可分全自动捆扎机、半自动捆扎机、手提式捆扎机;按捆扎带材料不同可分为绳捆机、钢带捆扎机、塑料带捆扎机。

这里介绍一种机械式自动捆扎机的工作原理。机械式自动捆扎机采用机械传动和电气控制相结合,无须手工穿带,可连续或单次自动完成捆扎包件的机器,适用于纸箱、木箱、塑料箱、包裹、书刊等多种包件的捆扎。

自动捆扎工作过程由送带、拉紧、切烫、粘接四个环节组成,其工作原理(图 7-5):首先送带轮逆时针转动,利用送带轮与捆扎带的摩擦力使捆扎带沿轨道运动,直至带端碰上止带器的微动开关(或者用控制送带时间的办法),使捆扎带处于待捆位置,其次右爪上升压住带端,送带轮顺时针方向转动,同样利用摩擦力使捆扎带沿轨道退出,这时轨道中的

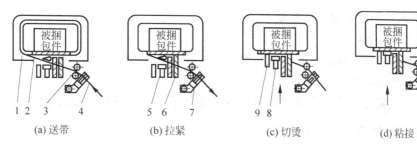

图 7-5　机械式自动捆扎机工作原理
1—轨道；2—止带器；3—送带轮；4—捆扎带；5—隔离器；
6—右爪；7—张紧臂；8—压力块；9—左爪

叶片在捆扎带的退带拉力作用下松开，使捆扎带继续退出直至紧贴在包件表面，而张紧臂随之向下摆动，将带子完全拉紧，接着左爪上升将两层捆扎带压住，隔离器退出而烫头相随跟进，开始将捆扎带两端加热，这时压力块上升切断捆扎带，最后烫头退出至起始位置，而压力块继续上升，将两层已加热的捆扎带两端压粘在一起，完成一个周期捆扎动作。

机械式半自动捆扎机与机械式自动捆扎机相比，除穿带用手工外，其余工作过程均相同。

（6）贴标机械

在产品或包装件上加贴标签的机器。按自动化程度可分为半自动贴标机和全自动贴标机；按标签的种类可分为片式标签贴标机、卷筒状标签贴标机、热粘性标签贴标机和感压性标签贴标机及收缩筒形标签贴标机等。

（7）清洗机械

清洗包装材料、包装件等，使其达到预期清洗程度的机器。按清洗方式不同可分为机械式、电解式、化学式、干式、湿式、超声波式、静电式；按使用的清洗剂不同可分为干式清洗机、湿式清洗机、机械式清洗机、电解式清洗机、电离式清洗机。

（8）干燥机械

减少包装材料、包装件的水分，使其达到预期干燥程度的机器。按干燥方式可分为机械式干燥机、加热式干燥机、化学式干燥机。

（9）杀菌机械

清除或杀死包装材料、产品或包装件上的微生物，使其降到允许范围内的机器。按杀菌方法可分为热杀菌法、冷杀菌法；按操作性质不同可分为间歇式杀菌机、连续式杀菌机等。

（10）集装机械

将若干个产品或包装件集合包装而形成的一个销售或搬运单元的机器。

（11）多功能包装机械

具有两种或两种以上功能的包装机。主要种类有充填封口机、成型充填封口机、定型充填封口机、真空包装机、真空充气包装机。

**2. 按包装机械的自动化程度分类**

（1）全自动包装机

全自动包装机即自动供送包装材料和内装物，并能自动完成其他包装工序的机器。

（2）半自动包装机

半自动包装机即由人工供送包装材料和内装物，但能自动完成其他包装工序的机器。

**3. 按包装产品的类型分类**

（1）专用包装机

专用包装机即专门用于包装某一种产品的机器。

（2）多用包装机

多用包装机即通过调整或更换有关工作部件，可以包装两种或两种以上产品的机器。

（3）通用包装机

通用包装机即在指定范围内适应于包装两种或两种以上不同类型产品的机器。

## 7.2.2　包装自动生产线

**1. 包装生产线概述**

包装自动生产线就是由数台智能控制的自动包装机连续组成的包装系统，在自动包装线上还要设置自动扫描、自动计量、自动检测、自动包装、自动分拣、自动运输储存装置、调整补偿装置及自动供送料装置。

工人直接操作指令开关，PLC系统按设定好的工序自动完成供料、输送、自动计量、自动包装、自动分拣、自动控制等生产的全过程，这种工作系统就叫包装自动生产线。自动生产线除了具有生产线的一般特征外，还具有更严格的生产匹配性。因此，包装机械以联机的形式居多，特别是具有一定规模的产品加工厂，如食品厂，包装机单独使用的情况很少。多数情况包装均需要多个工序实现，而且不但需要单件的包装，还要终端以一个销售单位为包装单位进行集合包装。于是，利用输送装置将各工序的包装设备连接起来，配套自动供给装置，构成一条包装生产线，实现物品包装的全过程。包装生产线如图7-6所示。

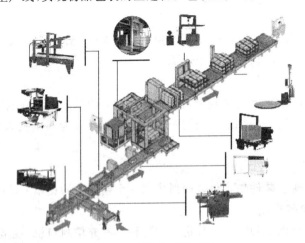

图7-6　包装生产线布置

**2. 包装自动生产线的组成**

不同行业、不同的产品、不同规模的生产包装，其包装的要求是不同的，包装自动生产线的类型和形式也是多种多样的。但从总体上来看，包装自动生产线主要由自动包装机、输送装置、辅助工艺装置、检测与控制系统等组成。

（1）自动包装机

自动包装机是自动生产线最基本的工艺设备，是自动线的主体。以此为中心配置其余部分，各机构能自动实现协调动作，并在规定的时间内完成包装操作的机器。例如，各种灌装机、充填机、装盒机、裹包机、贴、喷标机、装箱机、捆扎机等。其动作主要包括包装材料（包装容器）与被包装物料的输送与供料、定量、检测、充填、包封、贴标或喷标等。

（2）输送装置

输送装置是将各台自动包装机连接起来，使之成为一条自动线的重要装置。它不仅担负包装工序间的传送任务而且使包装材料（或包装容器）、被包装物品进入自动线，以及成品离开自动线。一般用带式输送机和辊子式输送机联合使用，拐弯处用辊子式输送机。

（3）辅助工艺装置

为满足自动生产线工艺上的要求，使自动线能协调地工作，正常发挥自动包装机的运行效率，在包装自动生产线中，尚需配置一些辅助工艺装置，如转向装置、分流装置、合流装置等。转向装置主要用于改变被包装物品的输送方向或改变被包装物品的输送状态。分流装置用于前道工序与后道之间，将其分流给几台包装机继续来进行包装加工，起到了前后生产效率匹配的作用。常用的分流装置有挡壁式、直角式、活门式、转向滚轮式、摇摆式、导轨滑板式等。合流装置用于在前道多台包装机完成包装加工后，将其合流供一台包装机继续进行包装加工。常用的合流装置有推板式、导板式、回转圆盘式等。输送装置是将各台自动包装机连接起来，使之成为一条自动线的重要装置。它不仅担负包装工序间的传送任务而且使包装材料（或包装容器）、被包装物品进入自动线，以及成品离开自动线。一般用带式输送机和辊子式输送机联合使用，拐弯处用辊子式输送机。

（4）检测与控制系统

在包装自动线中，所有的设备连接成一个有机的整体。控制系统起着类似人的大脑通过神经系统传输信号指令，使手脚完成各种动作的作用。它主要包括工作循环控制系统、信号处理装置及检测装置。控制系统为微机或 PLC，相当于人的大脑，各类传感器相当于人的视觉、触觉、温觉收集信息并转换成数字信息由神经系统反馈给大脑，大脑按原计划整理判断后发出命令，各类包装设备相当于人的四肢，去执行大脑发出的命令，完成工作任务。

**3. 自动包装生产线的布置**

包装工艺路线和生产线设备确定后，如何合理解决包装生产线在车间中的排列走向和安装位置等具体问题应从以下几方面考虑。

（1）合理布局

设备布置本着简单、实用、经济的原则，力求最佳布局。实际上包装生产线的布局形式较为灵活，由于被包装物品的包装形式、工艺过程、生产能力及设备形式、场地等情况不同,有着各种不同的布局方式,最合适的就是最好的。

(2)设备辅件布置恰当

包装生产线中的管道、电线,应尽可能集中敷设,利用管线棚架,由空间架送,以免影响地面操作。作业场所较为干燥的场合可将管线设置在地下沟槽中,潮湿环境中则尽可能在空间敷设,并尽量贴近建筑墙壁架设。

(3)合理划分区域

不同区域划分有不同目的和作用,有时出于物料输送或仓储等方面的考虑,采用楼层布置,上层包装、下层仓储;有的出于卫生、安全等方面考虑,将物品的整理及包装材料的整理同包装区域隔离开;有的为了保障安全,采用隔栏、隔网将通道、活动区与自动机隔开;车间内还应设置物品堆放区,堆放区、操作区、通道等不同区域要明确划分开,以利于生产管理及操作。

**4. 自动包装生产线的技术经济指标**

包装生产线运行的技术经济指标主要包括生产能力、生产效率、物料损耗、产品质量、包装材料损耗、动力能源损耗、劳动生产率七项指标。这些技术经济指标与包装生产线中机器设备的质量、性能密切相关,也和产品的包装材料、容器质量、工艺参数的选择及操作管理水平有关。

# 7.3 切割机械

切割机械主要用于对生产原材料,例如钢板、木材、玻璃、混凝土、煤炭等进行分割、集中下料、切割等以提高生产资料的利用率,方便销售和用户的使用。按加工对象的不同切割机械可分为剪板机、木工锯机、玻璃切割机等。

## 7.3.1 剪板机

某些金属材料如钢铁、钢材、铝材、合金等的长度、规格不完全适用于用户的要求,需要进行剪切、折弯、下料、切削加工等操作,这些就需要专门的金属加工设备。下面主要介绍剪板机的相关内容。

(1)剪板机的组成

剪板机是在各种板材的流通加工中应用比较广泛的一种剪切设备,常用来剪裁直线边缘的板料毛坯。

剪板机是借于运动的上刀片和固定的下刀片,采用合理的刀片间隙,对各种厚度的金属板材施加剪切力,使板材按所需要的尺寸断裂分离。剪板机主要由机身、传动系统、刀架、压料器、刀片间隙调整装置、挡料装置、光线对线装置和托料器组成。机身分为铸件组合结构和整体焊接结构。整体焊接结构与铸件组合结构相比,具有机身质量轻、刚性好、便于加工等优点,采用整体式钢板焊接结构的机身日益增多。传动系统有机械传动系统和液压传动系统之分。刀架是剪板机的重要部件、老式小型剪板机的刀架多为铸铁件,大型剪板机的刀架多为铸钢件,采用铸钢件结构刀架日益增多。在剪板机上刀片的前面设有压料器,使板料在整个剪切过程中始终被压紧在工作台面上。为适应剪切不同厚度板料的要求,剪板机需根据板厚调节刀片的间隙,刀片间隙过大或过小都会损害刀片和影响板料剪切断面的质量,因此,要求刀片间隙调整装置操作方便,刚性好。为了控制剪切板料尺寸和提高定位效率,剪板机设有挡料装置。挡料装置有手动和机动两种,手动挡料装置用于小型剪板机,机动挡料装置多用于大中型剪板机。

剪板机应该满足剪板料剪切表面的直线性和平行度要求,并尽量减少板材扭曲,以获得高质量的工件。剪板机广泛用于冶金、轻工、机械、五金、电机、电器、汽车维修、五金制造及其他金属薄板加工行业。

(2) 剪板机的分类

剪板机属于直线剪切类型,按其工艺用途的不同,可分为多用途剪板机和专用剪板机;按其传动方式的不同,可分为机械传动式剪板机和液压传动式剪板机;按其上刀片相对于下刀片位置的不同,可分为平刀剪板机和斜刀剪板机;按其刀架运动方式的不同,可分为直线式剪板机和摆动式剪板机。常用的剪板机介绍如下。

① 脚踏剪板机(图7-7)

部分机床配有压料装置,剪切质量高,并有重量轻,移动方便的特点,广泛适用于金属薄板工业的人力剪下料。

② 机械剪板机(图7-8)

采用较先进电器(脚踏开关、手动开关)操作采用全钢焊接结构,结构简单,操作简便,造型美观,能耗低。广泛用于冶金、轻工、机械、五金、电机、电器、汽车维修及其他金属薄板加工行业。

③ 闸式剪板机(图7-9)

采用框架结构,采用全钢焊接;四角八面直角导轨、精度高,刚性好,并采用液压预紧。整个系统采用"PLC"可编程序控制器;并可配置行程数显、光电保护装置及移动工作台(方便更换模具),闸式剪板机具有上滑块及下液压垫的双动功能,工作压力行程可在规定范围内按工艺要求调节,操作简便,采用按钮集中控制。具有调整、手动及半自动三种操作方式。

图7-7 脚踏剪板机　　　　　　图7-8 机械剪板机　　　　　　图7-9 闸式剪板机

④ 液压摆式剪板机(图7-10)

由于是圆弧运动,而圆弧刀片制作又相当困难,所得出的间隙并不精确,剪出来的板料也不是很理想,因为是弧形运动,其刀片也不能做成矩形,而应做成锐角,所以刀片的受力情况也不理想,刀片损伤也较厉害。

⑤ 数控剪板机(图 7-11)

数控剪板技术是指用数字、文字和符号组成的数字指令来实现一台剪板机或多台剪板机设备动作控制的技术。数控剪板机一般采用通用或专用计算机实现数字程序控制,它所控制的通常是位置、角度、速度等机械量和与机械能量流向有关的开关量。数控剪板机的产生依赖于数据载体和二进制形式数据运算的出现。

图 7-10　液压摆式剪板机　　　　图 7-11　数控剪板机

### 7.3.2　切割机

切割机是常用的流通加工设备之一,其种类繁多,按切割方式可分为等离子切割机、高压水切割机、数控火焰切割机、激光切割机、电火花线切割机等;按切割的材质可分为金属管材切割机、玻璃切割机、石材切割机、布匹切割机、半导体切割机等。

机械加工过程中,板材切割常用方式有手工切割、半自动切割机切割及数控切割机切割。手工切割灵活方便,但手工切割质量差、尺寸误差大、材料浪费大、后续加工工作量大,同时劳动条件恶劣,生产效率低。半自动切割机中的仿形切割机,切割工件的质量较好,由于其使用切割模具,不适合于单件、小批量和大工件切割;其他类型半自动切割机虽然降低了工人劳动强度,但其功能简单,只适合一些较规则形状的零件切割。数控切割相对手动和半自动切割方式来说,可有效地提高板材切割效率、切割质量,减轻操作者的劳动强度。目前在我国的一些中小企业甚至在一些大型企业中使用手工切割和半自动切割方式还较为普遍。

#### 1. 钢管切割机

钢管切割机(见图 7-12)包括割具总成部分、回转机构、驱动机构、固定机架部分、升降机构和重锤机构,主要用于钢管切割。驱动机构转动带动回转机构转动,再带动割具总成围绕被切割钢管回转,完成切割。

#### 2. 数控火焰切割机

数控火焰切割机(见图 7-13)是用数字程序驱动机床运动,搭载火焰切割系统,使用数控系统来控制火焰切割系统的开关,对钢板等金属材料进行切割。切割具有大厚度碳钢切割能力,切割费用较低,但存在切割变形大,切割精度不高,而且切割速度较低,切割预热时间、穿孔时间长,较难适应全自动化操作的需要。它的应用场合主要限于碳钢、大厚度板材切割,在中、薄碳钢板材切割上逐渐被等离子切割机代替。

图 7-12　钢管切割机

图 7-13　数控火焰切割机

**3. 等离子弧切割**

等离子弧切割是利用高温等离子电弧的热量使工件切口处的金属局部熔化(和蒸发),并借高速等离子的动量排除熔融金属以形成切口的一种加工方法。等离子切割具有切割领域宽,可切割所有金属板材,切割速度快,效率高,切割速度可达 10m/min 以上。等离子在水下切割能消除切割时产生的噪声,粉尘,有害气体和弧光的污染,有效地改善工作场合的环境。数控等离子切割机如图 7-14 所示。

**4. 数控高压水射流切割机**

数控高压水射流切割机(见图 7-15)适用于任何材料的切割(金属、非金属、复合材料),切割精度高,不产生热变形,为具环保的切割方式。它的缺点在于切割速度慢、效率低、切割费用高。

经过几十年的发展,数控切割机在切割能源和数控控制系统两方面取得了长足的发展,切割能源已由单一的火焰能源切割发展为目前的多种能源(火焰、等离子、激光、高压水射流)切割方式;数控切割机控制系统已由当初的简单功能、复杂编程和输入方式、自动化程度不高发展到具有功能完善、智能化、图形化、网络化的控制方式;驱动系统也从步进驱动、模拟伺服驱动到目前的全数字式伺服驱动。

图 7-14　数控等离子切割机

图 7-15　数控高压水射流切割机

## 7.3.3　木工锯机

木工锯机是用有齿锯片、锯条或带齿链条切割木材的机器。它广泛用于木材流通过程中对原木和木材初级制品的加工,木材集中加工能满足大量不同加工的要求,并做到节省材料、减轻劳动强度、保证加工质量。

### 1. 带锯机（图 7-16）

带锯机是以张紧在铅轮上的环状无端带锯条沿一个方向连续转动而实行切割木材的锯机。主要由床身、锯轮、上锯轮升降和仰俯装置，带锯条张紧装置，锯条导向装置，工作台，导向板等组成。床身由铸铁或钢板焊接制成。锯轮分有幅条式的上锯轮和幅板式的下锯轮；下锯轮为主动轮，上锯轮为从动轮。

### 2. 框锯机（图 7-17）

框锯机将多根锯条张紧在锯框上，由曲柄（或曲轴）连杆机构驱动锯框做上下或左右的往复运动，使装在锯框上的多根锯条对原木或木方进行纵向锯切的机械。其主要特点是一次可以锯剖多块不同厚度的板材；锯条张紧状态好，锯材精度高，表面质量好；生产效率高；框锯机制材劳动强度低、安全性能好，对操作人员的技术水平要求不高；生产工艺简单、占地面积小，节省投资费用。

图 7-16　带锯机

图 7-17　框锯机

### 3. 圆锯机（图 7-18）

圆锯机结构简单，效率较高，类型众多，应用广泛。按照切削刀具的加工特征可以分为纵剖圆锯机、横截面圆锯机和万能圆锯机。纵剖圆锯机主要用于对木材进行纵向锯解；横截面圆锯机限于对木材进行横向截断。

### 4. 锯板机（图 7-19）

锯板机主要用于软硬实木、胶合板、纤维板、刨花板以及一面或两面贴有薄木、纸、塑料、有色金属的饰面板等板材的纵切横截或成角度的锯切，以获得尺寸符合规格的板材，还可以用于各种塑料板、绝缘板、薄铝板和铝型材等的锯切。

图 7-18　圆锯机

图 7-19　锯板机

### 7.3.4　玻璃加工设备

在流通中,用于玻璃的加工设备主要是指对玻璃进行切割等加工的专用机械。

玻璃的主要流通加工方式集中在套裁和开片供应,这种加工往往与配送结合进行。玻璃加工配送中心,通常拥有多种先进的大型加工设备,整箱玻璃被拆封后,可以按照各个用户对玻璃形状、尺寸的不同要求,进行套裁和开片,可大大提高玻璃的利用率。

玻璃切割机是指专用于玻璃加工与下料的一种加工机械设备。图 7-20 是数控平板玻璃切割机,它具有高精度、高速度、低噪声的特点,可对平板玻璃进行直线和异型切割、它采用交流伺服电机实现三轴的同步驱动,替代了手工开片作业,既减轻了劳动强度,使玻璃的切割精度能够得到长期保证,又提高了开片的精度和速度,并大大节约了原材料。自动供油系统也给用户的维护保养提供了方便。采用计算机控制,有人机对话和高级排样方法。

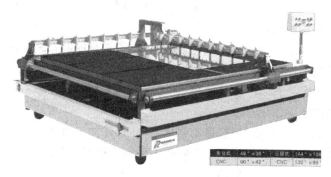

图 7-20　平板玻璃切割机

图 7-21 为数控玻璃加工中心,它采用了高质量的滚珠丝杠、滑道、伺服电机和控制系统,产品可应用于玻璃异型磨边、切割、刻字、打孔、抛光,从图案设计、产品加工全面由计算机控制,可根据要求配置刀库及换刀系统,具有系统稳定、加工速度快等优点。

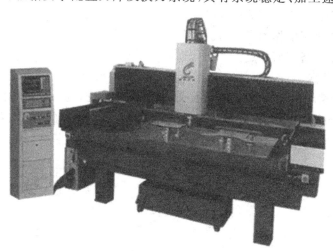

图 7-21　数控玻璃加工中心

**情境小结**

在木材、钢材、玻璃等生产资料的流通过程中,流通加工设备的大量使用给企业和客户带来了方便并提高了使用率,改变或完善商品的原有形态来实现生产和消费的"桥梁"和"纽带"的作用,并使商品在流通过程中的价值得到最大体现。因此,流通加工的功能通过流通加工设备得到充分体现。

# 理实一体化训练

**一、选择题**

1. 流通加工在流通过程中对产品实施的简单加工作业活动主要包括( )。
   A. 包装和分割　　　B. 计量和分拣　　　C. 刷标志　　　　　D. 组装
2. 包装自动生成线的组成不包括( )。
   A. 自动包装机　　　B. 辅助工艺装置　　C. 检测与控制系统　D. 分流装置
3. 自动包装生产线的主要技术经济指标有( )。
   A. 生产能力　　　　B. 生产效率　　　　C. 包装材料损耗率　D. 合格品率
4. 木工锯机的主要作用有( )。
   A. 节省材料　　　　B. 减轻劳动强度　　C. 保证加工质量　　D. 提高生成效率
5. 切割机是指用于( )加工与下料的一种加工机械设备。
   A. 木材　　　　　　B. 玻璃　　　　　　C. 钢材　　　　　　D. 煤炭

**二、简答题**

1. 简述流通加工设备的作用。
2. 简述包装自动生成线的概念和组成部分。
3. 论述剪板机的类型和特点是什么。
4. 论述切割机的作用和适用范围。
5. 简述木工锯机的作用和类型。
6. 玻璃加工设备有何特点?

**三、实务操作题**

根据本学习情境中所介绍的流通加工设备的基本情况,对一家当地加工企业进行调研,分析其设备的加工类型,哪些属于流通加工设备,这些设备给企业和客户带来哪些方便性?

# 信息平台与设备

**学习目标：**

1. 了解物流领域的各种信息采集技术；
2. 掌握条码及条码设备的基础知识；
3. 掌握 RFID 系统的组成及在物流中的应用；
4. 掌握 GPS 系统的组成，了解激光定位技术的应用。

 **导入案例**

## 安得物流"技"高一筹

近两年，物流越来越受到企业的关注。很多企业希望引入现代物流管理理念，借助于现代物流技术与装备，重建自己的物流系统，以降低成本，提高效益，增强市场竞争力。事实证明，通过实现企业物流的现代化来提升管理水平，获得最大的利润空间，已成为有远见的企业家成功的捷径。而真正具备现代物流技术并运用于实际运作的第三方物流企业似乎仍屈指可数。安得物流，便是其中之一。

技术一：成熟的物流信息系统

在同行眼里，安得物流在信息化方面捷足先登，高效的信息处理手段，始终保持在行业前列。目前公司拥有"安得物流供应链管理信息系统（ALIS）"，其中包括"远程视频监控系统"、"全球定位系统（GPS）车辆管理系统"、"安得网络办公平台"、"安得物流知识平台""人力资源管理平台"等多个模块。

技术二：地理信息系统（GPS）定位

随着物流业逐渐发展，物流量的日益增多，对物流过程中车辆和货物的监控管理和合理调度就成为物流业货物运输管理系统中的重要问题，安得物流也遇到同样的情况。为有效解决货物运输过程中出现的监控不到位的问题，安得物流引进了 GPS 车辆定位系统。该系统解决了物流过程中车辆跟踪、路线的规划导航、信息查询、紧急救援等问题。有了 GPS 定位加上信息中心的实时监控，安得物流真正实现了"物畅其流，掌控自如"。

技术三：RFID 的应用

安得物流立体仓库采用 RFID 结合条码的解决方案，货品上没有条码的，可在入库时贴上仓库内部管理码，托盘粘贴 PVC 封闭 RFID 标签，库位分别粘贴金属 RFID 标签。将货品条码或内部管理码与托盘的 RFID 标签进行关联，用 RFID 读写确认出入库、盘点、移库作业等操作。减少人工干预，提高作业效率和降低出错率。

点评：

物流信息技术是将现代信息技术应用于物流的各个过程中，是现代物流区别于传统物流的显著标志，计算机网络技术的广泛应用使物流信息技术达到了较高的应用水平，同时也是物流技术中发展最快的领域。根据物流的特点以及功能，物流信息技术包括网络技术、计算机技术、条码技术、电子数据交换技术、信息分类编码技术、射频识别技术、地理信息系统、全球定位系统等。随着物流信息技术的不断发展，产生了一系列先进和崭新的物流经营方式和新的物流理念，从而推进了物流的变革。

# 8.1　物流信息采集技术简介

物流信息技术（Logistics Information Technology）是指运用于物流各环节的信息技术。物流信息技术是物流技术中发展最迅猛的领域，是物流现代化的重要标志。对物流信息进行实时、准确采集，是物流信息自动化管理的要求。可以用来作为物流信息采集的技术非常之多，包括各种自动识别技术和物流应用的电子信息技术。

## 8.1.1　自动识别技术

自动识别技术（Automatic Identification Technology，AIDT）就是应用一定的识别装置，通过被识别物品和识别装置之间的接近活动，自动地获取被识别物品的相关信息，并提供给后台的计算机处理系统来完成相关后续处理的一种技术。常见的自动识别技术主要有：条码技术、射频识别技术（RFID）、磁条（卡）技术、IC 卡识别技术、声音识别技术、视觉识别、光学字符识别等。目前在物流领域最常用的是条码技术和射频识别技术。

### 1. 条码技术

条码是一组规则排列的黑白相间的条、空以及相应的字符组成的图形符号。这些条和空组成的图形表达一定的信息，可用特定的仪器阅读。当一束光射过条码时，由于条和空的反射率不一样，反射的光的强度也不同，利用扫描装置接收它并输出成电流波，用译码器译出，从而转换成计算机可读的数据。由于光运动的速度极快，所以可以准确无误地快速识别条形码上的信息。

条码技术包括条码的编码技术、印刷技术及识读技术。编码技术和印刷技术把数据用条码符号表示出来；识读技术将条码符号所表示的数据转变成计算机可自动采集的数据。

条码技术是实现快速、准确、可靠收集数据的有效手段，是物流行业自动化管理的最基本的技术支持。与其他技术相比，条码技术具有输入速度快、可靠性高、采集信息量大、灵活实用、操作简单及设备成本低的优点，其缺点是数据无法更改且需要配备专门条码阅读扫描仪。

### 2. 射频识别技术（RFID）

射频识别是运用无线电技术远距离识别动态或静态对象的技术，简称为 RFID（Radio Frequency Identification），俗称电子标签，是 20 世纪 90 年代开始兴起的一种自动识别技术。射频识别技术由于其非接触阅读和远距离跟踪移动对象的性能，可以在制造业不宜使用条码标签的环境下使用,还可广泛运用于其他各种领域,如店铺防盗系统、居室防盗系统、物品和库存的跟踪、自动收费、制造业流程管理、联运集装箱和空运货物跟踪、航运与铁路车辆跟踪等。

射频识别系统最重要的优点是非接触识别,它能穿透雪、雾、冰、涂料、尘垢和条码无法使用的恶劣环境阅读标签;并且阅读速度极快,大多数情况下不到 100 毫秒。有源式射频识别系统的读写能力也是重要的优点,可用于流程跟踪和维修跟踪等交互式业务。

### 3. 磁条(卡)技术

磁条(卡)技术应用了物理学和磁力学的基本原理。对自动识别设备制造商来说,磁条就是一层薄薄的由定向排列的铁性氧化粒子组成的材料(也称为涂料),用树脂粘合在一起并粘在诸如纸或者塑料这样的非磁性基片上。

磁条技术的优点是数据可读写,具有现场改写数据的能力;数据存储量能满足大多数需求,便于使用,成本低廉,还具有一定的数据安全性;它能粘附在许多不同规格和形式的基材上,可以用作信用卡、银行 ATM 卡、机票、自动售货卡、会员卡等。磁卡的价格便宜,但是容易磨损,磁条不能折叠、撕裂,磁条易读出和伪造、保密性差,数据量较小。

### 4. IC 卡识别技术

IC 卡是继磁卡之后出现的又一种新型信息工具。IC 卡是集成电路卡(Integrated Circuit Card)的简称,是镶嵌集成电路芯片的塑料卡片。IC 卡是将可编程设置的 IC 芯片放在卡片中,使卡片具有更多的功能。IC 卡有接触型 IC 卡和非接触型 IC 卡,通常所说的 IC 卡多指接触型 IC 卡。

和磁卡相比,IC 卡(接触型)具有安全性高、存储容量大、抗干扰能力强、可靠性高、使用寿命长等特点。但由于其触点暴露在外面,有可能因人为的原因或静电损坏。

IC 卡的应用也比较广泛,如手机 SIM 卡、银行卡、公交卡、社保卡等。

### 5. 声音识别技术

声音识别技术的迅速发展以及高效可靠的应用软件的开发,使声音识别系统在很多方面得到了应用。这种系统可以用声音指令实现"不用手"进行数据采集,其最大特点就是不用手和眼睛。这对那些采集数据要手脚并用的工作场合,以及标签仅为识别手段,数据采集不实际或不合适的场合尤为适用。如汉字的语音输入系统就是典型的声音识别技术,但误码率很高。

### 6. 视觉识别

视觉识别系统可以看作这样的系统:它能获取视觉图像,而且通过一个特征抽取和分析的过程,能自动识别限定的标志、字符、编码结构或可作为准确识断的基础呈现在图像内的其他特征。

### 7. 光学字符识别

光学字符识别 OCR(Image Character Recognition):人眼可视读、可扫描,但输入速度和可靠性不如条码,数据格式有限,通常要用接触式扫描器。

### 8.1.2 物流电子信息技术

物流电子信息技术可以理解为应用在物流系统中的以电子通信手段为基础的一系列信息技术,包括全球定位系统(GPS)、地理信息系统(GIS)、电子数据交换(EDI)、销售实点系统(POS)等。

**1. 全球定位系统(GPS)**

全球定位系统(Global Positioning System,GPS)是依靠卫星导航来对地面目标进行定位与跟踪的一种技术。GPS 由空间卫星系统、地面监控系统、用户接收系统三大子系统构成。GPS 主要应用在导航、城市交通疏导系统、车辆监控系统、固定点的定位测量和人员救生系统等方面。

**2. 地理信息系统(GIS)**

地理信息系统(Geographic Information System,GIS)是一种以地理空间数据库为基础,在计算机硬件、软件环境支持下,对空间相关数据进行采集、管理、操作、分析、模拟和显示,并采用地理模型分析方法适时提供多种空间和动态的地理信息,为地理研究、综合评价、科学管理、定量分析和决策服务建立的一类计算机应用系统。GIS 把地图的视觉和空间地理分析功能与数据库功能集成在一起,提供了一种对空间数据进行分析、综合和查询的智能化手段。GIS 的应用范围不仅涉及国民经济的许多领域,如交通、能源、农林、水利、测绘、地矿、环境、航空、国土资源综合利用等,而且与国防安全密切相关。

**3. 电子数据交换(EDI)**

电子数据交换(Electronic Data Interchange,EDI)是计算机与计算机之间结构化的事务数据交换。EDI 就是一类电子邮包,按一定规划进行加密和解密,并以特殊标准和形式进行传输。EDI 的关键技术包括数据网络、数据标准化和计算机综合利用技术。EDI 的工作流程一般包括:文件的结构化和标准化处理;传输和交换;文件的接收和自动处理。

EDI 信息系统利用电子计算机与通信技术的结合,自动地在计算机之间以标准格式进行数据的传递和处理,从而可大大提高物流的作业效率。

**4. 销售实点系统(POS)**

POS 系统,又称"销售点管理系统"(Point of Sales),它是指利用现金收款机作为终端机与主计算机相连,并借助光电识读设备为计算机录入商品信息。当带有条码符号的商品通过结算台扫描时,商品条码所表示的信息被录入到计算机,计算机从数据库文件中查询到该商品的名称、价格等,并经过数据处理,打印出收据。POS 最早应用于零售业,以后逐渐扩展至金融、旅馆等服务性行业,利用 POS 信息的范围也从企业内部扩展到整个供应链。现代 POS 系统已不仅仅局限于电子收款技术,而是要考虑将计算机网络、电子数据交换技术、条码技术、电子监控技术、电子收款技术、电子信息处理技术、远程通信、电子广告、自动仓储配送技术、自动售货、备货技术等一系列科技手段融为一体,从而形成一个综合性的信息资源管理系统。同时,它必须符合和服从商场管理模式,按照对商品流通管理及资金管理的各种规定进行设计和运行。

# 8.2 物流条码设备

对物流信息进行实时、准确采集,是物流信息自动化管理的要求。实现自动识别及数据自动录入,就是对商品在出库、入库、分拣、运输等过程中的各种信息进行及时捕捉,以解决数据录入和数据采集的"瓶颈"问题。随着计算机网络技术和信息技术的发展,可通过网络系统实现各类物流数据和信息传输,包括日常查询、计划等。条码设备是物流信息处理中使用最广泛的一种信息处理设备。

## 8.2.1 条码基本知识

### 1. 条码的概念

如图 8-1 所示,条码是由宽度不同、反射率不同的条和空,按照一定的编码规则(码制)编制而成的,用以表达一组数字或字母符号信息的图形标识符,即条码是一组粗细不同、按照一定的规则安排间距的平行线条图形。常见的条码是由反射率相差很大的黑条(简称条)和白条(简称空)组成的。一组完整的条码符号依次由以下六个部分组成,其排列如下。

图 8-1 条码符号结构

(1) 首静区

首静区位于条码符号的左端,无任何符号及信息的白色区域,提示条码阅读器准备扫描,又叫空白区。

(2) 起始符

条码符号的第一位字符,标志一个条码的开始。其作用在于避免连续阅读时几组条码互相混淆或阅读不当丢失前面的条码。

(3) 数据符

条码的核心,是所要传递的主要信息。

(4) 校验符

校验阅读是否有效,是数据字符的算术运算的结果。当阅读器的运算结果与校验字符相同,则判定此次阅读有效,否则不予输入。

(5) 终止符

条码符号的最后一位字符,标志一个条码的结束。

（6）尾静区

位于条码符号的右端，与首静区的作用相同，都是保证阅读器的光束到达第一个条纹前，有一个稳定的速度。因首、尾静区相同，故可以双向阅读。

**2. 条码的分类**

按照不同的分类标准，条码可以分为不同的种类。

（1）按维数分类

条码按维数不同，可分为一维条码、二维条码和三维条码。

① 一维条码

世界上约有 225 种以上的一维条码，每种一维条码都有自己的一套编码规则，其按照应用可分为商品条码和物流条码。此外，书籍和期刊也有国际统一的编码，称为 ISBN（国际标准书号）和 ISSN（国际标准丛刊号）。普通的一维条码问世后很快得到普及并广泛应用，但由于一维条码的信息容量很小，如商品上的条码仅能容 13 位的阿拉伯数字，更多的描述商品的信息只能依赖预先建立的数据库的支持，因而应用范围受到一定限制。

② 二维条码

二维条码具有储存量大、保密性高、追踪性高、抗损性强、备援性大、成本便宜等特性，特别适用于表单、安全保密、追踪、证照、存货盘点、资料备援等方面。

二维条码按编码原理可分为三种类型：a. 线性堆叠式二维码，是在一维条码编码原理的基础上将多个一维码在纵向堆叠而产生的，有 Code 16K、Code 49、PDF417（图 8-2）等；b. 矩阵式二维码，是在一个矩形空间通过黑、白像素在矩阵中的不同分布进行编码，有 Aztec、Maxi Code、QR Code、Data Matrix（图 8-3）等；c. 邮政码，通过不同长度的条进行编码，主要用于邮件编码，如 Postnet、BPO4-State。

二维条码常用的码制有：Data Matrix、Maxi Code、Aztec、QR Code、Vericode、PDF417、Ultracode、Code 49、Code 16K 等，其中 Data Matrix、Maxi Code、PDF417 同被美国国家标准协会（American National Standards Institute，ANSI）MH10 SBC-8 委员会选为二维条码国际标准制定范围。美国国际资料公司（International Data Matrix）发明的 Data Matrix，主要用于电子行业小零件的标志；美国联合包裹服务公司（UPS）研制的 Maxi Code，用于包裹的分拣和跟踪；美国符号科技公司（Symbol）发明的 PDF417 条码是一种高密度、高信息含量的便携式数据文件，是实现证件及卡片等大容量、高可靠性信息自动存储、携带并可用机器自动识读的理想手段。

图 8-2　PDF417 条码

图 8-3　Data Matrix 条码

③ 三维条码(多维条码)

三维条码又叫 3D Barcode、多维条码、万维条码,或者叫做数字信息全息图。相对二维条形码而言,三维条码能表示计算机中的所有信息,包括:音频、图像、视频、全世界各国文字,从而不再有二维条码的种种局限。

日本公司"Content Idea of Asia"研发出一种三维条码,这种条码实际由 24 层颜色组成,能够承载的信息大小是 0.6~1.8MB。这样的容量足够可以放得下一首 MP3 或者一段小视频。这给我们带来很大的想象空间,假设你的手机有一个摄像头,将商品上的这个条码扫描一下,然后用专门的软件将上面的数据释放出来,你的手机就能获得一段 MP3 或者视频,你可以通过手机来欣赏这个 MP3 或者广告视频,这比简单的图片来说,绝对是有感官冲击力的。

信息密度是描述条码符号的一个重要参考依据,多维条码可以记录比以往条码更加丰富的信息,应用前景十分广阔。

(2) 按使用的目的分类

条码按使用目的可分为商品条码和物流条码。

① 商品条码

商品条码包括 EAN 码和 UPC 码,其中 EAN 码是国际通用的符号体系。商品条码是以直接向消费者销售的商品为对象,以单个商品为单位使用的条码。

EAN 商品条码是由国际物品编码协会统一分配给各会员国家代码,再由各会员国的商品条码负责机构对国内制造商、批发商和零售商等分配厂商代码,各厂商再对其生产的每种单品编码。故 EAN 商品条码中每个商品都有独一无二的条码。

EAN-13 码(标准码)由 13 位数字组成,通常用于识别一般商品。EAN-8 码(缩短码)由 8 位数字组成,用于识别包装面积和印刷面积不足以印刷标准码的商品。EAN 商品条码(标准码)包括国家代码(3 位)、制造厂商代码(4 或 5 位)、产品代码(5 或 4 位)和检验码(1 位)。中国商品的国家代码是 690~695。

② 物流条码

物流条码是物流过程中以商品为对象,以集合包装商品为单位使用的条码。标准物流条码由 14 位数字组成,除了第一位数字以外,其余 13 位数字代表的含义与商品条码相同。物流条码包括 128 码、ITF 码、39 码、库德巴(Codabar)码等。其中 39 码和 128 码是目前国内企业内部自定义码制,可按需要确定条码的长度和信息,编码的信息可以是数字,也可包含字母,主要应用于工业生产线领域、图书管理等;93 码是一种类似于 39 码的条码,它的密度较高,能够替代 39 码;25 码主要应用于包装、运输以及国际航空系统的机票顺序编号等;Codabar 码应用于血库、图书馆、包裹等的跟踪管理。

(3) 按码制分类

条码按码制不同,可分为 EAN 码、UPC 码、交叉 25 码、Codabar 码、Code39 码、128 码、93 码、49 码、25 码、矩阵 25 码、Plessey 码等。

## 8.2.2　条码数据采集设备

### 1. 条码识读设备

条码识读设备是用来读取条码信息的设备,它使用一个光学装置将条码的条、空信息转换成电频信息,再由专用译码器翻译成相应的数据信息。条码识读设备一般不需要驱动程序,接上后可直接使用。

按照不同的分类标准,条码识读设备可以分为不同的种类。

(1) 按扫描原理分类

条码识读设备按扫描原理不同,可分为触式光笔、CCD条码扫描器和激光扫描器。

① 触式光笔扫描器(图 8-4)

触式光笔扫描器只能识读一维条码,并且必须与被扫描阅读的条码接触,才能达到读取数据的目的。光笔扫描器的优点是成本低、耗电低、耐用,适合数据采集,可读较长的条码符号;其缺点是光笔对条码有一定的破坏性,条码因保存不当而产生损坏或上面有一层保护膜时,光笔都不能使用,而且其首读成功率低及误码率较高。随着条码应用的推广,目前已逐渐被 CCD 取代。

② CCD 条码扫描器(图 8-5)

CCD 条码扫描器是利用光电耦合(CCD)原理,对条码印刷图案进行成像,然后再译码。它无转轴,使用寿命长,耗电省、体积小、价格便宜。手持式 CCD 扫描器操作方便,易于使用,只要在有效景深范围内,光源照射到条码符号即可自动完成扫描,对于表面不平的物品、软质的物品均能方便地进行识读。但其阅读条码符号的长度受扫描器的元件尺寸限制,扫描景深长度不如激光扫描器。

图 8-4　触式光笔扫描器

图 8-5　手持式 CCD 扫描器

③ 激光扫描器(图 8-6)

激光扫描器是一种远距离条码识读设备,其性能优越,被广泛使用。激光扫描器的扫描方式有单线扫描、光栅式扫描和全角度扫描三种方式。激光扫描器缺点是对识读的角度要求比较严格,而且只能识读堆叠式二维码(如 PDF417码)和一维码,常见的有激光蓝牙无线条码扫描器。

激光手持式条码扫描器是利用激光二极管作为光源的单线式扫描器,其景深较大,扫描识读率和精度较高,扫描宽度不受设备开口宽度限制。

卧式激光扫描器为全角扫描器,其操作方便,操作者可双手对物品进行操作,只要条码符号面向扫描器,不管其方向如何,均能实现自动扫描,超市大都采用这种设备。

图 8-6　激光蓝牙无线条码扫描器

（2）按使用方式分类

条码识读设备按使用方式不同，可分为手持式条码扫描器、台式条码扫描器、固定式条码扫描器。

① 手持式条码扫描器

手持式条码扫描器包括 CCD、激光枪、光笔等。手持式条码扫描器是应用最广泛的条码识别设备。它们大多通过电缆连接到 PC、POS 或其他固定终端上，构成一个条码扫描工作站；也可接入手持数据终端或车载数据终端组成移动工作站；通过人机配合，可灵活应用于多种场合，也可与扫描器支架配合，组成固定式的条码扫描工作站。

② 台式条码扫描器（图 8-7）

台式条码扫描器包括 CCD、激光平台。在零售连锁店、便利店、书店或药店，收银员通常要将商品拿到柜台上进行条码扫描。台式条码扫描器结构紧凑，可安放在收银柜台上，与 POS 系统连接。它通过较大的扫描窗形成多条交叉的网状扫描线，从而实现全方向条码扫描。操作者不需要仔细地调整条码的方向，就能够快速方便地识读商品条码，加快收银速度。

③ 固定式条码扫描器（图 8-8）

在生产线上自动控制或跟踪在制品，或者在传送带上自动分拣物品，都需要自动地扫描条码。固定式条码扫描器与传感器或 PLC 配合，组成扫描系统，将数据或信号传送到计算机或 PLC。固定式条码扫描系统的构成较为复杂，要根据具体的应用对象进行专门设计：通常需考虑扫描对象的外形尺寸、传送带速度、条码方位、扫描方式、识读分辨率、扫描区域、识读景深、安装方式、触发信号和接口方式等因素；也可用多个扫描器组成条码扫描隧道或网络，成组工作，再加上软件分析技术，从而完成在特定环境下的条码自动识别工作。

图 8-7　台式条码扫描器

图 8-8　固定式条码扫描器

随着射频识别（RFID）技术的推广应用，条码标识和射频标识共存于一个标签或系统的情况越来越普遍。同时扫描条码和读写射频标识便成了一种基本需求。因此，应运而生便出现了双功能的扫描器或可与手持终端组成双功能系统的射频标识模块。

**2. 条码打印机**（图 8-9）

条码打印机是一种专用设备，一般有热敏型和热转印型打印方式，使用专用的标签纸和碳带。条码打印机打印速度快，可打印特殊材料（PVC 等），可外接切刀进行功能扩展；但其价格昂贵，使用维护较复杂，适合于需大量制作标签的专业用户使用。

条码打印机的打印精度一般为203dpi,宽度一般为104mm,打印速度可达101.6~254mm/s,其内置的条码生成功能可以高速地打印条码标签,而普通打印机则需要专门的条码生成程序来生成条码。

### 3. 条码数据采集器(图8-10)

条码数据采集器是手持式扫描器与掌上电脑的功能组合为一体的设备单元,具有现场实时数据采集、处理功能,比条码扫描器多了自动处理、自动传输的功能,它具有实时采集、自动存储、即时显示、即时反馈、自动处理、自动传输功能,为现场数据的真实性、有效性、实时性、可用性提供了保证。数据采集器按处理方式分为在线式数据采集器和批处理式数据采集器;按产品性能分为便携式数据采集终端、无线型手持终端、无线掌上电脑、无线网络设备。

图 8-9 条码打印机

图 8-10 条码数据采集器

(1) 便携式数据采集终端

便携式数据采集终端(Portable Data Terminal,PDT)也称为便携式数据采集器或手持终端(Hand-hold Terminal,HT),因其用于自动识别条码,故称为便携式条码扫描终端。便携式数据采集器是集激光扫描、汉字显示、数据采集、数据处理、数据通信等功能于一体的高科技产品。它相当于一台小型的计算机,将电脑技术与条码技术完美结合,利用物品上的条码作为信息快速采集手段。简单地说,它兼具了掌上电脑、条码扫描器的功能。便携式数据采集器硬件上具有计算机设备的基本配置:CPU、内存、各种外设接口,依靠电池供电;软件上具有计算机运行的基本要求:操作系统、可以编程的开发平台、独立的应用程序。它可以将电脑网络的部分程序和数据下传至手持终端,并可以脱离电脑网络系统独立进行某项工作。

严格意义上讲,便携式数据采集器不是传统意义上的条码产品,它的性能在很多层面上取决于其本身的数据计算、处理能力,这恰恰是计算机产品的基本要求。

(2) 无线数据采集器

无线数据采集器大都是便携式的,除了具有一般便携式数据采集器的优点外,还有在线式数据采集器的优点,它与计算机的通信是通过无线电波实现的,可以把现场采集到的数据实时地传输给计算机。相对于普通便携式数据采集器,无线数据采集器更进一步提高了操作员的工作效率,使数据从原来的本机校验、保存转变为远程控制、实时传输。

无线数据采集器不需要像普通便携式数据采集器那样依靠通信座和PC进行数据交换,而可以直接通过无线网络和PC、服务器进行数据通信。每个无线数据采集器都好似一个自带 IP 地址的网络节点,通过无线的登录点(AP)实现与网络系统的实时数据交换。无线数据终端在无线 LAN 网中相当于一个无线网络节点,它的所有数据都必须通过无线网络与服务器进行交换。

## 8.2.3　条码在物流中的应用(POS 及 POS 系统的应用)

随着现代物流的发展,信息流在物流管理中日益发挥着越来越大的作用,因此,物流信息采集的数字化、自动化显得越来越重要,不同物流运作系统间信息无缝对接和交换也显得越来越重要。具体来看,作为物流管理的工具,条码的应用主要集中在以下环节:

### 1. 销售点管理系统(POS)

如图 8-11 所示,POS 系统具有直接、及时入账的实时处理能力,在销售时,商品的各种信息数据处理是在交易的瞬间完成的。其过程为,对销售商品进行结算时,通过光电扫描读取商品外包装上的条码标识,并将信息(如商品名称、规格、价格、数量)输入计算机,然后输进收款机,并自动生成账单。POS 系统一般应用于超市,因为超市商品的条码普及率较高。

图 8-11　POS 系统

超市实施了 POS 系统管理后,可以记录销售过程中的每一笔交易,每售出一件商品,POS 系统数据库中就相应的减少该商品的库存记录,并能自动完成商品的盘点。

在商场完善的 POS 系统建立的同时也建立了商场管理信息系统,即 MIS(Management Information System)系统(实际是 POS 系统网络的后台管理部分)。这样,在商品销售的任何过程中任一时刻,商品的经营决策者都可以通过 MIS 系统了解和掌握 POS 系统的经营情况,实现商场库存商品的动态管理,使商品的存储量保持在一个合理的水平,减少不必要的库存。

实施 POS 系统管理后,经营管理人员对销售环节的各种信息以及某种商品销售情况的好坏、商品是否过期可随时掌握,解决了超前付款和削价处理的损失。

POS 系统的差错率很低,据统计在三百万分之一。

### 2. 库存系统

在库存物资上应用条码技术,尤其是规格包装、集装、托盘货物上,入库时自动扫描并输入计算机,由计算机处理后形成库存的信息,并输出入库区位、货架、货位的指令,出库程序则和 POS 条码应用一样。

### 3. 分货拣选系统

在配送方式和仓库出货时,采用分货、拣选方式,需要快速处理大量的货物,利用条码技术便可自动进行分货拣选,并实现有关的管理。其过程如下:中心接到若干个配送订货要求,将若干订货汇总,每一品种汇总成批后,按批发出所在条码的拣货标签,拣货人员到库中将标签贴于每件商品上并取出用自动分拣机分货,分货机始端的扫描器对处于运动状态分货机上货物扫描,一是确认所拣出货物是否正确;二是识读条码用户标记、指令商品在确定的分支分流,到达各用户的配送货位,完成分货拣选作业。

# 8.3　无线射频识别(RFID)设备

射频识别技术(Radio Frequency Identification,RFID)简称射频技术,是一种非接触式的自动识别技术,它通过射频信号自动识别目标对象并获取相关数据,识别工作无需人工干预,可在各种恶劣环境工作。射频识别的距离可达几十厘米至几米,且根据读写的方式,可以输入数千字节的信息,同时还具有极高的保密性。

## 8.3.1　RFID 组件与系统构成

### 1. RFID 组件

(1) 标签(Tag,即射频卡)

如图 8-12 所示,标签由耦合元件及存有识别代码的大规模集成线路芯片组成,标签含有内置天线,用于和射频天线间进行通信。每个标签具有唯一的电子编码,附着在物体上标志目标对象;电子标签是射频识别系统的数据载体,由标签天线和标签专用芯片组成。与条码、磁卡、IC 卡等识别技术相比,射频卡具有非接触、工作距离长、适于恶劣环境、可识别运动目标等优点。

依据电子标签供电方式的不同,电子标签可以分为有源电子标签、无源电子标签和半无源电子标签。目前主要为无源式。有源电子标签内装有电池,无源电子标签没有内装电池,半无源电子标签部分依靠电池工作。电子标签依据频率的不同可分为低频电子标签、高频电子标签、超高频电子标签和微波电子标签;依据封装形式的不同可分为信用卡标签、线形标签、纸状标签、玻璃管标签、圆形标签及特殊用途的异形标签等。

(2) 阅读器(Reader)

阅读器是读取或写入电子标签信息的设备,在 RFID 系统中起着举足轻重的作用。首先,阅读器的频率决定了射频

图 8-12　射频识别标签

识别系统的工作频率;其次,阅读器的功率直接影响到射频识别的距离。根据应用系统的功能需求,以及不同设备制造商的生产习惯,阅读器具有各种各样的结构和外观。

RFID 阅读器通过天线与 RFID 电子标签进行无线通信,可实现对标签识别码和内存数据的读出或写入操作。典型的阅读器含有高频模块(发送器和接收器)、控制单元以及阅读器天线(图 8-13)。

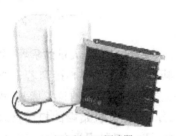

(a) 超高频RFID阅读器　　(b) 低频RFID阅读器　　(c) RFID手持设备

图 8-13　RFID 阅读器

（3）天线

天线在标签和阅读器间传递射频信号。RFID 系统的阅读器必须通过天线来发射能量，形成电磁场，通过电磁场来对电子标签进行识别，天线所形成的电磁场范围就是射频系统的可读区域。

**2. 网络**

RFID 网络系统包括阅读器网络系统和数据网络系统，其中阅读器网络系统一般为本地网络系统，而数据网络系统经常是远程的系统。

无论是何种 RFID 网络系统，所要实现的基本功能都是要求系统能够对存在于较大型 RFID 应用系统中的多个 RFID 阅读器进行网络化、集成化管理。这多个阅读器需要连接成一个网络，通过统一的管理指挥系统对多个阅读器进行操控。这种情况需要前端软件支持对多个阅读器的操控。

一般来讲，RFID 网络系统的选择应该根据用户的现有网络布线情况和网络操控功能需求来进行选择。比如，对于不具备网络条件的应用环境，可选的方案是通过多串口卡或者中间件将系统联入网络，对于网络条件比较便利、又不太考虑投资的情况，则可以考虑每台阅读器和计算机分别连接、每台计算机均单独接入计算机网络并进行数据传输和共享。

**3. 软件与仿真系统**

（1）RFID 软件系统

RFID 软件系统主要包括设备供应商提供的系统演示软件、开发平台或者接口软件、为模拟其系统性能而开发的仿真软件；集成商或客户自身开发的 RFID 前端操作软件、为实现采集的信息的传递与分发而开发的中间件软件系统以及处理这些采集的信息的后台应用软件（MIS 系统）。

集成商或客户自身开发的 RFID 前端操作软件主要是提供给 RFID 设备操作人员使用的前端软件。如手持设备上使用的 RFID 识别系统，超市收银台使用的结算系统，门禁系统使用的监控软件等，此外还应包括将 RFID 阅读器采集到的信息向软件系统传送的接口软件。对于较大型的 RFID 应用系统来讲，阅读器数量较多，系统采集的信息量较大，需要将系统所采集的数据进行过滤和向后台 MIS 系统分发或者进行远程传输，因此，就需要用到所谓的 RFID 中间件。这种中间件包括软件的和硬件的。

RFID 系统所采集的信息最终要向后台 MIS 系统分发，MIS 系统就需要具备相应的处理 RFID 数据的功能。MIS 系统的具体数据处理功能需要根据客户的具体需求、决策的支持度来进行具体的软件结构与功能设计。

（2）RFID 仿真系统

RFID 系统是一个非常复杂的电磁系统，对其性能测试涉及很多方面，电磁的、环境的、空间的等，因此，我们有必要建立一个 RFID 仿真环境来对其基本运行规律进行系统仿真。RFID 仿真系统可以模仿 RFID 系统在不同的通信速率、不同的标签运动速度、不同的系统频率、多组标签、每组多个标签情况下的系统仿真情况。

## 8.3.2  射频系统工作原理

如图 8-14 所示，射频系统的基本工作流程为：阅读器通过发射天线发送一定频率的射频信号,当射频卡进入发射天线工作区域时产生感应电流,射频卡获得能量被激活;射频卡将自身编码等信息通过卡内置发送天线发送出去;系统接收天线接收到从射频卡发送的载波信号,经天线调节器传送给阅读器,阅读器对接收的信号进行解调和解码,然后传送到后台主系统进行相关处理;主系统根据逻辑运算判断该卡的合法性,针对不同的设定做出相应的处理和控制,发出指令信号控制执行机构动作。

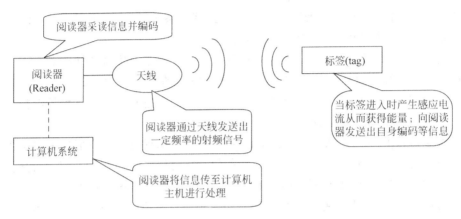

图 8-14　RFID 系统工作流程

### 8.3.3　RFID 应用环境体系

RFID 作为一种应用技术,受到各种社会环境的制约。RFID 的应用环境主要包括标准体系、政府监管职能、顾客隐私权以及 RFID 认证体系。

**1. 标准**

标准化是指对产品、过程或服务现实和潜在的问题作出规定,提供可共同遵守的无声的工作语言,以利于技术合作和防止贸易壁垒。射频标准体系是将无线技术作为一个大系统,并形成一个完整的标准体系表。

就标准本身的作用来看,对于越开放的系统来讲,标准的作用越大,通用性越强,而对于闭环系统来讲,标准的作用就不是那么凸显了,因为在闭环系统中,系统内外的信息互换并不那么重要。

在 RFID 应用还不是十分普及的今天,标准的统一与否同其昂贵的标签价格相比较,并不是那么迫切。但是随着 RFID 应用的普及,标准的统一性将变得越来越重要。

**2. 政府监管**

由于 RFID 系统使用的是无线通信,因此,为了不干扰导航、无线电广播等正常的无线系统的工作,国家对无线产品的使用实行严格的归口管理。中国国家无线电管理委员会为中国无线电管理的最高权力机构。依据的法律基础是国务院、中央军委颁布的《中华人民共和国无线电管理条例》。

以上政策具体执行时,可能还会另有规定。此外,在此法律框架下还架构有一些民间组织,如中国自动识别技术协会等,起着行业协调与自律的作用。

### 3. 隐私权

RFID 应用最大的特点就是被识别对象的全程可跟踪性可视化管理,包括人员识别在内。这样,就涉及了社会成员的个人隐私问题。不过,与 RFID 带来的巨大便利相比,如果加强 RFID 隐私权保护,顾客本身还是 RFID 技术的最大支持者。

### 4. 认证体系

目前,从国外著名厂家所生产的 RFID 产品来看,一般均需要通过电磁兼容认证、环境认证和国家产品安全认证。此外对于特殊的应用,还需进行行业特殊认证,如适合矿业和化工行业使用的产品,还需要防爆认证(煤矿称为煤安认证)。

每个国家或地区均有在本国或地区使用的产品认证标准,常见的有欧洲认证标准(CE)、美国标准和中国标准等。

## 8.3.4　RFID 在物流领域的应用

### 1. RFID 技术在产品库存控制和智能物流中的应用

RFID 技术提高了物品分拣的自动化程度,降低了差错率,使合理的产品库存控制和智能物流技术成为可能,使整个供应链管理显得透明而高效。每个产品出厂时都被附上电子标签,然后通过读写器写入唯一的识别代码,并将物品的信息录入数据库。此后,装箱销售、出口验证、到港分发、零售上架等各个环节都可通过读写器反复读写标签。借助电子标签可实现对商品从原料、半成品、成品、运输、仓储、配送、上架、最终销售,甚至退货处理等环节进行实时监控。

### 2. RFID 技术在交通行业的应用

RFID 技术在交通行业的应用主要是在高速公路收费及智能交通方面。通过在汽车上安装射频识别卡,可使汽车被自动识别,在车辆高速通过收费站的同时完成交费,大大提高行车速度和效率,避免拥堵,解决交通瓶颈问题。而将该系统与车辆信息数据库、缴费信息数据库连接后还可自动对过往车辆实施不停车检查,通过与资料中心数据库进行对照能在几秒钟内查到车辆欠费情况和违规情况,遏制车辆偷逃交通费用和违规营运的行为。

现阶段 RFID 技术在集装箱的应用上成为焦点,专家认为电子标签在集装箱上的运用对整个航运业会产生深远的影响。RFID 技术在集装箱上的应用主要解决几个问题:集装箱箱号的自动识别问题;集装箱门的开关状态的自动识别与监管问题;集装箱的物流运输信息在供应链中的自动识别和管理问题;集装箱的智能化以及在整个供应链下的全面可视问题。通过解决这些问题,RFID 技术能进行信息追踪,消除集装箱在运输过程中的错箱、漏箱,提高集装箱过闸速度,实时记录集装箱的开关次数和时间,提高集装箱运输的工作效率和安全性能。

### 3. RFID 技术在邮政物流中的应用

RFID 技术可有效提高速递邮件传递速度和服务质量,提高速递生产的劳动生产率,它在邮政的应用有力地推动了信息流与实物流统一化、分拣自动化、总包交接勾核便捷化的进程,可实现邮件从收寄、运输、分拣、投递整个环节的高度信息化管理,促进传统邮政企业向现代化信息化综合物流企业发展。

RFID 技术在邮政物流集装箱应用中牵涉到的生产环节主要包括：区域集散中心出口集装箱封发环节；区域集散中心的集装箱接发环节；火车专列站台上的集装箱交接环节；区域集散中心进口集装箱开箱环节。在每一环节工作人员使用手持式读写器读出每个集装箱射频标签所记录的 ID 信息或内件清单信息，并将其传送到信息系统中。采用 RFID 技术后可以更好地实现对集装箱和货物跟踪、管理和调度。

**4. RFID 技术在零售业中的应用**

由沃尔玛、麦德隆等大超市一手推动的 RFID 技术应用，可为零售业带来降低劳动力成本，提高商品可视度，降低商品断货损失，减少商品偷窃现象等好处。RFID 技术可应用的过程包括商品的销售数据实时统计、补货、防盗等。

世界零售业巨头沃尔玛在推广使用 RFID 电子标签后，供应商按照沃尔玛配送中心发来的订单分拣好商品，交付运送；在商品通过配送中心的接货口时，RFID 阅读器自动完成进货商品盘点并输入数据库。配送中心在按照各个分店的要求进行配货后，商品被直接送上传送带装车；在商品装车发往分店的途中，借助 GPS 定位系统或者沿途设置的 RFID 监测点，就可以准确地了解商品的位置与完备性，从而准确预知运抵时间；运抵门店后，卡车直接开过接货口安装的 RFID 阅读器，商品即清点完毕，直接上架出售或暂时保存在门店仓库中，门店数据库中的库存信息也随之更新。商品一旦进入到 RFID 阅读器覆盖的场所，RFID 系统就自动承担起商品的电子监控功能，有效地防止商品失窃现象。由于顾客改变了购买决策而随意放置的商品，也可以通过覆盖分店的 RFID 阅读器找到由店员归位。顾客选购商品后，只需将购物车推过安装有 RFID 阅读器的收银通道，商品的计价即自动完成。随着商品减少，装有 RFID 阅读器的货架即自动提醒店员进行补货。这样，商品在整个供应链和物流管理过程中就变成了一个完全透明的体系。这一技术的使用，使库存物品的缺货率降低了 16%，减少了人工订货和物品监管，每年减少经营成本 83.5 亿美元，减少因盗窃带来的损失高达 20 亿美元。

由国际物品编码协会(EAN)和美国统一代码委员会(UCC)共同组成的 EPCglobal 主要负责 EPC 网络的全球化标准，目前该组织计划在全球建立起一个庞大的"物联网"(所有参与流通的物品的编码网络)，实现货物的全程跟踪和追踪。物联网是通过给所有物品贴上 RFID 标签，在现有互联网基础之上构建所有参与流通的物品信息网络。物联网的建立将对生产制造、销售、运输、使用、回收等物品流通的各个环节以及政府、企业和个人行为带来深刻影响。通过物联网，世界上任何物品都可以随时随地按需被标识、追踪和监控。物联网被视为继 Internet 后 IT 业的又一次革命。作为物联网的热门技术，RFID 的应用前景将十分广阔并影响人类生活的各个方面。

# 8.4 GPS 与物流定位技术

所谓物流定位系统是确定物流作业的施行对象(载货汽车、吊车等)具体位置的一种技术。对于运行在广域范围内(如长途运输)的对象(如载货汽车)来讲，可以采用卫星定位系统和 GSM 系统来进行定位，而对于运行在局部范围(如仓库)的对象(如吊车)，则可以采用激光定位等技术来进行定位。无论采用何种定位技术,都是获取物流对象准确的位置信息,进行相应的处理。

## 8.4.1　全球卫星定位系统(GPS)

全球卫星定位系统(Global Positioning System,GPS)是美国于 20 世纪 70 年代开始研制,历时 20 年、耗资 200 亿美元,于 1994 年全面建成的具有在海、陆、空进行全方位实时三维导航与定位能力的新一代卫星导航与定位系统。简单地说,GPS 是一个由覆盖全球的 24 颗卫星组成的卫星系统。这个系统可以保证在任意时刻,地球上任意一点都可以同时观测到 4 颗卫星,以保证卫星可以采集到该观测点的经纬度和高度,以便实现导航、定位、授时等功能。这项技术可以用来引导飞机、船舶、车辆以及个人安全、准确地沿着选定的路线,准时到达目的地。

**1. GPS 系统组成**

GPS 系统包括三大部分:空间部分——GPS 卫星星座;地面控制部分——地面监控系统;用户设备部分——GPS 信号接收机。

(1) 空间部分

GPS 的空间部分是由 24 颗工作卫星组成。它位于距地表 20 200km 的上空,均匀分布在 6 个轨道面上(每个轨道面 4 颗),轨道倾角为 55°。此外,还有四颗有源备份卫星在轨运行。卫星的分布使得在全球任何地方、任何时间都可观测到 4 颗以上的卫星,并能保持良好定位解算精度的几何图像。这就提供了在时间上连续的全球导航能力。GPS 卫星产生两组电码,一组称为 C/A 码(Coarse/Acquisition Code,11 023MHz);一组称为 P码(Procise Code,10 123MHz),P 码因频率较高,不易受干扰,定位精度高,因此受美国军方管制,并设有密码,一般民间无法解读,主要为美国军方服务。C/A 码人为采取措施而刻意降低精度后,主要开放给民间使用。

(2) 地面控制部分

地面控制部分由 1 个主控站、5 个全球监测站和 3 个地面控制站组成。监测站均配装有精密的铯钟和能够连续测量到所有可见卫星的接收机。监测站将取得的卫星观测数据,包括电离层和气象数据,经过初步处理后,传送到主控站。主控站从各监测站收集跟踪数据,计算出卫星的轨道和时钟参数,然后将结果送到 3 个地面控制站。地面控制站在每颗卫星运行至上空时,把这些导航数据及主控站指令注入卫星。这种注入对每颗 GPS卫星每天一次,并在卫星离开注入站作用范围之前进行最后的注入。如果某地面站发生故障,那么在卫星中预存的导航信息还可用一段时间,但导航精度会逐渐降低。

(3) 用户设备部分

用户设备部分即 GPS 信号接收机。其主要功能是捕获到按一定卫星截止角所选择的待测卫星,并跟踪这些卫星的运行。当接收机捕获到跟踪的卫星信号后,即可测量出接收天线至卫星的伪距离和距离的变化率,解调出卫星轨道参数等数据。根据这些数据,接收机中的微处理计算机就可按定位解算方法进行定位计算,计算出用户所在地理位置的经纬度、高度、速度、时间等信息。接收机硬件和机内软件以及 GPS 数据的后处理软件包构成完整的 GPS 用户设备。GPS 接收机的结构分为天线单元和接收单元两部分。接收机一般采用机内和机外两种直流电源。设置机内电源的目的在于更换外电源时不中断连续观测。在用机外电源时机内电池自动充电。关机后，机内电池为 RAM 存储器供电，以防止数据丢失。目前，各种类型的接收机体积越来越小，重量越来越轻，便于野外观测使用。手持 GPS 设备如图 8-15 所示。

### 2. GPS 系统的应用

GPS 最初是为军方提供精确定位而建立的，至今它仍然由美国军方控制。军用 GPS 产品主要用来确定并跟踪在野外进行中的士兵和装备的坐标和给海中的军舰导航，为军用飞机提供位置和导航信息等。GPS 在商业领域也大显身手，消费类 GPS 主要用在勘测制图，航空、航海导航，车辆追踪系统，移动计算机和蜂窝电话平台等方面。勘测制图由一系列的定位系统组成，一般都要求特殊的 GPS 设备。在勘测方面的应用包括结构和工程勘测、道路测量、地质研究。收集到的数据可以以

图 8-15　手持 GPS 设备

后再估算，也可就地野外实时使用。许多商业和政府机构使用 GPS 设备来跟踪他们的车辆位置，这一般需要借助无线通信技术。一些 GPS 接收器集成了收音机、无线电话和移动数据终端以适应车队管理的需要。消费类 GPS 手持机的价格从几百元到几千元不等，它们基本上都有 12 个并行通道和数据功能，有些甚至能与便携式电脑相连，可以上传/下载 GPS 信息，并且使用精确到街道级的地图软件，可以在 PC 的屏幕上实时跟踪或自动导航。其应用主要有以下几个。

（1）陆地应用

陆地应用主要包括车辆监控、车辆导航、应急反应、大气物理观测、地球地理资源勘探、工程测量、变形监测、地壳运动监测、市政规划控制等。

① GPS 车辆监控系统

GPS 车辆监控系统是新一代集车辆定位、报警、寻址、救援以及无线电通信为一体的多功能开放系统，该系统集成了 GPS 定位、无线通信（例如卫星通信、GSM 通信等）、GIS 以及现代计算机网络等多种先进技术，由用户端、无线通信网、管理中心构成一个大范围的公众服务网络系统。

② 车辆导航系统

车辆导航系统应用先进的 GPS 技术、地理信息系统、计算机技术和现代通信技术，实现大范围车辆的双向动态导航、跟踪、调度和可视化监控。利用此系统，可加强对车辆的集中管理和调度，提高交通运输效率，有效改善城市交通状况。

（2）海洋应用

海洋应用包括远洋船最佳航程航线测定、船只实时调度与导航、海洋救援、海洋探宝、水文地质测量以及海洋平台定位、海平面升降监测等。

（3）航空航天应用

航空航天应用包括飞机导航、航空遥感姿态控制、低轨卫星定轨、导弹制导、航空救援和载人航天器防护探测等。

### 8.4.2    激光定位技术

在对货物库位准确性要求较高的物流场合,都需要由仓库搬运设备对库内划定的库位进行准确定位,以便准确地将货物码垛入位,这在流程性企业如钢铁厂的各级仓库中十分重要。由于钢铁厂库容利用率高、吞吐量大、进出库频繁,所以对仓库具有较高的定位要求。

武钢二热轧采用的是德国乐可激光吊车导向定位系统 LCC。该系统是针对仓库的作业流程管理专门设计的系统,特别适用于钢铁工业。该系统可识别吊车的实际运行状态并且处理作业指令程序。

乐可激光吊车导向定位系统由下列部分组成:

(1) X/Y 轴(水平方向)的激光位移测量系统(吊车轨梁方向和小车移动方向)。

(2) Z 轴(垂直方向)位置探测器(吊钩位置)。

(3) 红外线激光数据传送系统,也可选用广谱无线电波(频率为 2.4GHz)进行数据传送,这种通信方式通过局域网实现。

(4) 吊车操作站(面板型可编程控制器,带操作软件,带工业键盘)。

(5) 带电源的连接箱,不间断电源以及定位装置、数据传送装置和吊车操作站的接口转换器。

(6) 工作站。工作站是一个工业计算机系统(即 IPC),安装在天车操作人员座位旁的天车座舱内。工作站收集所有系统信息,显示给天车操作人员。计算天车的逻辑位置和处理传送到主机的数据是定位装置的一项任务。

(7) 天车与地面工作站之间通过基于激光或无线电通信的局域网进行连接,地面工作站通过以太网数据集线器联入网络。

 **情境小结**

目前,各种物流信息应用技术已经广泛应用于各种物流活动的各个流程,对企业的物流管理活动产生了非常深远的影响。

# 理实一体化训练

**一、填空题**

1. 一个完整的条码是由 _____、_____、_____、_____ 、_____、_____ 组成。

2. 条码扫描设备从原理上可分为 _____、_____ 和激光扫描器三类,

3. _____通过条码识读设备快速识读商品外包装上的条码标识,传输相应的商品信息数据,如商品名称、规格、价格、数量,然后由计算机完成结算,并自动生成账单。

4. 依据电子标签供电方式的不同,电子标签可以分为 _____、_____ 和_____。

5. GPS 系统包括_____、_____ 和_____三大部分。

**二、简答题**

1. 物流业中常用的物流信息采集技术有哪些?

2. 什么是条码? 条码技术可以应用在物流行业的哪些方面?

3. 简述射频系统的组成及其应用情况。

4. 比较 RFID 和条码技术,RFID 是否会代替条码?

5. 简述 GPS 的主要组成部分及其用途。

**三、实务操作题**

1. 了解超市商品的条码及其 POS 系统,并做相关记录。

2. 练习使用 GPS 系统,记录学校周边地区的经纬度。

# 物流机械设备的配置、选择与管理

**学习目标:**

1. 明确物流企业设施与设备管理的内容和任务;
2. 掌握设施与设备的选择及其经济评价方法;
3. 明确设备保养、维护的工作内容;
4. 掌握设备更新的经济评价方法。

 **导入案例**

### 某物流配送中心所购先进设备为何比不上手工操作

20世纪90年代中后期,一家大型零售企业为提高物流效率,为其配送中心购买了一套自动分拣设备。但是购买后发现由于规模、技术等原因不能有效使用,出现了手工分拣成本低于自动分拣成本的情况。因此,该设备被闲置起来。请用配送中心设备的配置与选择的相关要点对该案例予以分析。

之所以出现先进设备比不上手工分拣成本的情况,其问题主要体现在:①设备选择时盲目追求先进性;②没有充分了解自动分拣设备的基本使用要求,即规模性,当时该类企业的日销售量都不能满足要求。

在进行设备选择时应遵循三项基本原则:①先进性:不买落后设备;②经济性:尽量在符合条件下,购买价格便宜的;③合理性:设备作业能力与物流需求相适应。最后依据系统性原则,做到先进性与经济性、合理性相结合。落实到设备选择的具体要点有:①设备的使用方法;②设备的形状、尺寸和重量;③设备的作业能力;④物流量的平衡。

**点评:**

物流机械设备的配置、选择是物流设备前期管理的重要环节,是企业经营决策的一项重要工作。物流设备具有投资大、技术含量高、使用期限长的特点,在配置和选择时,一定要进行科学决策和统一规划。正确地配置与选择物流设备,使有限的投资发挥最大的技术经济效益。

# 9.1　物流机械设备的配置、选择

**1. 物流机械设备配置、选择的原则**

物流设备选型应遵循以下原则。

（1）系统化原则

系统化就是在物流设备配置、选择中用系统的观点和方法，对物流设备运行所涉及的各个环节进行系统分析。不仅要求物流设备与整个系统相适应，各物流设备之间相匹配，而且要求全面、系统地分析物流设备单机的性能，进行综合评价，并做出有关决策。从而使物流设备发挥最大的效能，并使物流系统整体效益最优。

（2）适用性原则

适用性是指物流设备满足使用要求的能力，包括适应性和实用性。在配置与选择物流设备时，应充分注意到使物流设备与目前物流生产作业的需要和发展规划相适应；应符合货物的特性、货运量的需要；应适应不同的工作条件和多种作业性能要求，操作使用灵活方便。只有生产上适用的设备才能发挥其投资效果，创造出高效益。

（3）技术先进性原则

技术先进性是指配置与选择的物流设备能够反映当前科学技术先进成果，在主要技术性能、自动化程度、结构优化、环境保护、操作条件、现代新技术的应用等方面具有技术上的先进性，并在时效性方面能满足技术发展要求。既不可脱离我国的国情和企业的实际需要而一味地追求技术上的先进，也要防止选择技术上落后的设备投入生产而低效益运转。

（4）经济合理性原则

经济合理性是指所选择的物流设备应是寿命周期费用最低、综合效益最好的设备。它不仅是一次性购置费用低，更重要的是长期使用的费用低。因此，在实际工作中，应将生产上适用、技术上先进和经济上合理三者结合起来，全面考查物流设备的价格和运行费用，选择整个寿命周期费用低的物流设备，才能取得良好的经济效益。

（5）可靠性和安全性原则

可靠性是指物流设备在规定的使用时间和条件下，完成规定功能的能力。它是物流机械设备的一项基本性能指标，是物流设备功能在时间上的稳定性和保持性。如果可靠性不高，无法保持稳定的物流作业能力，也就失去了物流设备的基本功能。但是我们不能片面追求可靠性，而应全面权衡提高可靠性所需的费用开支与物流设备不可靠造成的费用损失，从而确定最佳的可靠度。

安全性是指物流设备在使用过程中保证人身和货物安全以及环境免遭危害的能力。它主要包括设备的自动控制性能、自动保护性能，以及对错误操作的防护和警示装置等。

（6）一机多用原则

一机多用是指物流设备具有多种功能，能适应多种作业的能力。例如，叉车具有装卸和托运两种功能，正是这点使其得到极为广泛的应用。

（7）环保性原则

在选用物流机械设备时，应优先选择噪声低、对环境污染小的绿色产品和节能产品。环保设备也能够更好的保证操作人员的身心健康，减少职业病的出现。

**2. 物流机械设备配置、选择的前期准备工作**

（1）了解设备规划的要求

设备规划是企业根据生产经营发展总体规划和企业设备结构的现状而制订的，用于提高企业设备结构合理化程度和机械化作业水平的指导性计划。科学的设备规划能减少购置设备的盲目性，使企业的有限投资保证重点需要，从而提高投资效益。

设备规划主要包括设备更新规划、设备技术改造规划、新增设备规划。

设备规划的编制依据主要有：企业生产经营发展的要求；现有设备的技术状况；国家有关安全、环境保护、节能等方面政策法规要求；国内外新型设备的发展和科技信息；可筹集用于设备投资的资金。

（2）收集有关资料，并进行详细分析比较

① 经济资料。货物的种类及特性、货运量、作业能力、货物流向等是最主要的经济资料。它们直接影响着物流设备的配置与选择，因此，必须广泛地搜集这些资料。在调查搜集有关经济资料时，不仅要掌握目前和近期的情况，而且还要摸清发展远景和变化趋势。对调查所得的资料应进行整理、审查、核实、分析研究，并做出有关的统计分析表。

② 技术资料。它包括物流设备技术性能现状及发展趋势；主要生产厂家技术水平的状况；使用单位对设备的技术评价等。这些资料是从整体上把握物流设备技术状况的重要数据和资料。

③ 自然条件资料。它主要包括货场仓库条件、地基基础、地基的承受能力、作业空间等资料。

（3）拟订物流设备配置的初步方案

对于同一类货物、同一作业线、同一个物流作业过程，可以选用不同的物流设备。因而在拟订初步方案时，可提出多个具有不同优缺点的配置方案。然后，按照配置原则和作业要求确定配置物流设备的主要性能，分析各个初步方案的优缺点，去劣存优，最后保留2～3个较为可行的、各具优缺点的初步方案。

随着供应链管理的发展，物流设备配置方案的选择需要供应链上下游企业的协助，这样才能够更好地做好物流设备的规划和配置，更好地为下游客户提供服务，也能够获得上游设备供应商的技术支持。

（4）物流设备配置方案的技术经济评价与方案确定

为了比较各种配置方案，以便选择一个最有利的方案，必须进行技术经济评价。当然，在确定配置方案时，如果具体方案中出现不可比因素，这就需要将不可比因素做一些换算，尽量使比较项目具有可比性。

**3. 物流机械设备选型步骤**

（1）预选

在广泛收集物流设备市场货源情报的基础上进行。货源情报来源主要包括：产品样本、产品购销指南、产品目录、广告、展销会、专业网站以及销售人员收集到的情报等,并进行分类汇编,从中筛选出可供选择的机型和厂家。

（2）细选

对预选出来的机型和厂家进行调查、联系和询问,详细了解物流设备的各项技术性能参数、质量指标、作业能力和效率;生产厂商的服务质量和信誉,使用单位对其设备的反映和评价;货源及供货时间;订货渠道、价格及售后服务等情况。将调查结果填写在"设备货源调查表"上并经分析比较,从中选择符合要求的两三个厂家作为联系目标。必要时企业可采用招标的形式。

（3）选定

对选出的厂家进行联系,必要时,派专人作专题调查和深入了解,针对有关问题,如机械性能情况、价格及优惠条件、交货期及售后服务条件、附件、图样资料、配件的供应等同厂家进行协商谈判。然后由企业有关部门进行可行性论证,选出最优的机型和厂家作为第一方案,同时准备第二、第三方案以应对订货情况变化的需要,经主管领导及部门批准后选定。

# 9.2　现代物流设备管理

## 9.2.1　现代物流设备管理概述

### 1. 现代物流机械设备管理概念

现代物流设备管理是以企业生产经营目标为依据,运用各种技术、经济和组织措施,对物流机械设备从规划、设计、制造、购置、安装、使用、维修、改造、更新,直到报废的整个生命周期进行全过程的管理。其目的是充分发挥设备效能,寻求寿命周期费用最为经济,从而获得最佳投资效果。为了正确理解上述内容,必须把握以下概念。

（1）设备的寿命周期

设备的寿命周期是指设备从规划、设计、制造、购置、安装、调试、使用、维修、改造、更新,直到更新报废所经历的整个过程。其中调研、设计、制造等环节称为设备寿命的前半生;选型、购置、安装、调试、运转、维修、更新报废等环节称为设备寿命的后半生。传统的设备管理,只局限于设备寿命周期中后半生的管理,即设备制造部门只管产品的研制,设备使用部门只管选用、维修,结果常常出现制造厂生产的新设备不能完全符合或者不符合使用单位的要求,因此造成了不少企业设备积压、闲置,造成巨大的经济损失。另外,传统的设备管理中,企业在设备更新改造中的成功经验,不能为设备制造单位吸取,不利于新设备技术水平的提高。

（2）寿命周期费用

寿命周期费用是指设备一生的总费用。它由原始费用和维持费用两大部分组成。对于外购设备,原始费用包括购置费、运费、安装、调试等费用。对于自行研制的设备,原始费用则包括调研、设计、制造、安装、调试等费用。维持费包括运行费和维修费两部分。此外,在设备寿命终结时,拆除设备也需要一些费用,报废的设备还有一些残值,因此:

$$设备寿命周期费用=原始费用+维持费用+拆除费-残值$$

（3）设备寿命周期费用变化规律

在物流机械设备的整个寿命周期内，不同阶段费用发生情况是不同的，如图 9-1 所示。一般情况下，机械设备从规划到设计、制造，即设备寿命周期的前半生，其所支出的费用是递增的。到安装调试时下降，其后使用阶段的费用保持一定的水平。到使用阶段的后期，机械设备性能逐渐劣化，维修费用增加，维持费上升。上升到一定程度，机械设备经济寿命终止，机械设备就需要改造或更新，机械设备的寿命周期也到此结束。

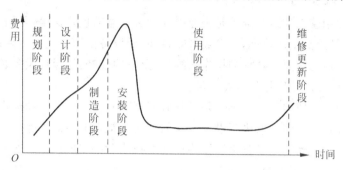

图 9-1    机械设备寿命周期费用曲线

## 2. 现代物流设备管理的任务

物流设备管理的任务是由设备管理的目的确定的。总体来说，物流设备管理的任务是保证为企业的物流活动提供最优的技术设备，使企业物流系统或物流作业建立在最佳的物质技术基础之上，以获得设备最佳的经济效益。这个任务包括以下几个方面。

（1）合理选用设备

要根据技术上先进、经济上合理的原则，通过全面规划、合理配置，对设备进行全面的技术经济评价，合理选用设备。

（2）保持设备完好

要通过精确安装、正确使用、精心维修、适时检修、安全作业等环节，使设备始终处于完好的技术状态，使其工作性能能够满足生产工艺或物流作业的要求，随时可以根据企业生产经营的需要投入正常运行。

（3）改善和提高技术设备素质

技术设备素质是指在技术进步的条件下，技术设备适合企业生产和技术发展的内在品质。改善和提高技术设备素质的主要途径：一是采用技术先进的新设备替换技术陈旧的设备；二是应用新技术改造现有设备。后者通常具有投资少、时间短、见效快的优点，应该成为企业优先考虑的方式。

（4）充分发挥设备效能

设备效能是指设备的生产效率和功能。设备效能的含义不仅包括单位时间内生产能力的大小，也包含适应多品种生产的能力。

（5）取得良好的投资效益

设备投资效益是指设备一生的产出与其投入之比。取得良好的设备投资效益，是提高经济效益为中心的方针在设备管理工作上的体现，也是设备管理的出发点和落脚点。

因此,应追求设备寿命周期费用最经济和设备的综合效益最高,而不是只考虑购买或使用某一阶段的经济性。在寿命周期的各个阶段,一方面加强技术管理,保证设备在使用阶段充分发挥效能,创造最佳的产出;另一方面加强经济管理,实现最经济的寿命周期费用。在设备规划阶段,要谋求设备的经济性;在设备维修阶段,要谋求停机损失和维修费用之间的最佳平衡,求得设备维修的最佳经济效果。

## 9.2.2 物流设备的使用、保养与维护

搞好设备使用管理和运行维护是企业提高投资效益的重要保障,是固定资产保值、增值的有效途径,是提高生产效率,提升经济效益,降低设备使用费用的重要途径,也是增强企业竞争能力的迫切需要。合理的操作和维护,及时的检修,是保证设备长期可靠运行的基本要求,也是保证产品质量的重要手段。

物流设备的正确使用与精心维护是设备后期管理的重要环节。物流设备使用期限的长短,生产效率的高低,固然取决于设备本身的结构性能,但在很大程度上也取决于它的使用和维护情况。正确使用设备可以保持良好的技术状态,防止发生非正常磨损和避免突发性故障,延长其使用寿命,提高使用效率;而精心维护设备则起着对设备的"保健"作用,可改善其技术状态,延缓劣化进程。因此,必须明确生产部门与使用人员对设备使用维护的责任与工作内容,建立必要的规章制度,以确保设备使用维护的各项措施的贯彻执行。

### 1. 设备使用管理

设备的正确使用包括技术合理和经济合理两方面内容。技术合理就是按有关技术文件上规定的物流设备性能、使用说明书、操作规程、安全规则、维护和保养规程,以及不同的工作状况、工作环境、自然条件下使用要求,正确操作使用物流设备。经济合理就是在物流设备性能允许范围内,能充分发挥物流设备的效能,以高效、低耗获得较高的经济效益。为了保证设备正确使用,应采取以下措施。

(1)"三定"责任制

定人、定机、定岗位责任,简称"三定"责任制,它是把物流机械设备和操作人员相对固定下来使机械设备的使用、维护和保养的每一个环节,每项要求都落实到具体人员,既能做到责任明确,又有利于增强操作人员爱护物流机械设备的责任感。

(2)交接班制度

对于连续运转和多班制工作的物流机械设备,要建立严格的交接班制度。交接班制度主要包括以下内容:交清本班次生产作业任务的完成情况;交清物流机械设备运转情况;交清保养修理与技术监测情况;填写本班运行记录。

(3)凭证操作制度

为了加强物流机械设备使用和操作人员管理,保证设备安全运转,一些物流机械设备如载货汽车、起重机等的操作人员,需要经过该机种的技术考核合格后,取得操作证,方能独立操作该种机械设备。

(4)岗位责任制度

岗位责任制内容主要包括:严格遵守"三定"责任制、凭证操作制度、操作维护规程;做好点检、日常维护、定期保养工作;参与所操作设备的检查和修理工作;并对外包修理

项目进行技术验收；不违章作业，不违章指挥；认真执行交接班制度，填好设备运行记录；若发生事故，按有关规程采取相应的抢救措施；管理好使用的工具。

（5）实行设备维护的管理监督检查和奖励制度，把提高操作人员的积极性同物质奖励结合起来。

**2. 设备的点检制度**

设备的"点"是指设备的关键部位或薄弱环节。设备点检是指通过人的感官或运用检测工具和仪器对设备进行检查，及时、准确地获取设备部位的技术状况或劣化的信息，及时消除隐患。设备点检包括日常点检、定期点检和专项点检三类。

（1）日常点检是由操作工人和维修工人每日进行的例行维护作业，主要是利用感官、简单的工具或装在设备上的仪表和信号标志检查设备状态。目的是为了及时发现设备异常，保证设备正常运转。

（2）定期点检以专业维修人员为主，操作工人参加，定期对设备进行检查，记录设备异常、损坏及磨损情况，确定修理部位、更换零件、修理类别和时间，以便安排修理计划。

定期点检主要是测定设备的劣化程度和性能状况及缺陷和隐患，确定修理的方案和时间，保证设备维持规定的功能。

（3）专项点检一般指由专职维修人员（含工程技术人员）针对某些特定的项目进行的定期或不定期的检查测定。目的是了解设备的技术性能和专业性能。点检时通常需使用专用工具和仪器。

**3. 设备的维护保养**

要使物流设备经常处于完好的状态，除了正确使用设备之外，还要做好设备的维护保养工作。维护保养工作做得好，可以减少停机损失，降低维修费用，提高生产效率，延长设备的使用寿命，从而给企业带来良好的经济效益。

虽然不同的物流设备其结构、性能和使用方法不同，设备维护保养工作的具体内容也不完全一致，但设备维护保养的基本内容是一致的。①清洁。各种物流设备要清洁，做到无灰、无尘、整齐，保持良好的工作环境；②安全。设备的保护装置要齐全，各种装置不漏水、不漏油、不漏气、不漏电，保证安全，不出事故；③润滑。设备要定时、定点、定量加油，保证润滑面正常润滑，保证运转畅通；④防腐。防止设备腐蚀，提高设备运行的可靠性和安全性；⑤检查。物流设备的维护保养内容一般包括日常维护、定期维护、定期检查，定期检查又称为定期点检。

**4. 物流设备的三级保养制度**

物流设备的三级保养制度包括：设备的日常维护、一级保养和二级保养。三级保养制度以操作者为主，对设备进行以保为主、保修并重的强制性维修制度。

（1）设备的日常维护保养

物流设备的日常维护是全部维护工作的基础。它的特点是经常化、制度化。一般日常维护保养包括班前、班后和运行中的保养。

日常维护保养一般由操作工人负责进行。要严格按操作规程操作，集中精力工作，注意观察设备运转情况和仪器、仪表，通过声音、气味发觉异常情况。如有故障应停机检查

及时排除,并做好故障排除记录。日常维护保养的内容大部分在设备的外部,其具体内容
有:搞好清洁卫生;检查设备的润滑情况,定时、定点加油;紧固易松动的螺钉和零部件;
检查设备是否有漏油、漏气、漏电情况;检查各防护、保险装置及操纵机构,变速机构是否
灵敏可靠,零部件是否完整。

（2）设备的一级保养

一级保养是为了减少设备磨损、消除隐患、延长设备使用寿命,使设备处于正常技术
状态而进行的定期维护。

一级保养一般以操作工人为主,维修工人协助来完成。保养一般在每月或设备运行
500～700h 后进行。每次保养之后,要填写保养记录卡,谁保养,谁记录,并将其装入设备
档案。

一级保养的具体内容有:对部分零部件进行拆卸清洗;部分配合间隙进行调整;除
去设备表面斑迹和油污;检查调整润滑油路,保持通畅不漏;清洗附件和冷却装置等。

（3）设备的二级保养

二级保养是为了使设备达到完好标准、提高和巩固设备完好率、延长大修期而进行的
定期保养。

二级保养一般以维修工人为主,操作工人参加来完成。保养时间一般是按一班制考
虑,一年进行一次或设备累计运转 2500h 后进行。保养后,要填写保养记录卡,由操作者
验收,验收后交设备部门存档。

二级保养的具体内容有:对设备进行部分解体检查和修理;更换或修复磨损件,清
洗、换油、检查修理电气部分,使设备的技术状况全面达到设备完好标准的要求。

### 9.2.3　物流设备的故障维修管理

#### 1. 物流设备的故障规律

设备的故障规律是指设备从投入使用直到报废为止的全过程中,设备故障的发展变
化规律。设备的典型故障强度曲线如图 9-2 所示,形似浴盆,故称浴盆曲线。

浴盆曲线可分为三个阶段。第一阶段叫初期故障期,这一阶段的故障率较高,发生故
障的原因一般是由于设计上的疏忽、制造质量欠佳和操作不协调引起的。第二阶段称为
偶发故障期,在这一阶段设备已进入正常的运转阶段,故障率较低,基本上为一常数,大部
分故障属于维护不好和操作失误而引起的偶发故障。第三阶段称剧烈磨损期,在此阶段,
设备的某些零件已经老化,因而故障率剧增。

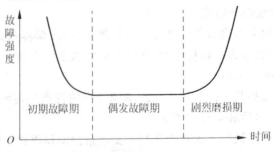

图 9-2　设备故障强度曲线

维护保养的作用就在于使设备技术状态缓慢变化,使浴盆曲线更趋水平,并使剧烈磨损期尽可能晚一些出现,即无故障工作时间尽可能长一些。

**2. 物流设备故障管理的内容**

物流机械设备故障管理的内容主要包括以下几方面。

(1) 掌握异常信息

通过感官检查和利用各种专用故障状态监测仪器对设备进行状态监测,掌握设备关键部位和易产生故障部位的异常现象或故障征兆等信息,如振动、噪声、温度变化等。

(2) 收集故障资料

做好物流机械设备故障资料的记录和收集工作,对故障信息及时、准确、完整地收集记录和总结分析,存入专业档案保管。有关记录内容应包括物流机械设备的编号、名称、型号规格、故障发生的机构或部位,故障原因、停机修理时间、修理内容与工艺措施、所用工艺装备、工时材料和主要修换件、维修费用、经济损失等。

(3) 信息处理

充分利用数理统计等分析方法,进行记录数据处理,分析故障产生的原因,找出故障规律,制定故障处理对策。

(4) 故障处理与信息反馈

由设备技术人员针对故障现场实际情况,制定具体对策,提出故障处理和维修方案,并及时组织力量对故障进行处理,有关信息向主管部门和设计制造部门反馈。

**3. 物流设备的修理**

物流设备的修理是针对那些由于技术状态劣化而发生故障的设备,通过更换或修复磨损失效零件,对整机或局部进行拆装、调整的技术活动。其目的是恢复设备的功能,保持设备的完好。物流设备的修理方式主要有事后修理和预防维修两种。

(1) 事后修理

物流设备发生故障甚至不能使用后,再对其进行修理的方法,称为事后修理,也称为故障修理。事后修理一般适用于利用率较低、能及时提供备件的中小型物流设备,如中小型起重机等。

(2) 预防维修

根据物流设备的工作环境、零部件及控制系统的工作状况,利用监测信息,事先编制修理计划和修理项目相应的工艺方案及程序,开展对物流设备的修理作业,称为物流设备的预防修理。

预防修理主要有以下维修方式。

① 定期修理

它是在规定时间的基础上执行的预防维修活动,具有周期性特点。这种维修方式适用于连续或多班作业场合、使用频繁、平时难以停机修理的物流设备。

② 状态监测修理

这是一种以设备技术状态为基础,按实际需要进行修理的预防维修方式。它是在状态监测和技术诊断基础上,掌握设备劣化发展情况,在高度预知的情况下,适时安排预防性修理。这种修理方式常适用于大中型物流设备中,如门座起重机、岸边集装箱装卸桥等。

③ 改善修理

根据故障记录和状态监测的结果,在修复故障部位的同时对设备性能或局部结构加以改进,根除故障根源的措施,称作改善修理。改善修理的范围,适宜某些物流设备结构的原设计制造不合理的情况,目的在于提高和改善局部结构或系统的可靠性和维修性。

**4. 物流设备的修理类别**

物流设备的预防维修的修理类别有大修、项修、小修等。

大修是工作量较大的全面修理。大修时,要将设备全部拆解,修复基准件和不合格零件,更换部分磨损零部件,修理电气系统及整修外形等,以恢复设备原有性能,延长设备寿命。

项修是指对物流设备中性能已经劣化的结构进行针对性的局部修理。一般只需对局部进行拆卸、检查、更换或修复失效的零件,通过局部性调整恢复设备的技术性能。

小修是指工作量最小的一种计划修理。小修是维持性修理,不对设备进行较全面的检查、清洗和调整,只结合掌握的技术状态的信息进行局部拆卸、更换和修复部分失效零件,以保证设备正常的工作能力。

## 9.2.4　物流机械设备的安全、技术、经济与组织管理

**1. 物流机械设备的安全管理**

由于物流机械设备的工作特性和作业条件的特殊性,其安全管理问题日益引起人们的重视。特别是起重机、包装机械、连续运输机械等一旦发生安全事故,很容易造成机械设备损坏及伤亡事故,直接影响物流作业任务,造成重大经济损失。因此,加强物流机械设备安全管理,有着极大的重要性和必要性。

(1) 物流机械设备安全管理的目的

物流机械设备安全管理的目的是在物流机械设备使用过程中,采取各种技术措施和组织措施,消除一切危及设备损坏和人身安全的因素,以及污染环境的现象和影响因素,避免发生事故,确保物流机械设备安全作业,保护职工人身安全和健康。

(2) 物流机械设备安全管理的主要内容

① 建立、健全安全作业责任制;

② 编制安全作业技术措施;

③ 贯彻执行物流机械设备使用安全技术规程;

④ 开展物流机械设备的安全教育;

⑤ 认真开展物流机械设备安全检查活动。

(3) 加强物流机械设备安全管理的主要措施

① 设置安全防护装置;

② 配备防护用品;

③ 保证作业场地和工作环境的安全性;

④ 正确使用设备安全信息;

⑤ 加强培训和教育,健全安全规章制度。

**2. 物流机械设备的技术管理**

物流机械设备技术管理工作内容很多,主要包括:物流机械设备技术档案的管理;物流机械设备操作规程;物流机械设备技术管理规范、规程和标准;物流机械设备技术管理责任制;物流机械设备验收制。

**3. 物流机械设备的经济管理**

物流机械设备的经济管理是对物流机械设备价值形态运动过程的管理,其目的是遵循价值规律,通过经济核算和分析,追求物流机械设备的寿命周期费用最经济、综合效率最高,以取得最佳的经济效益。物流机械设备的经济管理,贯穿于物流机械设备管理的全过程,不仅是物流机械设备管理的重要组成部分,而且从经济效益上反映了物流机械设备的管理成果。

(1)物流机械设备维修费用的管理

设备维修费用是构成设备寿命周期费用的重要部分。对维修费用加强管理,以节约降低维修费用,不仅对设备的经济管理有现实意义,而且是提高企业财务管理水平的重要内容。设备维修费用主要包括大修理费用与日常维修费用。

(2)物流机械设备的经济分析

经济分析是其经济核算的组成部分,利用经济核算资料或统计数据,对物流机械设备作业活动的各种因素深入、具体地分析,从中找出影响因素、存在问题和原因,以便采取改进措施,提高物流机械设备的使用管理水平和经济效益。物流机械设备经济分析的内容主要有:物流机械设备作业能力、使用基本情况、使用成本、获得利润、管理工作等。

**4. 物流机械设备组织管理**

物流机械设备的组织管理是管理过程中的重要组成部分,所包含的内容很广泛,包括:建立、健全的物流机械设备管理体制和管理机构;做好组织管理的基础工作;加强物流机械设备统计管理工作;开展物流机械设备管理的评优活动等。

## 9.2.5　物流机械设备的更新和技术改造

物流机械设备在使用过程中,由于各零部件的磨损、老化、腐蚀等原因,在使用到一定的寿命期限时,其技术性能和使用性能必然会下降,使维持费用增加,必须根据不同的情况,采取修理、更换、改造的补偿措施。

**1. 物流机械设备磨损的补偿**

广义的磨损概念,除通常所说的摩擦磨损外,还包括设备零部件的老化、贬值、陈旧等。设备的磨损一般分为有形磨损和无形磨损。

有形磨损是指设备实体上的磨损,又称物质磨损。机械设备使用过程中,在外力的作用下,其零部件会发生摩擦、振动、冲击和疲劳,以致机械设备的实体发生磨损,这种磨损称为第一类有形磨损。机械设备在闲置或封存过程中,由于自然力的作用(如金属件生锈、腐蚀、橡胶件和塑料件的老化等),也会使机械设备发生实体磨损,这种磨损称为第二类有形磨损。无论哪种有形磨损,都会造成机械设备技术性能的劣化,使其部分或完全丧失工作能力。

无形磨损是指设备实体看不见的磨损。设备无形磨损也可分为两种形式：一种是因设备生产厂劳动效率提高，原材料、动力消耗减少，生产相同型号设备的再生产价值降低，使设备原有价值降低。另一种无形磨损是由于不断出现性能更加完善、生产效率更高的设备，使原有设备无形中变得陈旧、落后，要提前报废。一般来说，技术进步越快，无形磨损也越快。

机械设备的磨损形式不同，所采取的补偿磨损的方式不同。一般补偿可分为局部补偿和完全补偿。设备有形磨损的局部补偿是修理；设备无形磨损的局部补偿是现代技术改造。

**2. 物流机械设备更新的概念及更新时机**

设备更新是指以技术性能更完善、经济效益更显著的新设备代替原有技术上不能继续使用或经济上不宜继续使用的旧机械设备。设备更新可分为简单更新和技术更新两种方式。

简单更新是指用相同型号的新设备替换原来使用的陈旧设备的方式，又称为原型更新。它只能完全补偿原用设备的有形磨损，并不能提高设备本身的技术水平。因此这种方式一般适用于原用设备严重磨损，已无修复价值，并且又无适宜的新型设备能替代的情况。

技术更新是指用结构更完善、性能更先进、作业效率更高、能源和原材料消耗更少的新型设备替换原有的陈旧设备。它不但能完全补偿设备的有形磨损，也能补偿设备的无形磨损，提高设备自身的技术水平。因此，技术更新应当是设备更新的主要方式，是企业技术发展的基础。

设备更新时机的选择要以设备寿命时间长短为依据。由于计算依据的不同，机械设备的寿命周期可分为物质寿命、技术寿命、经济寿命。

设备的物质寿命，又称自然寿命或物理寿命。它是指设备实体存在的时间长短，即设备从投入使用直到报废所经历的时间。虽然对机械设备合理使用、正确维护可以延长其物质寿命，通过修理可以局部或全部恢复机械设备的使用性能，但机械设备的物质寿命并不是无止境的，对机械设备的每次修理并不能使之完全恢复到初始的最佳状态。

设备的技术寿命，是指设备在技术上有存在价值的时期，即设备从开始使用直到技术落后而被淘汰所经历的时间。技术寿命取决于设备无形磨损的速度。科技发展加快了设备更新换代的速度，使机械设备技术寿命趋于缩短。要延长机械设备的技术寿命，就必须用新技术对机械设备加以改造。

设备的经济寿命，是依据设备的使用费用最经济来确定的使用期限，通常是指设备平均使用费用最低的年数。超过该年数，如不进行改造或更新，机械设备使用费用就会大幅度增加，影响企业经济效益。因此，机械设备的经济寿命终了时，也就是机械设备的最佳更新期。

为使物流机械设备得到及时更新，需要根据企业物流作业要求和机械特性、使用状况和现实情况作必要的分析论证，其主要依据有两个方面：一方面是以国家规定的机械报废条件为主来选择更新对象，属于定性分析方面；另一方面是进行更新后的经济效果比较,属于定量分析方面。

### 3. 物流机械设备的更新对象

(1) 役龄过长、技术经济性能差的物流机械设备

机械设备的役龄是指机械设备投入使用的年限。机械设备超过规定的使用年限,即到了超期服役阶段,设备的有形磨损和无形磨损都达到相当大的程度,难以恢复设备应有的功能,并造成设备维持费用大量超支,这样的机械设备应是更新的主要对象。

(2) 大修次数过多或修理后技术状况仍不能恢复的机械设备

机械设备每经过一次大修,其性能保持性就会下降一次,运行和修理等维持费用增大,大修周期也会缩短。过多的大修不仅经济上不合理,而且会阻碍技术进步。一般物流设备超过三次大修时应考虑更新。

(3) 先天性制造质量低劣的物流设备

对一些制造质量低劣的机械设备,使用性能和维修性能都较差,难以改善其性能,又无改造修理的价值,应作为更新对象。

(4) 严重浪费能源的物流设备

有些机械设备在制造时就存在耗能高的缺陷,不仅对企业经济效益不利,而且违背国家节能的方针。因此,对耗能高而又难以改造或无改造价值的机械设备,应果断进行更新。

(5) 技术落后或相对陈旧的物流设备

有些机械设备技术落后,不仅劳动生产率低,劳动条件也较差,安全性不能满足物流作业要求,严重影响操作人员或周围人员安全。这些机械设备经过分析论证后应予以更新。

(6) 严重污染环境的物流设备

这些机械设备使用中将对周围环境造成极大的危害,如难以采取改造措施或经济上不合算时,应予以更新。

### 4. 经济寿命的计算方法

经济寿命是机械设备的最佳使用年限。要从经济上论证设备的更新期,必须计算出物流机械设备经济寿命,其计算方法有低劣化系数法、年金法等。

(1) 低劣化系数法

低劣化是指随使用年限的延长,设备的技术寿命会越来越低劣,设备的维持费用越来越高的现象。用低劣化系数法计算设备经济寿命周期的公式为:

$$T = \sqrt{\frac{2k}{\lambda}}$$

式中:$T$ 为机械设备经济寿命,即最佳使用年限;$k$ 为机械设备的原始值;$\lambda$ 为每年增加的维持费用。

假设某物流机械设备的原值为 18 000 元,每年增加的维持费用为 1 000 元,则该设备的经济寿命为:

$$T = \sqrt{\frac{2 \times 18\,000}{1\,000}} = 6(年)$$

（2）年金法

若设备每年维持费用的增长额不是定值,在考虑资金的时间价值的条件下,其年平均使用费用可用年金法求得,计算公式为：

$$A = \left[ k - \frac{L_j}{(1+i)^j} + \sum_{n=1}^{j} \frac{C_n}{(1+i)^j} \right] \left[ \frac{i(1+i)^j}{(1+i)^j - 1} \right]$$

式中：$A$ 为设备平均使用费用；$k$ 为设备的原值；$L_j$ 为设备使用到 $j$ 年年末的净值；$i$ 为年利率；$j$ 为设备的计算期(年)；$n$ 为设备的使用年数；$C_n$ 为设备每年的维持费。

 **情境小结**

通过对物流设施与设备管理的内容、设备的选型、设备的维护保养及设备经济寿命进行论述,明确物流企业设施与设备管理的主要目的是用技术上先进、经济上合理的设备,采取有效措施,保证设备高效率、长周期、安全、经济的运行,以使企业获得最好的经济效益。

# 理实一体化训练

## 一、填空题

1. 物流设备的三级保养制度包括：设备的_____、_____和_____ 。三级保养制度以操作者为主对设备进行以保为主、保修并重的强制性维修制度。

2. 物流设备的经济管理必须遵循_____和_____规律,对物流设备管理的各项内容进行经济论证、经济核算、经济分析和成本控制等活动,开展多种形式的增收节支和经营,使企业取得最佳经济效益投资。

3. 物流设备的修理是针对那些由于技术状态劣化而发生故障的设备,通过_____或_____,对整机或局部进行拆装、调整的技术活动。

4. 设备的经济寿命,是依据设备的_____确定的使用期限,通常是指设备平均使用费用最低的年数。

## 二、简答题

1. 现代物流设备管理的特点有什么？

2. 简述物流设备的选型步骤。

3. 叉车维护与保养注意事项是什么？

## 三、实务操作题

1. 对某物流企业的设施设备进行调研,包括：设施设备的类型、产地、使用年限、利用情况、维修及保养情况。对该企业欲购建的设施设备做出科学合理的经济评价,并加以说明。分组汇报形成书面材料。

2. 根据讲授的知识完成目标任务,通过实地调研让学生对物流企业的设施设备有更深入地了解,同时现场有针对性的讲解常用设施设备的保养及维护工作,对今后的工作有很强的指导作用,使学生兴趣浓厚。

# 参 考 文 献

[1] 蒋祖星,孟初阳. 物流设施与设备. 第三版.北京：机械工业出版社,2009

[2] 顾海红.港口输送机械与集装箱机械. 第二版.北京：人民交通出版社,2010

[3] 方庆珺. 物流系统设施与设备. 北京：清华大学出版社,2009

[4] 何三全. 综合运输与装卸机械. 北京：人民交通出版社,2000

[5] 刘廷新. 物流设施与设备. 北京：高等教育出版社,2010

[6] 鲁晓春,吴志强. 物流设施与设备. 北京：清华大学出版社,北京交通大学出版社,2005

[7] 刘凯.现代物流技术基础. 北京：清华大学出版社,北京交通大学出版社,2010

[8] 真虹,朱云仙. 物流装卸与搬运. 北京：中国物资出版社,2004

[9] 魏国辰. 物流机械设备的运用与管理. 第二版.北京：中国物资出版社,2007

[10] 常红,孟初阳. 物流机械. 北京：人民交通出版社,2003

[11] 秦同瞬,杨承新. 物流机械技术. 北京：人民交通出版社,2001

[12] 潘安定. 物流技术与设备. 广州：华南理工大学出版社,2005

[13] 秦明森. 物流技术手册. 北京：中国物资出版社,2002

[14] 周全申. 现代物流技术与装备. 第二版.北京：中国物资出版社,2007

[15] 刘敏.物流设施与设备操作实务.北京：电子工业出版社,2011

[16] 孙红.物流设备与技术.南京：东南大学出版社.2006

[17] 罗松涛. 物流设施与设备. 北京：中国水利水电出版社,2012

[18] 赵淮. 包装机械选用手册. 北京：化学工业出版社,2001

[19] 黎红,陈御钗.物流设施设备基础与实训. 北京：机械工业出版社,2011

[20] 刘敏.物流设施与设备.北京：北京大学出版社,2008

[21] 李谷音.港口起重机械. 北京：人民交通出版社,2008

[22] 何晓莉. 物流设施与设备. 北京：机械工业出版社,2006

[23] 孔令中. 现代物流设备设计与选用. 北京：化学工业出版社,2006

[24] 刘志学. 现代物流手册. 北京：中国物资出版社,2001

[25] 王之泰. 现代物流学. 北京：中国物资出版社,2000

[26] 朱新民. 物流设施与设备. 北京：清华大学出版社,2010

[27] 唐四元,鲁艳霞.现代物流技术与装备.北京：清华大学出版社,2008

[28] 冯爱兰,王国华.物流技术装备.北京：人民交通出版社,2005

[29] 田奇.仓储物流机械与设备. 北京：机械工业出版社,2008

[30] 马乔林.港口设备管理.北京：人民交通出版社,2008

[31] 周启蕾.物流学概论. 第二版.北京：清华大学出版社,2009

[32] 陈杰伦,陈纪锋,缪兴锋.物流设施与设备. 广州：华南理工大学出版社,2008

[33] 王金萍. 物流设施与设备. 大连：东北财经大学出版社,2006

[34] 王耀斌,简晓春.物流装卸机械.北京：人民交通出版社,2003

[35] 聂军. 物流技术与设备. 北京：对外经济贸易大学出版社,2004

[36] 张翠花. 物流技术装备. 北京：中国轻工业出版社,2005

[37] http://www.crncn.com/detail.jsp? id=1692

[38] http://chinasourcing.mofcom.gov.cn/c/2009-05-25/43813.shtml